JEAN DE LABY

LA
SOCIÉTÉ FUTURE

Constitution Idéale

de la

SOCIÉTÉ DES NATIONS

et

CONSTITUTIONS NATIONALES

PARIS

LIBRAIRIE-ÉDITION DE LA PLACE CLICHY

10bis PLACE CLICHY 10bis

1920

Prix : 12 francs

JEAN DE LABY

LA
SOCIÉTÉ FUTURE

Constitution Idéale

de la

SOCIÉTÉ DES NATIONS

et

CONSTITUTIONS NATIONALES

PARIS

LIBRAIRIE-ÉDITION DE LA PLACE CLICHY

10bis, PLACE CLICHY, 10bis

1920

Prix : 12 francs

STATUT COLLECTIF

de la

SOCIÉTÉ MONDIALE

et des

NATIONS

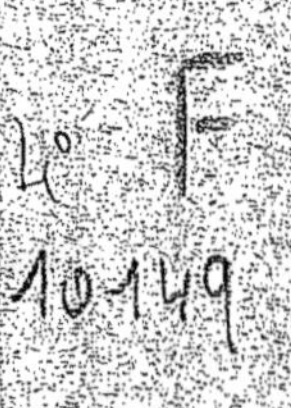

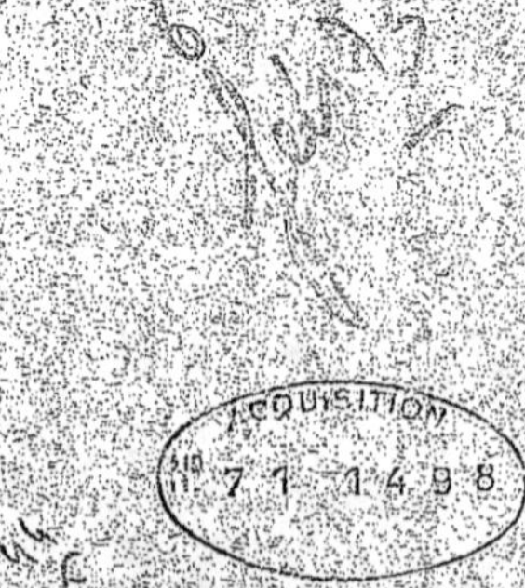

JEAN DE LABY

LA SOCIÉTÉ FUTURE

Constitution Idéale

de la

SOCIÉTÉ DES NATIONS

et

CONSTITUTIONS NATIONALES

PARIS

LIBRAIRIE-ÉDITION DE LA PLACE CLICHY

10bis, PLACE CLICHY

1920

PRÉFACE

Nécessité de dresser les plans d'un Edifice Social Nouveau

sur la base d'une Justice Idéale parfaite.

Il ne fait de doute pour personne que la *Société Bourgeoise* actuelle dont la base économique consiste à produire et à commercer librement en dehors de toute organisation, — suivant *la Loi de l'Offre et de la Demande*, — se meut et se meurt au milieu du désordre, de l'anarchie et des cahots économiques, foyers de l'Injustice Sociale.

Et il n'est pas d'Homme sur Terre qui puisse affirmer avec conviction que la Liberté, la Justice, l'Egalité et la Fraternité existent dans une quelconque des Sociétés Bourgeoises humaines organisées à ce jour dans le monde entier.

Et cependant que de choses écrites, que de paroles prononcées, que de principes émis sur les Idéaux Humains pendant ces derniers siècles.

Certes ces paroles et ces écrits révèlent l'existence de toute une science en activité dont certains ont fait jaillir quelques jets prodigieux de lumière, quelques principes vrais, justes et équitables, mais personne n'a essayé de donner une forme concrète et vivante aux principes développés.

Tous les écrivains, tous les orateurs, jusqu'à ce jour, sont d'accord pour reconnaître que la Société bourgeoise actuelle sera transformée à bref délai et qu'elle subira de telles modifications, que celles-ci constitueront, économiquement, une véritable Révolution Sociale ; mais personne encore ne s'est avisé à dresser les plans généraux et détaillés du Nouvel Edifice Social, et encore moins de construire cet Edifice.

Leur opinion diffère seulement sur le point de savoir si cette Révolution Sociale sera évolutionniste ou catastrophique.

Quoi qu'il en soit, chacun se pose cette question avec anxiété : « Attendu que la Société Bourgeoise, telle qu'elle est constituée à « l'heure actuelle, vit ses derniers jours, quelle sera demain la Société « ou forme de Société qui la remplacera? »

L'Homme de nos jours est actuellement placé en face de la même alternative que le serait un Propriétaire contemplant sa maison vieillie et croulante, lui venant de ses aïeux, et qui se dirait à lui-même, depuis de nombreuses années : « Elle est décidément inhabitable ma maison ; « si je ne prends pas la résolution de la reconstruire, elle s'écroulera un « jour, ou une nuit, sur moi et sur les miens !!! »

Selon que la Société présente prendra la résolution de reconstruire sa Maison Sociale Bourgeoise branlante, avant ou après l'écroulement, la Révolution Sociale sera *évolutionniste ou catastrophique*.

Mais dans les deux cas la Maison devra être reconstruite, cela n'est pas douteux.

Dans le premier cas, c'est-à-dire dans le cas de reconstruction avant l'écroulement catastrophique le Propriétaire aura toujours sa vieille masure, si difforme soit-elle, pour se mettre à l'abri jusqu'au jour où, reconstruite, il pourra habiter sa Demeure Nouvelle.

Dans le deuxième cas, c'est-à-dire dans le cas de reconstruction après l'écroulement catastrophique de son Vieil Edifice, le Propriétaire imprévoyant couchera « à la Belle Etoile » s'il fait un temps doux, ou dans l'« Enfer de Gribouille » si la Tempête se déchaîne dans la Rue ; à moins qu'il ne soit enfoui sous les décombres après l'écroulement.

En présence d'une telle alternative que diriez-vous, Lecteur, d'un Propriétaire qui, chaque jour, contemplerait sa maison de plus en plus branlante et qui continuerait néanmoins à l'habiter, sans prendre la résolution de la reconstruire après avoir fait dresser les plans de sa Nouvelle Demeure.

Vous diriez à n'en pas douter que cet homme est un fou.

Et bien, le cas de ce propriétaire est le cas de la généralité des Hommes qui, actuellement, habitent cette planète.

Tout le monde voit venir l'heure proche où la Société Bourgeoise va s'effrondrer et personne ne prend la peine de dresser les plans de la Société Nouvelle.

Nombreux, certes, sont ceux qui, tous les jours descendent dans la rue, cotoient leurs voisins, arrêtent les passants et, tout en jetant un regard anxieux sur les Vieux Restes de leur Maison branlante, demandent émus, à ces voisins et passants : « Croyez-vous qu'elle sera encore » longtemps à tomber, ma Maison? »

Et chacun de faire ses pronostics, et chacun de fixer une date.

Et chacun de son côté, de coucher le soir dans sa Vieille Maison branlante sans vouloir prendre la peine de passer chez son Architecte Social pour le charger, au moins, de dresser les plans de sa Nouvelle Demeure.

Car, ne l'oubliez pas, Lecteur, tous les groupements d'Hommes ont le bonheur de posséder leurs Architectes sociaux ; mais jusqu'à ce jour ce bonheur a été limité par l'obstination de ceux-ci à s'en tenir à la publication de certains principes Généraux susceptibles de servir de base pour dresser les plans de l'Edifice Social Nouveau.

Mais aucun n'a dressé ces plans.

Oh! ne croyez pas que tous ces Hommes qui se croisent et s'entrecroisent tous les jours dans la rue et qui s'arrêtent anxieux devant leur Demeure croulante avant d'y rentrer, pour y passer la nuit, n'ont pas là toute prête, dans leur cerveau, l'image de l'Habitation Nouvelle, objet de leurs rêves.

Vous feriez erreur.

Cette image est certes confuse, comme le sont toutes les images et tous les plans qui ne sont jamais sortis du cerveau de l'Homme, mais enfin elle existe dans ce cerveau en quelque sorte à l'état théorique.

De là à la pratique il y a loin, n'est-il pas vrai? surtout lorsque cette Habitation Nouvelle n'est pas seulement celle d'un Homme, mais celle de tous les Hommes devant y vivre par suite d'un accord collectif parfait.

Ce n'est pas une simple chaumière dont il faut concevoir les plans, mais un Edifice Social compliqué, habitable par tous les Hommes, qu'il s'agit de construire.

Et peut-on concevoir qu'il y ait des Hommes et des Architectes Sociaux assez fous pour croire qu'au jour catastrophique un tel Edifice Social puisse être construit normalement, sans plan d'ensemble et de détail et ce, sans fautes innombrables et capitales, au jugé, et à la merci des conceptions individuelles et multiples des innombrables Maçons qui entreprendront tous, en même temps, la reconstruction du petit coin de l'Edifice social qu'ils ont assigné à leur activité?

Cette folie est cependant ancrée dans le cerveau des Hommes.

Oui des Hommes ont décrit les principes de Sociétés à vues idéalistes. Karl Marx, Engels, Fourier et bien d'autres après eux ont rassemblé, dans des livres et des brochures un ensemble de principes justes, équitables et généralement adéquats à l'évolution scientifique naturelle, mais aucun n'a mis sur pied les bases administratives économiques et législatives, c'est-à-dire les plans d'une Société Nouvelle dans tous les détails de ses rouages ; plans sans lesquels un grand Edifice Social ne peut être construit, si capables que soient les Maçons à qui l'on confie ce soin.

La prise du pouvoir après la Grande Guerre par la Social-Démocratie Allemande qui était la fraction Socialiste la plus considérable du monde à la veille de la Grande Guerre, n'est-elle pas la preuve que si un Groupement Social, quel qu'il soit, n'arrête pas ses plans de Société Future à l'avance, il court aux pires fantaisies et aboutit au but diamétralement opposé auquel étaient dirigées ses tendances.

L'absence de plan du Futur Edifice Social a abouti, en Allemagne, après la prise de pouvoir des Socialistes, au fiasco le plus complet et le plus honteux qu'il soit donné de voir et au spectacle lamentable offert à l'Aristocratie et au Pangermanisme déchus, de voir les Socialistes se battre et s'entredéchirer entre eux jusqu'à l'égorgement des meilleurs de leurs chefs, tout comme Français et Allemands de la bourgeoisie s'entretuaient eux-mêmes pendant la Grande Guerre.

Avec cette différence, que Français chauvins et Allemands pangermanistes n'ont pas employé entre eux les cruautés que les Social-Démocrates Allemands ont employées pour anéantir Liebneck et Rosa Luxembourg.

Quant à l'Edifice Socialiste Nouveau on n'en voit pas la trace en Allemagne.

Et l'essai de Socialisation Russe a-t-il donné des résultats plus heureux? Il apparaît à l'œil impartial que si l'extrême gauche du Parti Socialiste qui règne en maître en Russie en la personne de Lénine et de Trotzki applique mieux les principes de la doctrine socialiste qu'il n'est fait en Allemagne, du moins a-t-on la nette vision que la superbe intelligence de ces grands Maçons qui portent les noms de Lénine et de Trotzki, est noyée par l'immensité même de l'œuvre à créer et que le gâchis, l'anarchie et l'incohérence président à l'élaboration du Grand Edifice, en l'absence des Plans d'ensemble et de détails indispensables à sa construction.

Et ne sentez-vous pas, Lecteur, quelle force le Socialisme aurait pris au lendemain de la Grande Guerre si Kérinzki, Lénine et Trotzki d'une part, au lieu de s'entredéchirer avaient mis tout simplement en pratique les plans de l'Edifice Social arrêté d'avance par le Socialisme International et si, d'autre part, en Allemagne les Ebert, les Scheideman, les Liebneck, les Essner et les Rosa Luxembourg n'avaient eu qu'à faire exécuter les plans de l'Edifice Socialiste International arrêtés d'avance, c'est-à-dire les plans de *La Société Future*.

Ne voyez-vous pas l'impossibilité de l'échec subi par les Socialistes de Hongrie dans leur essai de socialisation? Ne voyez-vous pas l'Autriche entraînée malgré elle dans le mouvement? Et ne sentez-vous pas l'irrésistible élan qui se serait transmis dans les pays de l'Entente et dans le monde entier au lendemain de la Grande Guerre si un plan d'ensemble, arrêté d'un commun accord, Internationalement, avait été mis en pratique dans plusieurs des principales Nations Européennes.

Au lieu de celà les Socialistes en sont encore, en 1920, à se demander s'ils doivent entrer dans la Ire, la IIe, ou la IIIe Internationale.

Voyez d'ici le gâchis à son apogée!!!

Ces simples constatations et observations vous montrent toute l'importance de l'existence d'un plan d'ensemble et de détail arrêté d'avance, nécessaire à chaque Parti Politique et social pour le jour où il est destiné à prendre le pouvoir.

Or jetez plus près de vous un regard sur les Hommes et sur leurs Organisations Collectives politiques et sociales.

Ne vous arrêtez pas sur ceux qui, aveugles jusqu'au bout, tiennent égoïstement, sans en lâcher une miette, à profiter de leurs privilèges séculaires jusqu'au dernier jour, jusqu'à la dernière minute catastrophique, avec la pensée que leur Heure Dernière sonnera bien avant le dénouement fatal de la Crise Sociale ; car ceux-là, les yeux bandés, courent avec vitesse se casser la tête contre le Mur d'Airain Fatal, sans qu'aucune force au monde ne puisse les en empêcher.

Portez vos regards sur ceux, plus avisés qui, franchement, voudraient bien que quelqu'un, que quelque force collective se lève et prenne pour eux et à leur place, la résolution de dresser les plans de l'Edifice Social Nouveau, suivant l'Idéal qu'ils se sont formé.

Vous verrez, à droite les Démocrates sociaux et, à gauche, les Socialistes.

Observez-les dans leurs organes actifs.

Vous avez en face de vous, à droite, un Parti Radical-Démocratique à principes tellement hétéroclites, bigarrés et flous qu'il serait impossible aux hommes de ce Parti de se grouper dix, capables d'arrêter, d'accord, un programme Social commun ; même seulement au point de vue théorique et encore moins d'exécuter ce programme d'accord. Comment voulez-vous qu'un tel Parti se charge de rénover une Société?

Vous avez d'autre part, à gauche, un Parti Socialiste à tendances si diverses et si confuses, que l'union de ses membres ne se fait que sur des formules vagues, imprécises, glissant sur les points de discorde, ne rentrant jamais dans le vif du sujet. Aussi cette union n'apparaît-elle qu'à l'observateur superficiel, peu initié aux luttes intestines de ce parti sur l'application des Idées.

« Que le Parti Socialiste français ait un jour à prendre le pouvoir et vous assisterez, vous pouvez en être sûr, au plus lamentable spectacle d'incohérence, de cahots et d'anarchie que vous puissiez concevoir.

Pourquoi?

Parce que le parti Socialiste n'a pas dressé les plans de la Société Future.

Et cependant le Parti Socialiste est celui qui, entre tous, représente le plus d'union, la plus grande communion d'idées, le plus de cohérence et d'unité et le plus haut Idéal de Justice.

Qu'est-ce à dire? Pourquoi le Parti Socialiste n'a-t-il pas dressé les plans de la Société Future tels qu'il les conçoit? Pourquoi les autres Partis réformistes n'ont-ils pas également dressé les plans de la Société Nouvelle qu'ils conçoivent?

Est-ce impossibilité absolue d'entente entre Hommes?

Est-ce manque de capacités des Architectes Sociaux?

Est-ce crainte des Architectes Sociaux de ne pouvoir faire adopter leurs plans, ou de révéler l'existence de dissentiments profonds dans les Idées des Membres de leur Parti?

Est-ce tout cela réuni qui les fait reculer de jour en jour devant le problème à résoudre ; c'est-à-dire devant l'exécution des Plans de l'Edifice Social Nouveau tels que les conçoivent les Principes de ces Partis ?

Nous répondrons sans hésiter : « Non. Il nous apparaît que ce ne « sont ni les unes ni les autres de ces raisons qui vouent les Archi- « tectes Sociaux à l'inertie. »

A notre avis, les raisons qui font hésiter les Architectes Sociaux de tous les Partis, sans distinction, à dresser les plans — généraux et détaillés de l'Edifice Social Nouveau et à les soumettre à l'approbation de leur Parti, tiennent uniquement dans ce fait qu'aucun Homme n'a la volonté assez forte, (après avoir vécu de longues années, au milieu de ses amis politiques et des chapelles formées par ces amis), pour s'élever au dessus des contingences humaines, (sources déformables de la Saine Pensée), et de dire :

« Je ne dresserai pas les plans de l'Edifice Social avec la pensée de
« plaire d'abord à mes amis et de grouper de préférence telles ou telles
« adhésions préférées, — Non ! ! — Je ne veux avoir qu'une seule
« préoccupation du commencement à la fin de mon travail. Je veux
« être LOGIQUE, je veux être JUSTE et EQUITABLE envers tous les
« Hommes. Je veux avoir pour intention et pour but la création d'une
« Société donnant aux HOMMES, QUELS QU'ILS SOIENT, la plus large
« liberté, distribuant à tous les Hommes, dans un esprit réellement
« fraternel, l'ensemble des Richesses Naturelles et sur un pied d'*Equi-
« table Egalité,* en redressant dans la mesure du possible les Inégalités
« humaines que la Nature Injuste et que les Hommes Cruels et Bar-
« bares ont créées et vulgarisées. »

Oui, ce n'est pas douteux, si les Architectes Sociaux de chaque Parti ont reculé devant l'œuvre nécessaire ; s'ils n'ont par dressé les plans généraux et détaillés de l'Edifice Social :

a) C'est parce que, d'une part, ils s'obstinent à se maintenir dans l'orbite de leur chapelle politique, dans le cercle restreint de laquelle il est impossible de concevoir une Société universelle Idéale, quelles que soient les larges vues de ces chapelles, au lieu de chercher à se placer au-dessus des contingences humaines et de chercher, dans un Idéal de Saine Justice, de claire Logique, de parfaite Equité, à dresser les plans qui puissent réunir l'unanimité des Hommes qui aspirent réellement à l'Idéal de Justice humaine.

b) C'est parce que, d'autre part, quand on est obligé de passer de la théorie à la pratique, l'on s'aperçoit tout de suite que les problèmes qui paraissaient simples, à première vue, sont bien plus compliqués qu'on ne le pensait et que si l'on appliquait certains principes reconnus comme bons, l'on s'apercevrait bien vite, à la clarté d'un plan d'application pratique, qu'il en surgirait immédiatement des lacunes, des dangers sociaux et des réactions sociales, du fait de leur réalisation pratique, tout simplement parce que ces principes considérés jusqu'alors comme bons par certaines chapelles, sont mauvais en réalité.

Alors pourquoi ne pas vouloir mettre la main sur la plaie? pourquoi s'obstiner à rester dans le rêve? pourquoi ne pas dresser les plans de l'Edifice Social Nouveau qui permettraient de descendre du Domaine du rêve, pour vivre dans celui de la Réalité? pourquoi attendre l'heure catastrophique où il ne pourra plus être question de dresser des plans, mais bien de reconstruire, sans plus attendre et d'urgence, l'Edifice Social qui vient de s'écrouler?

Pourquoi? Parce qu'on a peur de déplaire à ses amis, et de se mettre en travers de certaines conceptions fausses de la chapelle à laquelle on adhère et qui ne sont admises comme vraies, comme possibles, que parce qu'il n'existe pas de plan de l'Edifice Nouveau et parce que ces conceptions ne sont jamais sorties du Domaine du Rêve.

C'est ainsi que, pour la commodité de l'exécution des travaux de l'Edifice Social, sans plans, certains Groupements ont vu dans les Syndicats professionnels, les Organes principaux, essentiels, tout indiqués de l'Edifice Social Nouveau.

Si ces Groupements avaient fait dresser les plans généraux et détaillés du Nouvel Edifice Social, suivant leur conception, ils se seraient bien vite aperçus que les organes syndicalistes professionnels, — s'ils ont à jouer un rôle important dans la Société Nouvelle Idéale, — ne peuvent constituer les Grandes Artères régulatrices et directrices principales de l'Organe Social, parce que ces Syndicats, inégaux comme importance de leurs membres, maintiendraient et perpétueraient infailliblement l'injustice sociale, en la déplaçant, à cause de la prohéminence que prendraient nécessairement les grands syndicats professionnels sur les petits.

Si l'on a songé aux Syndicats professionnels pour constituer les Grandes Artères principales et les Grands Organes principaux de l'Edifice Social Nouveau c'est uniquement parce que, à défaut d'autre chose, à défaut de plan préparé à l'avance, ces syndicats sont là tout prêts à se mettre en mouvement. Ils sont l'élément facile, tout formé et tout indiqué, que l'on songe à utiliser à défaut d'avoir essayé de créer quelque chose ; et que l'on adopte d'emblée sans se rendre compte si ces syndicats, créés pour un but et pour un objet déterminé, dans la Société Bourgeosie seront aptes à remplir d'autres fonctions dans la Société Nouvelle. C'est autrement dit la course au moindre effort.

Comment créera-t-on la Société Nouvelle interroge-t-on? Quels sont les organes essentiels qui la feront marcher?« Mais c'est simple, mais c'est commode, les Syndicats ne sont-ils donc pas là pour un coup, » répond-on !!!

Et les Rénovateurs dorment, l'esprit reposé sur cette pensée Réconfortante !!! mais par trop simpliste !!!

Les syndicats se débrouilleront bien !!!

Avec ça on ne se casse pas les méninges !!!

Mais voilà le Grand Jour Catastrophique arrivé et les Maçons à l'œuvre, construisant chacun de son côté, sans plan d'ensemble ni de détail, son petit coin de l'Edifice Social.

Comme c'est simple, mais aussi combien celà est cahotique. Chaque Syndicat, suivant l'Idéal que se sont formés ses chefs ou que s'est formée la tendance prédominante de ses membres, — rédigera ses lois, ses règlements, fixera les rémunérations de ses membres, les prix de vente des objets de sa fabrication, se déchirera avec le syndicat voisin à tendance opposée, chicanera avec le syndicat d'une autre profession qui prétendra que ses membres peinent plus que les membres d'autres syndicats à professions moins pénibles, ou plus communes ; prétendra faire moins d'heures de travail par jour sous prétexte que le travail est plus pénible qu'ailleurs, ou voudra gagner d'avantage à titre de compensation.

Qui donc les départagera ?

Qui donc interviendra pour arbitrer les différends, si surtout c'est du syndicat le plus fort, le plus nombreux qu'émanent ces prétentions égoïstes et quelque peu bourgeoises?

Et voilà la lutte déplacée ! ! !

La lutte n'est plus entre syndicats patronaux et syndicats ouvriers.

Elle est entre syndicats ouvriers qui se déchirent dès le début de la construction des fondations de l'Edifice Social.

Pourquoi? Parce que, à la légère, l'on a dormi au lieu de construire les plans de l'Edifice Social Nouveau, et l'on a attendu que l'ancien Edifice soit écroulé pour se mettre à l'ouvrage.

Mais il n'était plus temps d'agir après la crise catastrophique, car alors il ne peut plus être question de faire des plans, il faut reconstruire d'urgence. D'où cahots et anarchie ! ! ! D'où essais de construction de l'Edifice nouveau sur des principes faux, sur des fondations glissantes, trop précipitées et pas assez étudiées.

Voilà donc que ce qui avait paru tout d'abord Simple, Naturel, Equitable et Juste, devient au contraire la Source d'injustices, de complications, d'hésitations, de faux points de départ et de désaccords qui peuvent amener la faillite de l'Idéal Nouveau.

Si ceux qui ont songé à confier aux Syndicats professionnels, au lendemain catastrophique, les destinées de la Société Nouvelle, avaient pris la peine de dresser les plans de cette Société sur la base principale des organes Syndicaux, ils auraient entrevu tout de suite la difficulté et l'impossibilité de donner suite à leurs projets et ils auraient conçu autre chose.

La nécessité de dresser les plans par avance de l'Edifice Social Nouveau étant établie, quels sont les principes qui doivent diriger les Architectes Sociaux dans l'exécution de leurs travaux?

Ces principes ne sont pas difficiles à découvrir, parce qu'ils sont à la fois simples et sans autre choix possible et qu'ils se résument en un mot :...

Pour rechercher ces principes, pour découvrir ce mot, un exemple va nous y conduire :

Supposez des Groupes de voyageurs venant de tous les points du monde dans le désir, dans le but d'assister tous, sur un pied de parfaite égalité à un spectacle grandiose (le spectacle de la vie) devant se dérouler au pied d'une montagne, dans la plaine et qui auraient à choisir un point de cette montagne sur lequel ils puissent se mettre d'accord, et pouvant réunir tous les suffrages sans qu'aucun, en tous cas, puisse crier à l'Injustice, au cahot et à l'absurde.

Tout de suite vous répondrez unanimement qu'il n'y a qu'un point sur lequel puisse se faire l'accord unanime, c'est le choix *du plus haut point* IDÉAL, autrement dit du faîte de la montagne où, dans un ordre parfait s'étaleront tout le long du sommet, sur cette *Haute terrasse* IDÉALE, *convenablement organisée et aménagée*, les différents groupements de voyageurs. Un seul mot peut mettre d'accord ces voyageurs sur leur choix : Ce mot, c'est l'IDÉAL, le point IDÉAL de la Montagne.

Vous vous rendrez fort bien compte que si vous proposiez un autre point quelconque de la Montagne, chacun de ces voyageurs en indiquerait tout de suite un autre différent, un peu plus à droite, un peu plus à gauche, un peu plus haut, un peu plus bas et, si vous recherchiez où se sont cristallisés ensuite les avis, vous trouveriez tous les points de la Montagne constellés.

Ces voyageurs vivraient ainsi dispersés comme des constellations lumineuses dans la nuit, isolées les unes des autres. « C'est là l'image de la Société Bourgeoise présente, où chacun se débrouille pour vivre comme il peut, dans un désordre sans nom.

Mais d'entente? Point. Mais d'organisation collective? Point.

La Société a pu vivre jusqu'à nos jours ainsi, chacun vivant individuellement, de son côté, dans son coin, isolément et sans aide avec le choix de l'Idéal de Justice qui cadrait le mieux avec son degré d'égoïsme. C'est ainsi que chacun se plaçait un peu plus bas, un peu plus haut de la Montagne Sociale, vers la Justice Idéale parfaite, vue bien loin tout en haut, ou encore un peu plus à gauche ou un peu plus à droite, suivant ses aspirations Sociales.

Et la Société allait ainsi cahin-caha, sans trop de cohue, sans trop d'anarchie jusqu'à ce qu'éclatent les disputes entre les divers occupants, devenus de plus en plus rapaces et égoïstes et les conflits entre Peuples qui, alors, faisaient rage.

Mais les Progrès de la science arrivant, les chemins de fer remplaçant les chevaux ; les usines à grand rendement remplaçant le travail familial ; les grandes manufactures remplaçant la quenouille de l'aïeule et les grands navires remplaçant les frêles barques à voiles, il ne peut plus être question de faire son nid tout seul, là où il vous plaît, dans le coin de la Montagne qui vous plaît le mieux car il faut vivre et chaque petit coin de la Montagne ne suffit plus à faire vivre son Homme.

Le Progrès arrivant, il faut organiser la production, il faut organiser les échanges il faut nourrir tout ce monde, car le blé notamment ne pousse pas sur les flancs de la montagne où la foule s'est jetée.

Et tous ces gens veulent être traités sur un même pied d'Egalité.

Et peuvent-ils se mettre d'accord sur un peu plus ou un peu moins de justice? Non.

L'accord ne peut se faire que sur un IDÉAL de parfaite Justice. L'accord ne peut se faire que sur le point le plus élevé de la Justice Sociale : L'accord ne peut se faire que sur le Sommet IDÉAL de la Justice, de l'Egalité, de l'Equité, c'est-à-dire sur la construction de l'Edifice Social Nouveau au Sommet de la Montagne ; point IDÉAL, où convergeront tous les Organismes de ravitaillement à créer.

Que les Architectes sociaux ne tentent pas de dresser les plans d'une Société Nouvelle quelconque sur d'autres bases, car ils ne parviendront qu'à grouper leurs amis et les membres de la chapelle à laquelle ils appartiennent, et encore ce n'est pas sûr.

Que les Architectes sociaux se disent bien que pour construire les plans de l'Edifice Nouveau, l'on ne peut se contenter d'à peu près, de quelque chose se rapprochant plus ou moins d'une Idéale Justice.

Qu'ils se disent bien et qu'ils se rendent à cette évidence :

a) Que les luttes Nationales existeront tant qu'une Nation voudra, dans le Monde, user de privilèges sur les autres Nations.

b) Que les luttes de classes existeront dans l'intérieur de chaque Nation, aussi longtemps qu'une classe de la Société, voudra user de privilèges sur une autre classe.

c) Que les luttes entre Hommes ne cesseront que lorsque les Hommes, enfin devenus sages et raisonnables, feront taire leur égoïsme personnel et qu'ils consentiront à se placer au dessus des contingences et des faiblesses humaines pour dresser bien haut, au dessus des Hommes, au dessus de leurs mesquines conceptions de chapelles, les plans de la SOCIÉTÉ FUTURE *et ce, avant que la Société Bourgeoise s'écroule.*

d) Que les luttes entre les Hommes se continueront infailliblement après la Construction et surtout pendant la construction de l'Edifice Nouveau si un plan général et détaillé n'en précède pas la Construction avant l'écroulement catastrophique de la Société Bourgeoise.

e) Que l'absence de plan risque de jeter pendant plus d'un siècle la Société Nouvelle dans l'anarchie, le désordre et les cahots les plus préjudiciables à la saine constitution d'une Société Nouvelle.

C'est en nous élevant vers cet IDÉAL : c'est en voulant faire œuvre définitive d'*Idéal Social* que nous avons dressé les plans de la Société Nouvelle parce que, *hors de l'*IDÉAL, *toute Société Nouvelle est Mort-Née.*

Puissent ces plans aider à constituer et à réaliser la SOCIÉTÉ FUTURE IDÉALE de Justice, d'Egalité, de Liberté, de Fraternité et d'Equité humaine, par l'accord de tous les Hommes honnêtes et de bonne foi, qui veulent bien consentir à se dépouiller de l'égoïsme personnel, microbe infectieux de la race humaine.

JEAN DE LABY.

AVANT-PROPOS

L'ouvrage « *La Société Future* » ne comporte pas seulement les plans détaillés de l' « *Edifice Social de demain* ».

Il constitue l' « *Edifice Social Nouveau* » lui-même.

Que la « *Société Capitaliste Bourgeoise* » fasse faillite demain ; que l' « *Edifice Capitaliste et Financier Bourgeois* », sous lequel nous vivons, vienne à s'écrouler brusquement demain, tout de suite même, et une heure après le changement de Régime, la Société trouvera l' « *Edifice Social Nouveau* » ici construit, prêt à l'abriter et verra, sans à coup, sans arrêt, fonctionner tous ses rouages intérieurs, si les *Groupements politiques* et les *Syndicats professionnels* décident préalablement que « *La Société Future* » telle quelle est établie ou « *La Société Future* » remaniée, modifiée, amendée, est bien l'*Edifice Social Idéal Universellement adopté par ces Groupements et Organisations*.

Certes il manque encore à l' « *Edifice Social Nouveau* » constitué par « *La Société Future* », les « *Décors Intérieurs* », mais cet Edifice constitue, tel qu'il est, l'Idéal du Confort Social, moins les Décors artistiques intérieurs, qui ne constituent en quelque sorte qu'un accessoire dont on pourrait, à la rigueur, se passer momentanément, si le temps manquait pour les réaliser.

Et par « *Décors Intérieurs* » nous entendons parler des règlements d'ordre intérieur qui devront nécessairement régir chaque organe corporatif et qui devront constituer le statut du personnel et les règles particulières de travail afférentes à chaque branche de Production et d'Echange.

C'est la seule chose qu'il reste à faire dans l' « *Edifice Social Nouveau* », c'est-à-dire dans « *La Société Future* ».

Il va de soi en effet que pas un seul Homme au monde, si bien doué soit-il ne pourrait émettre la prétention d'établir lui-même les règles qui doivent régir le Travail dans chaque profession.

De même d'ailleurs qu'un architecte ne pourrait prétendre exécuter lui-même la Structure et tous les motifs de l'Edifice dont il a dressé les plans.

Seuls les ouvriers techniciens de chacune de ces branches ont les qualités et les aptitudes requises pour établir ces règles qui diffèrent d'ailleurs sensiblement d'une profession à l'autre.

Mais si nous n'avons pu ici et pour cause, parachever ce travail de « *Décors intérieurs* » dans la « *La Société Future* » c'est-à-dire dans l' « *Edifice Social Nouveau* », avant d'habiter cet Edifice, du moins les *Syndicats*, dans chaque profession sont-ils à même de le faire dès maintenant puisque l'« *Edifice Social Nouveau* » est ici construit.

Et les Syndicats professionnels ont pour devoir de faire ce travail sans tarder, afin que le jour catastrophique arrivé, l' « *Edifice Social Nouveau* » soit au point et prêt à recevoir la Société, abritée jusqu'alors par le vieil *Edifice Capitaliste Bourgeois*, enfin écroulé.

Et si le lecteur veut bien se reporter par la pensée au jour catastrophique, c'est-à-dire au jour proche où s'écroulera le *Régime Bourgeois*, brusquement, il verra que les évènements se passeront le plus simplement qu'il soit.

Ce jour-là même, le « *Parti* » que nous dénommerons anonymement exprès et conventionnellement : « *Parti de la Société Future* » si vous voulez, et qui prendra le pouvoir, décrètera par une « *Loi* » écrite en 8 lignes :

« *Que la* SOCIÉTÉ CAPITALISTE ET INDIVIDUALISTE BOURGEOISE *est* « *abolie et que toutes ses Lois suivent le même sort.*

« *Qu'à l'avenir la Société sera régie par* LA SOCIÉTÉ FUTURE ; *c'est-à-dire par* LA CONSTITUTION DE LA SOCIÉTÉ DES NATIONS ET PAR LES CONSTITUTIONS NATIONALES *qui forment le sous-titre de cet ouvrage et* « *en outre par les Lois qui seront élaborées par la suite par les Organes Législatifs nouveaux légalement constitués ; lois qui compléteront lesdites* « *Constitutions* ».

Une deuxième « LOI » *sera décrétée à la même heure qui ordonnera aux autorités publiques détenant provisoirement le pouvoir de dresser les nouvelles listes électorales et qui fixera les dates des diverses élections à faire dans les formes prévues par* « LA SOCIÉTÉ FUTURE ».

Et immédiatement tous les rouages de la « *Nouvelle Société* » se mettront à fonctionner d'eux-mêmes automatiquement.

Nul n'aura besoin de demander des instructions ni des conseils en Haut Lieu, ni ailleurs.

Chacun n'aura qu'à consulter le présent ouvrage « *La Société Future* », modifié ou non, que tout *Homme* imbu de l'« *Esprit Nouveau* », que tout homme intelligent, devra avoir dans sa bibliothèque, chez lui ; que tout *Militant* devra avoir lu et relu assez pour posséder dans son cerveau la vision nette du fonctionnement de chaque rouage ; et les choses se passeront normalement, sans secousses, sans à coup, comme se passerait la mobilisation bien comprise d'une ou de plusieurs armées Nationales, mises un jour et à une heure déterminée en mouvement par ordre supérieur.

Nous attirons cependant l'attention des Hommes imbus de l'« *Esprit Nouveau* » sur ce fait qu'un tel ouvrage ne se suffit point à lui seul.

Il faut qu'il forge l'âme populaire, qu'il la pénètre et que l'âme populaire fasse sienne la Doctrine qu'il développe ; il faut que cet ouvrage soit approuvé dans son ensemble comme dans toutes ses parties, bien avant la prise du pouvoir, par les différentes « *Organisations politiques et corporatives* » qui auront pour mission de l'appliquer.

Il faut, si on lui découvre des lacunes qu'on les comble ; il faut, s'il est jugé incomplet qu'on le complète ; il faut, si l'on juge nécessaire d'y apporter des modifications de fond et de forme qu'on les y apporte ; mais ce qui est indispensable, c'est que cet ouvrage unique en son genre jusqu'à ce jour, soit passé au crible de la discussion par les organes publics et corporatifs et que « *La Société Future* », modifiée, amendée ou transformée soit mise debout par ces Organes politiques et Corporatifs.

Sans quoi, que ces organes ne parlent pas de Révolution ; qu'ils ne parlent pas de Socialisme ; qu'ils ne parlent pas d'abattre le Régime Capitaliste.

Tout cela ne serait que bluff puisqu'ils n'ont rien préparé pour remplacer ce Régime, si défectueux soit-il.

Et il faut non seulement que ces critiques et ces modifications soient apportées « *Nationalement* » mais encore d'accord entre toutes les « *Organisations Politiques et Corporatives Internationales* », réunies en commissions d'abord et en Congrès ensuite, afin que « *La Société Future* » c'est-à-dire l' « *Edifice Social Nouveau* » existe bien « *Universellement* » sous une forme « *Unique* » ; nécessité absolue pour empêcher les guerres futures et pour éviter que chaque Nation s'oriente dans une « *Voie Nouvelle* » qui ne soit pas celle « *Universellement admise* » et qui ne soit pas conforme à l'IDÉAL, seul terrain d'entente possible où tous les Etres humains peuvent se mettre d'accord.

Il faut éviter en effet que chaque Nation, en se dépouillant de certains défauts et vices de la Bourgeoisie Capitaliste défunte, en conserve cependant certaines parties plus ou moins grandes ou épouse d'autres défauts et prenne à son compte notamment les vues « SEMI-IDÉALES » défectueuses de la tendance Sociale alors en majorité dans la Nation, si rapprochée soit-elle de « l'IDÉAL ».

Sans cette condition essentielle, « *La Société des Nations* » ou « *Société Mondiale* » serait, on le conçoit, impossible à établir, ou du moins les mêmes luttes économiques, sociales et militaires persisteraient après l'*Etablissement du Régime Nouveau* entre les Nations comme elles existaient en *Régime Capitaliste* Bourgeois.

Il y aurait lutte alors, non plus entre Capitalistes Nationaux, mais entre Peuples, ce qui serait aussi désastreux.

Or, pour éviter aux premières Nations qui établiront l'« *Edifice Social Nouveau* » chez elles, de suivre une fausse voie, IL FAUT, IL EST ESSENTIEL que les Groupements qui dirigeront la « *Nouvelle Société* » établissent dès maintenant le « *Statut* » de cette Société, par un accord « *International* » nettement défini dans ses moindres détails et non pas seulement sur des *principes volatils*, toujours flous, toujours insaisissables, toujours suffisamment malléables pour que chacun, après les votes, les interprète suivant sa propre manière de voir.

La Logique même le veut ainsi.

Nous invitons donc instamment « *les Organisations Politiques et Corporatives* » pénétrées de l' « *Esprit Nouveau* » à se mettre à l'ouvrage sans retard, si elles ont consciencieusement le désir de ne pas vouloir arriver « *après la bataille* », quand il sera trop tard.

Car l'heure de l'écroulement fatal de « *la Société Capitaliste Bourgeoise* » n'est pas loin de sonner.

Tout Homme averti le sait, ou tout au moins le sent...

Et ce serait un crime d'attendre la catastrophe pour construire l' « *Edifice Nouveau* ».

Songez lecteur qui nous lisez que si cet *Edifice Nouveau* n'est pas construit de toutes pièces au moment où s'écroulera la Société Bourgeoise, c'est un siècle au moins de misère et d'anarchie qui vous guette sans compter les guerres, les conflits intérieurs et extérieurs et les complications de toutes sortes qui peuvent surgir et qui peuvent pendant des siècles paralyser totalement la vie économique et sociale des Peuples de la Terre, même lorsqu'ils seront tous collectivement organisés; mais avec des doctrines, des tendances et des idéaux différents.

Jean de Laby.

Statut Collectif
de la Société Mondiale
et des Nations

Les Nations Contractantes. ici représentées établissent comme suit la Constitution (ou Statut Collectif) de la Société des Nations et les Constitutions Nationales de chacune d'elles.

Dans le cas où, à l'origine, une seule Nation adopterait le présent Statut Collectif Social, celui-ci serait néanmoins appliqué dans toutes ses parties dans les limites territoriales Nationales. Mais, — en attendant des adhésions nouvelles, — les organes Nationaux cumuleraient leurs fonctions Nationales avec les fonctions des Organes de la Société des Nations.

Et jusqu'à ce que la Société des Nations comprenne la moitié au moins des populations du Globe terrestre, des relations économiques continueront avec les Nations qui n'en font pas partie.

Ces relations économiques cesseront avec les Nations qui ne font pas partie de la Société des Nations, à partir du jour où la Société des Nations comprendra plus de la moitié de la population du Globe terrestre.

La Constitution de la Société des Nations et les Constitutions Nationales sont établies en conformité des *Principes Sacrés des Droits et Devoirs de l'Homme et de la Société*, qui reposent sur cette devise : *Liberté, Justice, Egalité, Fraternité* ; laquelle devise doit être effective et non théorique.

Toutes les lois, tous les règlements et actes administratifs des pouvoirs publics, législatifs et administratifs devront toujours, à l'avenir, s'inspirer des Principes des Droits et Devoirs de l'Homme et de la Société.

Et les actes individuels des Hommes devront être conformes à ces principes, sans l'application effective desquels la Liberté, la Justice, l'Egalité et la Fraternité ne sont que de vains mots.

Il ne suffit pas, dans des textes Constitutionnels, de proclamer que l'Homme est libre, qu'il est l'égal d'un autre, que les Hommes sont frères, qu'ils doivent s'entr'aider, si ces principes ne constituent pas des obligations que les pouvoirs publics ont pour devoir de faire exécuter pratiquement.

Les pouvoirs publics ne doivent avoir qu'une préoccupation, qu'un but : appliquer pratiquement les Principes des Droits et Devoirs de l'Homme et de la Société.

La devise des mandataires du Peuple est : Peu de discours, peu de phrases : des actes conformes aux Droits et Devoirs de l'Homme et de la Société.

Tous membres d'une assemblée publique et législative qui soutiendront dans ces assemblées ou hors de ces assemblées des thèses contraires aux Principes des Droits et Devoirs de l'Homme et de la Société, et tous détenteurs de pouvoirs publics qui n'appliqueront pas strictement dans leurs paroles, dans leurs écrits et dans leurs actes, les dits principes ou même qui chercheront à s'en écarter, si peu que ce soit, se rendront coupables de forfaiture, seront exclus sur-le-champ de ces assemblées, seront jugés comme tels (ou pour usurpation de pouvoir anticonstitutionnel), déclarés déchus et exclus définitivement de toutes assemblées ou fonctions publiques quelconques.

Il faut partir de ce principe rigide et absolu : que tout Etre Humain qui ne respecte pas et qui n'applique pas les Principes des Droits et Devoirs de l'Homme et de la Société est un Etre amoral, inhumain, qui se rejette de lui-même en dehors de la Société Humaine organisée.

A plus forte raison, ne peuvent être tolérés, les écarts de ceux qui représentent la volonté populaire, au profit de laquelle ces principes sont établis.

La Femme étant l'égale de l'Homme, tout ce qui sera dit de l'Homme s'appliquera au même titre à la Femme.

Le mot Homme s'appliquera donc toujours d'une manière générique à l'Espèce Humaine.

TITRE I

PRINCIPES DES DROITS ET DEVOIRS
DE L'HOMME ET DE LA SOCIÉTÉ

Les Principes des Droits et Devoirs de l'Homme et de la Société sont définis comme il est dit sous le présent titre :

I

Égalité des Hommes.
Droits à la Liberté individuelle.
Là ou elle commence. Là où elle finit.

PRINCIPES

Tout Etre humain naît l'égal d'un autre Etre humain.

Il s'ensuit que la Liberté individuelle de l'Homme est égale à la Liberté individuelle d'un autre Homme, quel qu'il soit, d'où qu'il vienne, et que la Liberté individuelle de la Femme est égale à celle de l'Homme, parce que nul Etre humain ne peut invoquer, *Logiquement* et *Raisonnablement*, avoir à sa naissance plus de mérites et plus de droits qu'un autre Etre humain, à quelque sexe qu'il appartienne ; et parce que la *Logique* et la *Raison* sont des *Lois Naturelles* qui dépassent les contingences humaines et qui permettent à l'homme de définir, indiscutablement et sans erreur possible, l'étendue de ses Droits et de ses Devoirs.

C'est ainsi que la *Logique* et la *Raison* déclarent :

Que les Vieillards ont droit de déférence et de sollicitude de la part des Etres humains plus jeunes des deux sexes.

Que la Femme a droit de déférence et de respect de la part de l'Homme, surtout lorsqu'elle est mère ou sur le point d'être mère.

Que les Etres humains malades, infirmes, invalides et faibles ont droit de déférence, de priorité, et d'attentions spéciales de la part des Etres humains des deux sexes, plus forts qu'eux.

Que tous les Etres humains moins favorisés que les autres par la Nature, ou devenus plus faibles, ont également droit d'assistance, ainsi qu'on le verra sous l'article 4.

En conséquence :

ARTICLE PREMIER

Le champ d'action de la Liberté individuelle de tout Etre humain n'a de limite que le champ d'action où commence la Liberté individuelle des autres Etres humains, avec droits de priorité, de déférence, de sollicitude et d'attentions spéciales, au profit :

1º Des Vieillards, de la part de plus jeunes qu'eux ;

2º De la Femme, de la part de l'Homme ;

3º Des Etres humains malades, infirmes, invalides et faibles, de la part des Etres humains robustes.

Tous ces Etres humains ont en outre droit d'assistance ainsi qu'on le verra sous l'article 4.

Le droit de priorité permet aux Etres humains faibles, infirmes ou invalides, cependant capables de travailler, d'occuper par préférence et priorité à tous autres les emplois les moins pénibles, les plus faciles, les moins incommodes et les plus adéquats à l'inactivité professionnelle des membres dont ils sont atteints d'infirmité ou de faiblesse, et ce, suivant leurs capacités professionnelles ou intellectuelles.

II

Droits aux richesses de la Nature.

PRINCIPES

L'enfant qui naît de parents fortunés a-t-il, à l'heure où il voit le jour, plus de mérites qu'un autre enfant, né de parents pauvres, et peut-il, plus qu'un autre, prétendre avoir, en naissant, des droits supérieurs aux choses de la Nature ?

Le simple bon sens, la *Logique* et la *Raison* répondent : Non.

Tout Etre humain, en venant à la vie, a les mêmes droits qu'un autre à l'existence et à tout ce que la Nature a créé.

Tout ce qui existe sur terre, dans la terre, dans l'eau et dans les airs, est la propriété de tous les Etres humains, placés sur un pied d'égalité parfaite, et, s'il en est autrement, c'est parce que certains Hommes, plus forts ou mieux doués que les autres ont, au cours des générations passées, usurpé les richesses naturelles de ceux qui, plus faibles, n'ont pu défendre leur part.

En conséquence :

Art. 2

Le Capital Social (ou Richesses de la Nature) est la propriété de tous les Hommes collectivement.

La propriété individuelle est supprimée.

La fortune actuellement entre des mains publiques ou privées devient la propriété de tous les Hommes collectivement, sur un pied d'égalité absolue.

Nul ne pourra créer de fortune, à l'avenir, ni en recevoir par héritage ou sous une forme quelconque.

Le Capital individuel est supprimé.

Le Capital Social collectif des Hommes est créé pour le remplacer.

III

Droit au travail et au produit du travail.

PRINCIPES

Le produit du travail de l'Homme reste à son usage personnel.

La Nature a mis à la portée de l'Homme, sur terre, dans la terre, dans l'eau et dans les airs, des richesses inouïes.

Mais si l'Homme ne les assimilait pas, pour ses besoins personnels, ces Richesses ne lui seraient d'aucune utilité et il vivrait à l'état primitif.

L'Homme a donc droit au travail pour assimiler les Richesses Naturelles.

La Nature a donné à l'Homme la force, l'intelligence et des dons intellectuels et professionnels très variés qui lui permettent d'assimiler à son profit les choses de la Nature et ce, à des degrés très différents chez chacun d'eux.

La différence des capacités et la diversité des dons intellectuels et professionnels que possèdent les Hommes pour assimiler, à leur profit, les choses de la Nature, constituent l'indication que l'Homme a été invité par la Nature même à exploiter collectivement les Richesses Naturelles en se servant de la science intellectuelle des uns, inventive des autres, et en utilisant au mieux, au profit de la collectivité, les dons naturels et professionnels de chacun.

En travaillant et en utilisant ces Richesses, qui sont en quelque sorte à l'état de matières premières ou de potentiel, et ce, au mieux de ses facultés, l'Homme a le moyen de s'assurer du bien-être personnellement et de rendre service aux autres Hommes dans un minimum d'effort et de temps, si le travail est bien organisé, si les facultés des Hommes sont judicieusement réparties et si chaque Homme est spécialisé dans le travail de la seule fabrication qui convient le mieux à ses aptitudes ; au lieu que chaque Homme produise tout ce qui est nécessaire à sa vie, ce qui serait d'ailleurs impossible.

Cette spécialisation nécessaire pour assimiler, au mieux, les Richesses Naturelles, oblige l'Homme, collectivement organisé, à créer une Monnaie d'échange, qui lui permette, d'une part, de recevoir l'équivalent du produit de son travail et d'autre part, de se procurer, au moyen de cette Monnaie d'échange, tout ce qui est nécessaire à son existence, suivant ses goûts et ses préférences.

En conséquence :

Art 3.

L'Homme a droit à une part égale aux autres Hommes dans les Richesses Naturelles.

Ces richesses n'étant assimilables aux besoins de l'Homme que par son travail, l'Homme a Droit au Travail.

L'Homme n'a pas le droit de s'approprier une part des Richesses Naturelles, c'est-à-dire du Capital Social qui est la propriété collective et indivisible des Hommes, mais il a droit d'usage sur le produit de son travail.

Il a le droit d'exercer son intelligence, ses capacités naturelles, intellectuelles et professionnelles et sa force, là où l'ensemble de ses facultés lui permettent de produire le plus grand rendement d'assimilation des Richesses Naturelles et ce, sur un pied d'égalité avec les autres Etres humains doués comme lui.

Il a le droit de recevoir l'équivalent du produit de son travail et des services par lui rendus aux autres Hommes, après prélèvement de la part contributive aux charges de Solidarité Sociale que ses Devoirs lui imposent.

L'équivalent du produit du travail de l'Homme est représenté et lui est remis, sous forme d'une Monnaie d'échange qui permet à l'Homme de se procurer les choses les plus diverses dont il fait usage dans la vie.

IV

Droits de privilèges des vieillards, des femmes, des malades, des infirmes et des faibles et Devoir d'assistance des Hommes envers ceux-ci.

PRINCIPES

Les Hommes ne possèdent pas tous, au même degré, des facultés de force, d'intelligence, et de capacités diverses leur permettant d'assimiler les choses de la Nature pour leurs besoins. Les uns sont forts, mais peu intelligents, les autres sont chétifs, mais instruits ou possesseurs de capacités professionnelles spéciales ; la Femme notamment, plus faible que l'Homme, est dans un état d'infériorité vis-à-vis de l'Homme, en général, pour assimiler, à l'usage humain, les choses de la Nature, et cependant, les besoins de la vie, pour tous ces Etres, sont identiquement les mêmes.

La Femme, en état de maternité ou ayant charge de jeunes enfants, est plus particulièrement inapte à gagner sa vie et à assimiler à son profit sa part des Richesses naturelles.

Les malades, les infirmes et les vieillards ne peuvent non plus tirer aucun parti des Richesses que la Nature a mises à leur disposition.

Tous ces Etres humains, moins bien doués que les autres ou placés par la Nature dans des conditions d'infériorité, comparativement aux autres Etres humains, — et qui seraient voués à l'impuissance ou à la mort lente si on les laissait sans aide et assistance, — ont-ils moins de droits que les autres aux Richesses naturelles, sous prétexte qu'ils sont dans l'impossibilité de travailler, ou qu'ils ont provisoirement ou définitivement perdu ces facultés, ou encore parce que leurs facultés d'assimilation sont moins grandes que celles des autres Hommes ?

Et les Hommes bien doués, robustes et intelligents ont-ils le droit de s'emparer des biens qui sont la propriété des Etres faibles, informes, ou incapables de produire ? Ont-ils, en un mot, le droit de tirer profit, pour leur compte personnel, au dépens des Etres faibles, des revenus des Richesses naturelles qui appartiennent à ces derniers au même titre qu'aux Etres forts et bien doués ?

Le bon sens, la *Logique* et la *Raison*, ici encore, répondent : Non.

En conséquence :

Art. 4.

Les Hommes normalement doués peuvent tirer parti de tout le Capital Social et même de la part (égale à la leur) qui revient aux vieillards, aux femmes, aux infirmes, aux invalides, aux malades et aux faibles, qui n'ont pas les moyens de tirer parti de leur part.

Mais, à titre de compensation, ils doivent aide et assistance à tous ces Etres humains moins bien doués qu'eux.

Les Etres faibles ou partiellement infirmes trouveront place, pour la répartition du travail, par droit de préférence et priorité à tous autres, dans les emplois où la force physique n'est pas nécessaire et où leurs capacités sont suffisantes pour occuper l'emploi.

Leur rétribution dans ces places sera toujours équivalente à celle d'un Homme robuste et sain, qui ne rendrait d'ailleurs pas de meilleurs services à leur place.

Il en sera de même pour les Femmes qui travailleront et à qui les emplois les plus faciles et les moins durs seront réservés.

Les malades et les infirmes recevront assistance et vivront convenablement à la charge de la Société sur une base qui sera au moins égale aux besoins de la vie et qui ira en augmentant, au fur et à mesure que la richesse et les ressources de la Société augmenteront. Cette rémunération sera versée à une caisse commune si le malade ou l'infirme est hospitalisé par les soins de la Collectivité. Elle sera versée au bénéficiaire s'il désire vivre en dehors d'un établissement médical ou hospitalier.

La Femme, en état de maternité, touche pareille rémunération. Celle élevant un ou plusieurs enfants âgés de moins de 3 ans touche également pareille rémunération, plus une indemnité supplémentaire pour la nourriture et l'entretien de chaque enfant.

La Femme ayant eu 4 enfants vivants ou décédés, touche une rente, sa vie durant, égale à cette rémunération.

Enfin, le Vieillard touche pareille rente, sa vie durant, à partir de 60 ans au maximum.

La Rémunération dont il s'agit sera égale au salaire minimum de base des travailleurs, qui est équivalent au salaire nécessaire à la vie.

En outre, la Femme n'étant pas constituée pour le travail sera dispensée de travailler et recevra, sa vie durant, pareille rente, dès que la production, rationnellement organisée, sera suffisante ; sauf le Droit, restant acquis aux Nations, de retirer cette rente aux Femmes aptes à la conception qui n'auront pas eu un certain nombre d'enfants à un âge déterminé et ce, en vue de maintenir ou d'élever la population d'un pays trop peu peuplé.

V

L'Homme a-t-il droit à la paresse?
Est-il tenu de participer aux charges publiques et de prêter aide et assistance aux malades, aux invalides, aux infirmes, aux femmes et aux vieillards?

PRINCIPES

Les Êtres humains ont-ils droit à la paresse ?

Si la Nature, à côté des produits naturels non assimilables à l'Homme, tels que la Nature les a créés, en avait créé d'autres en suffisante quantité que l'Homme n'ait qu'à cueillir pour se nourrir, se vêtir et se loger, il n'y a pas de doute qu'il aurait droit à la paresse, parce que, se livrant à la paresse après avoir cueilli sa part des produits naturels, il ne ferait de tort à personne et n'obligerait personne à subvenir à ses besoins.

Certes, dans ce cas, l'Homme ne rendrait aucun service à la Société, mais à condition qu'il n'émette pas la prétention de lui demander quoi que ce soit, même en cas de maladie et de vieillesse, l'Homme aurait incontestablement le droit de se livrer à la paresse.

Mais tel n'est pas ainsi posé le problème social par la Nature.

Rares sont les produits assimilables que l'Homme n'a qu'à cueillir pour se nourrir, et encore, ces quelques produits ne poussent que dans certaines régions chaudes ou tempérées et sont quantité négligeable, à côté des exigences nutritives de l'Homme.

Les arbres fruitiers des régions tempérées eux-mêmes produiraient de mauvais fruits ou même seraient improductifs s'ils n'étaient travaillés, greffés, hybridés, et s'ils ne recevaient pas les soins continuels de l'Homme.

D'autre part, aucun produit naturel ne permet à l'Homme de subvenir à son entretien et encore moins à son habitation, sans que l'Homme transforme ces produits.

L'Homme valide qui n'est ni malade ni infirme, ni trop vieux et qui le peut, est donc tenu de travailler pour retirer sa part des Richesses naturelles et pour participer aux charges publiques, c'est-à-dire pour satisfaire à ses devoirs de solidarité.

L'Homme valide qui ne travaille pas vit du produit du travail des autres Hommes ; c'est un Etre nuisible ; c'est un champignon qui croît et qui vit sur l'Arbre social.

L'Homme valide qui ne travaille pas n'est donc pas un Etre humain normal, c'est un Etre anormal, un Etre déchu.

Et l'Homme valide doit travailler non seulement pour tirer profit de sa part des Richesses naturelles, mais aussi pour tirer parti de la part de ceux qui ne peuvent pas travailler, et pour la leur donner à titre de solidarité, parce que lui aussi peut, un jour, avoir besoin de cette aide de solidarité fraternelle ; lui aussi peut devenir malade, infirme, vieux ou faible, au point de ne pouvoir plus subvenir à ses besoins. Un accident, au début de sa vie de travail, en pleine santé, en pleine force, peut lui enlever toutes ses facultés. Il est donc tenu aux devoirs de solidarité, par fraternité et par intérêt personnel, à titre de réciprocité.

D'autre part, les Richesses Naturelles sont la propriété de tous les Hommes collectivement, sans que personne puisse dire : « ceci est à moi, cette autre chose est à mon voisin ». Par conséquent, aucun Etre humain n'a le droit de s'emparer d'une part des Richesses Naturelles, serait-elle inférieure à la sienne, sans prendre des arrangements avec ses copropriétaires, lesquels ont, comme lui, et à son égal, le droit de réglementer l'usage des Richesses Naturelles. Il ne pourrait donc tirer parti d'une part des Richesses Naturelles sans prendre des accords avec ses copropriétaires : malades, infirmes, invalides, femmes, vieillards et faibles.

En conséquence :

Art. 5

La paresse est interdite.

Tout Etre humain valide, qui le peut, doit gagner sa vie, subvenir à son entretien et à son habitation et participer aux charges publiques de Solidarité Sociale.

La Société a pour devoir d'organiser le travail, d'assurer l'application des principes de solidarité et de prendre des mesures prohibitives contre la paresse.

L'Homme valide qui ne travaille pas pour subvenir à ses besoins et pour participer aux charges publiques de solidarité est déclaré déchu. C'est un Etre anormal qui devient une charge pour les autres Hommes. Or, nul n'est tenu de nourrir et d'entretenir son semblable si ce dernier est valide.

VI

Le Produit du travail de l'Homme constitue un Revenu.
Le Revenu peut-il être constitué en capital?
Distinction entre le Capital et le Revenu.

PRINCIPES

On a vu :

Que les Richesses de la Nature constituent un capital qui est propriété collective des Hommes (art. 2).

Que le produit du travail de l'Homme constitue au contraire un revenu qui est propriété personnelle de l'Homme (art. 3).

Le Produit du travail de l'Homme qui constitue un revenu peut-il être reconstitué en capital ?

La Logique et la Raison répondent indiscutablement : Non.

Et c'est, d'une part, pour éviter toute confusion entre le Capital Social et le revenu (ou produit du travail de l'Homme) et d'autre part pour permettre à l'Homme de se procurer tout ce qui est nécessaire à son existence que la création d'une Monnaie d'échange, représentative du produit du travail de l'Homme, est nécessaire à la Société.

En effet, le Capital Social (ou Richesses Naturelles) étant propriété collective des Hommes et le produit du travail de l'Homme (ou Revenus de ces Richesses Naturelles) étant propriété individuelle de l'Homme, il va de soi que ces deux droits ne peuvent se confondre et non plus se superposer dans une même chose.

L'Homme consomme ses revenus (ou produits de son travail). Si, au lieu de consommer ses revenus, il pouvait reconstituer par leur moyen un capital, il empiéterait sur le Capital collectif, en s'en appropriant une partie, par leur achat au moyen de ses revenus, et ainsi, en augmentant ces achats, à la longue, les Richesses Naturelles, propriété collective de tous les Hommes disparaîtraient du Capital Social collectif pour devenir la propriété individuelle des Hommes.

Les exemples qui vont suivre démontrent indiscutablement que l'Homme ne peut prétendre que recevoir, en une Monnaie d'Echange, l'équivalent de son travail, et non recevoir en nature le produit même de ce travail, parce que l'Homme ne récolte pas nécessairement des fruits assimilables par lui immédiatement. Le produit de son travail comporte souvent la création d'une chose productive qui constitue un capital et non des fruits. Exemples :

Un terrain est un capital parce que c'est une Richesse naturelle, cela est compréhensible. Mais les plantes utiles à l'Homme, que celui-ci fait naître sur ce sol, sont le produit du travail de l'Homme, et cependant elles constituent un Capital. Il n'en pourrait être autrement, car les plantes sans le sol n'auraient aucune valeur et le sol n'aurait également aucune valeur sans les plantes, productives de fruits ou de récoltes assimilables -aux besoins de l'Homme. Le travail de l'Homme a consisté à produire des plantes. Ces plantes peuvent rester de nombreuses années sans produire de fruits. Mais l'Homme recevra néanmoins le produit de son travail par le moyen d'une Monnaie d'Echange, équivalente au produit de ce travail. Il va de soi que si l'Homme pouvait conserver les plantes de ce champ, parce qu'elles sont le produit de son travail, ou bien s'il pouvait acheter ce champ avec le produit d'autres travaux, objet de ses économies, il s'emparerait d'une part des Richesses Naturelles.

La Logique et la Raison montrent donc indiscutablement que l'Homme n'a droit, au moyen de sa Monnaie d'Echange, que d'acheter les fruits ou produits de ce champ et de ces plantes par lui assimilables, ainsi que les fruits et produits d'autres champs, travaillés par d'autres hommes, afin de les consommer pour subvenir à ses besoins. Et il va de soi que, pour les mêmes raisons, les machines, les outils et attraits d'agriculture nécessaires à l'exploitation agricole de ce terrain font partie du Capital Social, puisqu'ils sont nécessaires à la mise en valeur agricole de ce terrain, au même titre que les arbres qui font partie intégrante du terrain.

Une maison est un Capital Social et, cependant, n'est-elle pas le produit du travail de l'Homme ?... On retrouve bien les choses de la Nature, dans le terrain sur lequel la maison est assise, de même que dans les matériaux constituant la maison, mais ces matériaux ont reçu de telles transformations par la main de l'Homme, que l'on peut dire que, dans une maison, c'est le travail de l'Homme qui prédomine sur les éléments de la Nature. Malgré cette prédominance, il n'est pas difficile de se rendre compte que si l'Homme pouvait individuellement se rendre propriétaire de cette maison, il s'emparerait d'une partie des Richesses Naturelles, en la possession du terrain, des matériaux, et de tous les éléments constitutifs de la maison, et qui existaient à l'origine à l'état naturel de matières premières. La maison fait donc partie du Capital Social, et les divers ouvriers qui la construisent reçoivent, en échange de leur travail, une Monnaie d'échange qui leur permettra de jouir d'un local dans les Maisons construites et, en outre, de se procurer de quoi vivre, se vêtir, et en un mot d'acheter ce qu'ils n'ont pas produit eux-mêmes pour leurs besoins, puisqu'ils se sont spécialisés dans la construction des immeubles. Et il va de soi aussi que tous les accessoires de cette maison, y compris son mobilier, suivent le même sort que la Maison elle-même, et constituent un capital social, au même titre que la maison ; celle-ci étant inhabitable sans mobilier, et le mobilier comportant aussi bien que la maison des matières premières qui sont des Richesses Naturelles, confondues et indissolublement liées au travail de l'Homme qui n'a pas à se plaindre, puisqu'il en reçoit rémunération de la part de la Société, au moyen de la Monnaie d'échange.

Une Mine et une Usine sont des capitaux, ainsi que tout leur matériel et agencement et aussi leurs machines et outils. Et cela se conçoit pour une double raison : Non seulement il n'est pas possible, dans une Mine ou dans une Usine, aussi bien d'ailleurs que dans le matériel, l'agencement, les machines et les outils, de dissocier le travail de l'Homme des éléments de la Nature, mais encore cet ensemble de choses que renferme la Mine ou l'Usine forme précisément un tout nécessaire pour produire les choses assimilables aux besoins de l'Homme. Enlevez l'agencement ou même seulement une partie des machines ou des outils d'une Mine ou d'une Usine, et la production s'arrêtera. Voici donc la preuve que l'on ne peut, dans les Richesses naturelles qui constituent le Capital Social, dissocier le travail de l'Homme et le lui attribuer en toute propriété.

Il s'ensuit que l'Homme, en aucun cas, ne peut acquérir une parcelle du Capital Social, au moyen de sa Monnaie d'échange, représentative du produit de son travail.

Mais alors, quelles sont les choses que l'Homme peut s'approprier en toute propriété au moyen de sa Monnaie d'échange ?

L'Homme pourra, contre la Monnaie d'échange qui lui sera donnée en représentation de son travail et de ses efforts, se procurer :

1o Tous les produits de consommation nécessaires à son alimentation, rendus assimilables à son usage par les soins de la Société, et qui n'ont plus à subir aucune opération d'assimilation. (Il n'est pas besoin de démontrer que ces objets constituent bien un revenu et non un capital, puisqu'ils sont périssables et que le Capital Social disparaît avec eux par leur usage.)

2o Tous les objets nécessaires à son entretien, à son habillement et à son usage, y compris son linge de corps et de ménage, parce que tous ces objets périssent par l'usage et ne laissent pas trace du Capital Social.

3o La jouissance d'une habitation meublée comportant le plus grand confort et la plus grande hygiène possibles.

4o Et toutes distractions et jouissances instructives mises à sa portée par les soins de la Société.

Les Revenus du Capital Social qui peuvent être acquis par l'Homme avec la Monnaie d'Echange représentative du Produit de son travail peuvent donc se définir ainsi : « Toutes choses assimilées aux besoins de l'Homme et consommables ou périssables par leur usage relativement rapide ».

Il est cependant fait exception à cette règle pour les cas suivants où il est donné satisfaction aux désirs de l'Homme sans nuire à ses semblables.

L'Homme peut, au moyen de la Monnaie d'Echange, Produit de son Travail, se procurer la jouissance, sa vie durant, des choses suivantes qui constituent un Capital Social ; ce sont :

1o Les œuvres d'art, les peintures, les livres, les objets mobiliers en complément de ceux mis à sa disposition par la Société. Il n'y a pas de doute que celui qui trouve plus agréable d'agrémenter son intérieur, plutôt que de se payer des voyages d'agrément ou des extras culinaires, peut le faire pourvu qu'il n'ait la jouissance de ces objets que sa vie durant et qu'ils dépendent du Capital Social dès le jour de leur acquisition.

2o Les améliorations et embellissements qu'il peut faire apporter, au moyen de sa Monnaie d'Echange, à l'organisation intérieure et extérieure de son habitation et de ses dépendances, notamment de son jardin lorsqu'il habite la campagne.

En conséquence :

Art. 6

Le Produit du travail de l'Homme constitue un Revenu toujours représenté par une Monnaie d'Echange.

Avec cette Monnaie d'Echange, l'Homme ne peut acquérir la moindre parcelle du Capital Social, c'est-à-dire des Richesses Naturelles.

Il ne peut acquérir que les choses nécessaires à son alimentation et à son entretien personnel.

Les choses que l'Homme peut acquérir ainsi se distinguent de celles constituant le Capital Social en ce sens qu'elles sont consommables ou périssables par leur usage relativement rapide.

L'Homme s'assure en outre l'usage d'une habitation confortablement meublée et agencée par les soins de la Société et il peut s'offrir les plaisirs et les réjouissances instructives les plus variés, tels que voyages, théâtres, livres et autres distractions du corps et de l'esprit.

Exceptionnellement l'Homme peut, avec sa Monnaie d'Echange accroître le nombre et l'importance des objets mobiliers, des œuvres d'art, des peintures et des livres qui sont mis à sa disposition par la Société et il peut faire améliorer et embellir son habitation et ses dépendances ; mais de tous ces objets ainsi acquis et, de tous ces embellissements et améliorations, il n'aura que la jouissance sa vie durant, la propriété en restant à la Société comme constituant un Capital Social.

VII

Période transitoire entre l'ancien et le nouveau régime. Jouissance des Fortunes laissées provisoirement pendant cinquante ans à leurs anciens possesseurs.

EXPROPRIATIONS

Il est matériellement impossible, sans provoquer une crise violente risquant de vouer à la mort ou à une longue paralysie, des plus néfastes, le Régime Nouveau, de passer brusquement de l'état social Capitaliste-Bourgeois privilégié à l'état Social Collectif basé sur les principes des Droits et Devoirs de l'Homme et de la Société.

Les Privilégiés de la Société bourgeoise jouissent de tels avantages, leur égoïsme est si tenace et ils ont rangé à leur manière de voir et tiennent si bien dans la main, pour l'avoir dressé à leur dévotion, tout le personnel dirigeant et technicien des établissements commerciaux et industriels, lequel se considère comme faisant partie intégrante de la bourgeoisie, et également pour avoir apprivoisé et dompté une grande partie du personnel subalterne que si, brusquement, l'on passait au nouvel ordre de choses, l'on se buterait à un faisceau si grand et si cohérent d'innombrables mauvaises volontés que celles-ci transmettraient sûrement à l'Etat Social Nouveau une anarchie et un état chaotique des plus préjudiciables à son existence et à son fonctionnement, tant au point de vue économique qu'aux points de vue politique et social, ce qui troublerait profondément la production et l'échange et conséquemment le bien-être public.

Et tout Etre humain clairvoyant sait qu'il est matériellement impossible de se passer des techniciens pour assurer
la production. Or, c'est de ceux-ci que la résistance est le plus
à redouter si, brusquement, l'on passe d'un régime à un autre.

La Logique et la Raison indiquent donc qu'il est indispensable de laisser s'écouler une génération avant d'appliquer intégralement et dans toute leur rigidité les principes absolus des
Droits et Devoirs de l'Homme et de la Société.

Cette période transitoire d'une génération est fixée à 50 ans,
parce qu'une génération se renouvelle entre l'âge de 20 ans,
à partir duquel l'Homme est Citoyen et l'âge de 70 ans à partir
duquel il cesse de voter. A partir de 70 ans, en effet, l'Homme
ne vote plus parce qu'il n'est plus apte à s'assimiler normalement les méthodes nouvelles et les progrès de la science que
le vieillard voit toujours apparaître avec crainte. A 70 ans,
l'Homme est d'un autre âge ; il n'est donc plus apte à diriger les destinées des Peuples de l'Avenir.

Il y a donc lieu de constituer une période transitoire de
50 ans pendant laquelle :

1o Les détenteurs de fortunes privées pourront, sur leur
demande, en conserver la jouissance en nature, à charge de
verser à la Société un Impôt-Loyer ou un Impôt-Fermage, et
de remettre cette fortune à la Société après la période transitoire.

2o Les enfants de ces détenteurs de la fortune pourront
appréhender la succession de leurs parents et jouir des dits
biens pendant le même temps et moyennant les mêmes charges
s'ils sont au nombre de quatre au moins ; la Société prenant
la part des enfants manquants, si moins de quatre appréhendent
la succession.

3o La Société éduquera et instruira uniformément, suivant
les principes des Droits et Devoirs de l'Homme et de la Société,
la Génération Nouvelle, de manière que la transition ait lieu
sans à-coup après cette période transitoire.

4o L'expropriation de ces fortunes privées pourra toujours
être faite par la Société avant l'échéance de la période transitoire, en payant une indemnité égale à la valeur de la chose
expropriée, et ce, au moyen d'une Monnaie d'Echange.

En conséquence :

Art. 7

Il est créé une période transitoire de 50 ans pendant laquelle
les principes des Droits de l'Homme et de la Société recevront
les atténuations restrictives suivantes :

1o Les détenteurs de fortunes privées pourront, sur leur

demande, en conserver la jouissance en nature et transmettre
à leurs enfants cette jouissance si ces derniers sont au moins
au nombre de quatre pour appréhender la succession ; chaque
enfant ne prenant qu'un quart et la Société le surplus, si
moins de quatre enfants appréhendaient la succession ; et à
charge, par ces détenteurs du Capital Social : 1º de payer,
au moyen d'un amortissement d'une durée de 20 ans, l'intégralité des dettes Nationales ; 2º de contribuer aux charges publiques en versant, chaque année, à la Société, un Impôt-Loyer
ou Impôt-Fermage et 3º de remettre cette fortune à la Société
après la période transitoire de 50 ans.

2º L'expropriation de ces fortunes privées pourra toujours
être faite par la Société avant l'expiration de la période transitoire, en versant aux intéressés, en Monnaie d'échange, l'équivalent de la valeur de cette fortune telle qu'elle ressort des
registres de l'Impôt, sans pouvoir jamais dépasser cette valeur,
déclarée par le contribuable et contrôlée par la Société.

3º Pendant la période transitoire, la Société a pour devoir
d'éduquer et d'instruire uniformément, suivant les principes
des Droits et Devoirs de l'Homme et de la Société, la Génération
Nouvelle qui, ainsi, s'adaptera facilement au Nouveau Régime
intégral lorsque le moment sera venu.

4º L'Impôt-Loyer ou Impôt-Fermage devra aller en s'ac-
centuant de plus en plus jusqu'à l'échéance de la période transitoire, de manière que la transition soit très atténuée entre
le Régime transitoire et le Nouveau Régime.

VIII

Nécessité d'un Organisme social
réglant les rapports des Hommes entre eux.
Droits et Devoirs de la Société envers les Hommes.

Les Hommes qui vivent en Société se sont toujours montrés,
vus dans leur généralité, incapables de respecter les Droits des
autres Hommes, s'ils n'y sont pas contraints par une Société
organisée sous une forme quelconque et disposant des moyens
d'obliger l'Homme à ne pas outrepasser ses droits et à exécuter les sanctions de justice prises contre lui.

Les Hommes qui vivraient à l'état anarchique, c'est-à-dire
sans direction, sans réglementation entre eux, s'entre-déchire-
raient comme des bêtes sauvages ; cela ne fait de doute pour
personne.

2.

L'Homme, en naissant, a été doué d'une conscience qui lui permet de définir ce qui est bien et ce qui est mal, et de reconnaître, bien exactement, quels sont ses Droits et ses Devoirs envers les autres Hommes, mais cette conscience a besoin d'être éduquée, d'être raisonnée, d'être travaillée pour ainsi dire comme doit l'être une plante et le champ qui la produit ; et enfin, d'être dressée à l'unisson de la généralité des consciences humaines et suivant des règles identiquement les mêmes, reposant sur les principes de Justice, d'Egalité et de Fraternité absolus ; sans quoi la Conscience de l'Homme se déforme au fur et à mesure que celui-ci se développe dans la vie, et elle se fausse, suivant le milieu dans lequel l'Homme évolue. Il est donc nécessaire que l'éducation et l'Instruction des Hommes se donnent sous une même Direction.

Une mauvaire Education rend l'Homme insupportable.

L'appât du gain et la Richesse le rendent égoïste, personnel et méchant envers ses semblables.

Si l'Homme est dépourvu à la fois d'éducation et d'instruction, il a tendance à user de sa force.

S'il est attiré par l'appât de gros gains et qu'il y soit empêché par des forces occultes ou collectives, on craint de lui toutes les machinations pour arriver à ses fins en essayant de jeter des collectivités les unes sur les autres.

De là l'origine des guerres.

Une Nation tombera à bras raccourcis, avec un enthousiasme unanime sur une autre Nation inoffensive et ne demandant qu'à vivre tranquille, si elle sait pouvoir, avec impunité, consommer sa mauvaise action et réussir à pressurer le Peuple voisin à son profit.

Tel est l'état mental des Peuples, vivant sous le Régime égoïste de la fortune privée et de l'âpreté au gain, tel est le spectacle qu'ont donné les grandes et les petites Nations, au cours de la Grande Guerre.

L'éducation familiale, dans un même pays, dans une même région, subissant d'autre part l'ambiance des milieux, des religions et des degrés de la hiérarchie sociale, crée des consciences qui partent de points de vue si différents que des Hommes qui, à première vue, semblent devoir se comprendre et fraterniser, se haïssent, au contraire, instinctivement, se fuient au lieu de se fréquenter, parce qu'ils jugent différemment au point de vue moral et social.

Il y a donc nécessité absolue, dans l'intérêt de l'Homme, qu'il se forme, au-dessus d'eux et par eux, une Société universelle qui réglemente les rapports des Hommes entre eux, qui se charge de leur éducation uniforme et de leur instruction.

L'Homme ne peut vivre à l'état anarchique parce que, dans une Société sans règles, et où chacun travaille pour soi, il résulte que :

1o L'Homme ne peut ni s'éduquer ni s'instruire ;

2o Il ne s'améliore pas au point de vue moral ;

3o Il n'améliore pas ses conditions d'existence et ne tire pas parti de la science et du génie d'invention des générations successives qui l'ont précédé ;

4o Il ne tire pas parti comme il conviendrait des Richesses Naturelles dont il dispose ;

5o Et il reste indéfiniment à l'état primitif.

La Liberté de l'Homme ne consiste donc pas : à faire ce qu'il veut individuellement, à laisser sa conscience et son cerveau errer suivant ses instincts naturels et à évoluer suivant son milieu ; la liberté ne consiste pas à faire ce que chacun veut, dans un imbroglio mondial sans règles ni lois, parce que l'Homme n'a pas été créé assez parfait pour respecter la Liberté de son voisin et parce que la Nature n'a pas créé les Richesses Naturelles assez assimilables pour que l'Homme puisse s'en servir isolément, individuellement, sans le concours et sans la collaboration des autres Hommes.

La Liberté consiste pour l'Homme se trouvant par un beau matin, à son réveil, en présence de l'immensité des Richesses Naturelles mises à sa disposition, à raisonner d'abord, à raisonner toujours, à jeter un regard circulaire autour de lui, avant de se livrer à des ébats désordonnés et à se dire que tous les Hommes qui l'entourent ont les mêmes droits que lui à la Liberté et aux Richesses Naturelles. L'Homme doit se dire que, pour partager ces Richesses au mieux des intérêts de tous, il doit s'entendre avec tous les autres Hommes, sans distinction, et doit choisir, d'accord avec eux, des arbitres qui réglementeront la production et les rapports des Hommes entre eux et répartiront le produit de ces Richesses au moyen d'un système d'échange tenant compte du travail de chacun.

Pour que les Principes des Droits et Devoirs de l'Homme et de la Société soient exactement appliqués et pour que les conditions d'existence de l'Homme aillent en progressant et en s'améliorant, il est donc nécessaire que l'Homme s'organise en Société par le choix de mandataires.

Ces mandataires ne peuvent être élus et exercer leur pouvoir qu'à temps, parce que les mandataires à vie ont montré qu'ils formaient bientôt autour d'eux des castes, qu'ils oubliaient bien vite les avis et l'intérêt de leurs mandants et qu'ils créaient des privilèges au profit de ces castes, sans plus s'inquiéter du Droit d'Egalité.

Il est cependant nécessaire que ce mandat soit suffisamment long pour que ces mandataires puissent appliquer intégralement leur programme pendant la durée de leur mandat. Le chiffre de Cinq années est celui qu'indiquent la Logique et la Raison.

Le mandataire doit faire connaître au Peuple, nettement, avant son élection, les détails de son programme réalisable pendant ces 5 années.

, Et il commettrait le crime de forfaiture et serait déchu s'il n'exécutait pas intégralement son programme pendant la durée du mandat parce qu'il aurait manqué à sa parole et que, par ce fait, il ne serait plus un Homme.

Il peut se faire que peu après la prise de pouvoir il reconnaisse son erreur et constate l'impossibilité de réalisation de son programme, mais alors, il doit, dès la première année de son élection, en faire l'aveu public, se présenter à nouveau devant ses mandants et abandonner le mandat ou solliciter à nouveau les suffrages de ses mandants sur un nouveau programme.

Pour être sans reproche, la Société, en la personne de ses élus et représentants, a pour mission et pour Devoir de faire appliquer strictement et pratiquement les Droits et Devoirs de l'Homme et de la Société, sans quoi elle laisserait se perpétuer des luttes intestines entre Nations et des haines persistantes entre Hommes qui, au lieu de s'attacher à travailler pour leur profit, en même temps qu'ils travaillent dans l'intérêt commun, emploieraient au contraire leur science à s'entre-déchirer, à s'entre-tuer.

Il faut que les représentants du peuple, détenteurs des pouvoirs publics, administratifs et législatifs, se persuadent que les Hommes se haïront et se combattront entre eux jusqu'au jour où l'Egalité, la Fraternité et l'Equité seront une réalité pratique et il faut qu'ils se disent que leur Devoir est précisément de faire aboutir cette réalité pratique.

Il ne servirait à rien de constituer une Société des Nations, si cette Société ne contenait pas constitutionnellement des Principes de Liberté, de Justice, d'Egalité et de Fraternité absolus et si elle n'en assurait l'application pratique entre les Hommes.

Une Société des Nations appliquant des principes imparfaitement justes, pourrait sans doute éviter les guerres entre peuples, comme les Nations ont elles-mêmes évité les guerres entre ressortissants de leurs divers Départements ou Principautés ; mais elle serait impuissante à empêcher les Révolutions parce qu'elle ne pourrait décemment intervenir dans un conflit où l'ordre régnant opprime une partie du Peuple en faveur de l'autre partie.

Et si elle le faisait, elle soulèverait contre elle l'indignation des consciences justes du monde entier et perdrait la haute autorité qui convient à sa haute fonction.

En outre, une Société Imparfaitement Juste a tout à craindre de la révolte des consciences Justes parce que cette révolte se traduira toujours au moins par la *Révolution des bras mi-croisés*, c'est-à-dire de cet état d'esprit des masses de travailleurs, qui s'est manifesté avec acuité contre le patronat et qui fait prendre au travailleur cette devise : « Je travaillerai pour ce qu'on me paie ».

Et c'est ainsi que des ouvriers font 10 à 12 heures de présence dans un atelier pour faire un travail inférieur à un quart de journée de 8 heures d'un bon travailleur conscient et honnête.

Dans une société collective organisée sur des bases injustes, ce n'est plus le Patron qui aurait à compter le déficit du travailleur injustement traité, ce serait la Société entière, c'est-à-dire tous les Hommes, qui souffriraient de cette sous-production, parce qu'il aurait plu aux mandataires du Peuple de favoriser certains Hommes au détriment d'autres Hommes.

La Société a donc pour Haute mission de faire disparaître le plus tôt possible, tout ce qui, entre Hommes, constitue des inégalités, des haines ou des cloisons étanches, tels que :

1o Les classifications des Hommes en races, en échelons hiérarchiques, en titres nobiliaires à des degrés divers ;

2o Les frontières économiques, les droits de douane ;

3o Les langues diverses ;

4o Les religions ;

5o Les différences d'éducation et d'instruction.

Elle doit se charger de la nourriture et de l'entretien de l'Enfant dès sa naissance et jusqu'à ce qu'il soit parfaitement éduqué et instruit pour en faire un homme juste et équitable et un bon travailleur honnête.

Ce n'est pas au père ni à la mère, comme la Société bourgeoise le pratique, à avoir la charge de l'enfant, parce que celui-ci n'est jamais un profit pour son père ni pour sa mère. Il constitue pour eux toujours une charge qui est d'autant plus lourde et impossible à supporter qu'ils sont plus pauvres. Et c'est pourquoi l'Enfant du Pauvre n'est ni éduqué ni instruit comme il conviendrait. Souvent même, il est mal nourri, mal entretenu, dans des conditions d'hygiène déplorables, et il devient inapte au travail faute des soins qui lui étaient nécessaires pendant la période de sa croissance et de sa formation.

Seule, au contraire, la Société collective tire profit de l'Enfant parce que c'est lui qui, devenu Homme, pourvoit aux besoins de la Société en général ; c'est lui qui fait vivre les vieillards et les faibles. C'est la nouvelle génération qui fait vivre l'ancienne. Et si l'ancienne génération, par un phénomène hypothétique, cessait brusquement d'avoir des enfants, cette génération vivrait ses vieux jours dans une misère noire et les derniers vieillards mourraient finalement d'inanition.

Et si l'on observe les phénomènes économiques de la Société bourgeoise, l'on constate :

Que les Nations dont la natalité s'affaiblit au lieu de s'augmenter ou de rester stable, s'appauvrissent, périclitent et croulent vers la ruine et la misère.

Que les Nations qui voient leur population augmenter s'enrichissent à tous points de vue.

Que les terrains, les maisons, les usines et tous les biens d'une Ville dont la population augmente, prennent toujours de plus en plus de valeur.

Que les terrains, les maisons, les usines et les biens d'une Commune ou d'une Ville dont la population diminue perdent leur valeur et même ne trouvent plus preneur.

L'Enfant est donc la Principale Richesse Naturelle de la Société. Sans lui, les Richesses Naturelles seraient, à un moment donné, inutiles à l'Homme parce que celui-ci serait sans force pour se les assimiler.

L'Enfant constitue en quelque sorte le Trésor le plus précieux que la Nature ait donné à l'Homme vieilli.

Mais la Nature a fait les choses de telle sorte qu'avant d'user de ce Trésor et de cette Richesse Naturelle qu'est l'Enfant, celui-ci constitue une charge jusqu'à ce qu'il devienne Homme, jusqu'à ce qu'il soit éduqué, instruit et bien constitué.

La Société tirant seule profit de l'Enfant devenu Homme, doit seule subvenir aux charges qu'il impose, c'est-à-dire aux charges : 1o de nourriture, 2o d'entretien dans des conditions d'hygiène et de confort adéquats à son tempérament et à ses forces, 3o d'éducation et 4o d'instruction intellectuelle et professionnelle, suivant ses facultés, ses capacités et ses dons naturels.

La Société doit faire instruire l'Enfant au maximum de son intelligence parce que l'instruction est, après l'Enfant, la principale source de Richesses que la Nature a mises à la disposition des Hommes, à côté des Richesses Matérielles.

C'est par l'instruction et par le développement des sciences que l'Homme peut concentrer et assimiler, dans les meilleures conditions possibles et à son profit, les Richesses de la Nature.

C'est par l'instruction que l'Homme parvient à remplacer la rude main-d'œuvre humaine par la main-d'œuvre mécanique, par la machine que l'Homme n'a qu'à surveiller pour lui voir abattre cent fois plus d'ouvrage qu'il n'en pourrait faire lui-même.

C'est par la science chimique que l'Homme peut faire sortir du sol en quantité considérable les produits alimentaires dont il a besoin.

C'est en un mot par l'application des sciences en général que l'Homme parvient à augmenter son bien-être.

La Société doit, en outre, progressivement, au fur et à mesure que disparaît la Vieille génération, arriver, au moyen d'une éducation universellement répandue, à dresser la conscience humaine et faire des Hommes de vrais frères dépouillés des vieux préjugés et des fausses conceptions d'Honnêteté, de Justice et d'Egalité.

Pour être parfaite, la Société doit être universelle et conséquemment s'appliquer à toutes les Nations qui forment ainsi entre elles la Société des Nations, laquelle est la grande arbitre qui juge et sanctionne les différends entre Nations et qui met de l'ordre et de la sécurité là où il y a trouble et insécurité.

La Société des Nations a pour devoir, en outre, de désarmer les Nations et les Hommes, de s'assurer que nulle part il ne se fabrique d'armes, de poudres, d'explosifs ou d'engins de guerre dangereux pour la Sûreté publique afin d'éviter des coups de mains, des coups de force, ou des coups d'Etat qui permettent à un groupement d'imposer arbitrairement aux autres Hommes sa volonté, par la force contre le droit.

En conséquence :

Art. 8

Une Société des Nations (ou Société Mondiale) subdivisée en Nations — celles-ci subdivisées en Régions et celles-ci subdivisées en Communes, — est créée pour établir en des textes précis s'appliquant aux cas d'espèces, les Principes des Droits et Devoirs de l'Homme et de la Société, et la législation constitutionnelle de la Société Mondiale et des Nations et pour faire appliquer ces principes et cette législation à tous les Hommes sans distinction, ce qui lui octroie la mission :

De prendre à sa charge l'Enfant, de le nourrir, de le vêtir et de l'entretenir depuis sa naissance jusqu'à son éducation et son instruction définitives et complètes.

D'éduquer l'Enfant et la Jeunesse suivant les Principes des Droits et Devoirs de l'Homme et de la Société.

D'instruire les jeunes gens jusqu'au plus haut degré possible, scientifiquement et professionnellement, suivant leurs aptitudes personnelles.

De supprimer les frontières économiques et douanières et tout ce qui constitue des cloisons étanches entre races.

De créer une langue universelle et de la répandre à l'exclusion de toutes autres.

De créer un système métrique, arithmétique, des poids et mesures et de monnaie qui soit uniforme, universellement.

De créer un calendrier universel unique.

De respecter et faire respecter parmi les vieilles générations leurs croyances religieuses en leur permettant de les exercer individuellement chez soi (et dans les milieux assignés aux cultes à titre transactionnel provisoirement pendant la période transitoire de 50 ans après laquelle les religions ne pourront plus être pratiquées que chez soi).

De supprimer toutes manifestations religieuses collectives extérieures ou privées qui aient pour but ou pour conséquence de perpétuer la division des Hommes en castes religieuses et de perpétuer le sentiment qu'ils ne sont pas frères, dès l'instant qu'on leur laisse supposer qu'ils n'ont pas été créés par le même Dieu.

De supprimer, en conséquence, tout enseignement religieux et toute propagande religieuse par la parole et par l'écrit périodique, même dans les lieux cultuels. De n'admettre l'enseignement religieux que par les livres religieux rapportant et commentant les paroles des créateurs de ces religions et de leurs apôtres, et dont le croyant seul a le droit de faire l'acquisition de sa propre initiative, s'il le juge utile, pour connaître les préceptes de sa religion.

De ne permettre aucune organisation qui ait pour but de propager la diffusion de ces livres ou d'autres ouvrages religieux.

De ne permettre en un mot que l'exercice privé (ou public dans les lieux cultuels pendant la période transitoire de 50 ans) de la croyance religieuse par le croyant, s'adressant directement à la Divinité, sans le concours de prédicateurs, de précepteurs ou de qui que ce soit.

De codifier les lois, d'arbitrer les différends entre Nations, de juger en dernier ressort les différends entre les Hommes et les collectivités d'Hommes.

De désarmer totalement les Nations, les Peuples et les Hommes, individuellement, afin qu'aucun conflit armé ne puisse plus éclater entre eux.

De n'armer qu'une police, dans chaque Nation, pour en assurer l'ordre.

De s'assurer que nulle part il ne se fabrique d'armes et d'engins dont la Société des Nations seule a le monopole.

De rassembler, dans une ou plusieurs îles, à proximité des divers continents, les vaisseaux de guerre, les aéronefs de guerre, les armes, les engins, les poudres et les explosifs de guerre de toutes sortes, détenus jadis par les Nations et les Hommes.

De rassembler dans ces îles une armée de volontaires enrôlés dans toutes les Nations, indistinctement, en nombre proportionnel à leur représentation mondiale, lesquels volontaires devront renoncer à leur nationalité pour n'être plus que les citoyens et les agents d'exécution de la Société des Nations.

D'armer ces volontaires avec les armes les plus perfectionnées remises par les Nations et avec les armes et engins nouveaux que les progrès de la science nécessiteront pour mettre les Nations à l'abri de toutes sortes d'intrigues politiques et de coups de force.

De faire intervenir cette armée dans tous les conflits entre Nations ou à l'intérieur des Nations dès qu'ils se produiront, d'entendre les parties adverses, d'arbitrer leurs différends d'après les Principes des Droits et Devoirs de l'Homme et de la Société, de prendre des sanctions pratiques contre les délinquants fautifs et de les faire exécuter.

D'utiliser cette armée à la fabrication de ses propres armes et à des travaux économiques, pendant les périodes de l'année où elle n'est pas occupée ou exercée à son rôle de police mondiale.

De tenir ses assises dans l'une des Iles Mondiales qui forme la Capitale Mondiale de la Société des Nations.

De former un corps d'Inventeurs qui sera subventionné par elle ou par les Nations, et à la disposition duquel il sera mis une légion d'ouvriers choisis parmi les plus intelligents et d'artistes de talent pris dans tous les corps de métiers, chargés d'exécuter les brevets qui leur seront soumis par les Inventeurs, soit en grandeur naturelle, soit en réduction.

De mettre gratuitement à la disposition de tous les hommes les inventions (et moyennant une redevance de 5 % sur le prix de vente pendant la période transitoire de 50 ans).

De construire, pour tous les Hommes, des immeubles pour l'habitation, comportant tout le confort d'hygiène que la science permet de mettre à la disposition des hommes, et, en attendant que ces constructions nouvelles soient achevées, d'utiliser celles existantes qui sont habitables, et de les répartir entre les Hommes d'un même pays.

D'assurer un service médical d'assistance pour les malades, les infirmes et les invalides.

D'assurer le service d'une retraite pour la vieillesse à l'âge maximum de 60 ans.

D'assurer une rémunération mensuelle aux femmes ayant charge d'enfant.

D'assurer une rente viagère aux femmes ayant eu 4 enfants, puis, plus tard, à toutes les femmes, lorsque les efforts de l'Homme seront suffisants pour assurer la production, sauf le droit réservé à la Société de retirer cette rente aux Femmes n'ayant pas eu quatre enfants.

D'organiser le travail et les moyens de production et d'échange.

D'organiser la production et la vulgarisation des Produits Miniers, de la Force, de la Chaleur, de la Lumière, de l'Eau, de l'Irrigation, des Transports et des Transmissions.

D'organiser les beaux-arts et les réjouissances instructives.

D'organiser les Colonies sur un même pied d'égalité que le sont les Régions dépendant des Nations.

Pendant la période transitoire de 50 ans :

1º D'établir un régime fiscal pour subvenir aux charges de la Société, conforme aux principes des Droits et Devoirs de l'Homme et de la Société, comprenant : *a)* un Impôt-Loyer ou Impôt-Fermage sur le Capital détenu provisoirement pendant 50 ans par chaque contribuable ; *b)* un Impôt personnel et global sur tous les Revenus du Contribuable. Le tout suivant une échelle ascendante et dégressive, au fur et à mesure qu'augmentent le Capital et les Revenus du Contribuable. Il va de soi que si cette échelle n'était pas ascendante, si elle n'était que proportionnelle au Capital et au Revenu du Contribuable, l'Impôt ne serait pas mieux supporté, en définitive, par le Contribuable que ne le sont les Impôts directs sur les choses consommées ou utilisées par l'Homme, parce que dans les deux cas, le producteur et le commerçant feraient figurer l'impôt dans leurs frais généraux qui augmenteraient le prix de vente de leurs produits, en sorte que l'Impôt serait, en définitive, payé par le consommateur.

Il n'en est pas de même de l'Impôt à échelle ascendante

et dégressive qui ne peut être mis à la charge du Contribuable, puisque celui-ci paie cet impôt sur un pourcentage plus élevé s'il est plus riche et s'il a plus de revenus qu'un autre contribuable.

2º D'établir un Droit Successoral tel que la Société soit l'héritière obligatoire de tous ceux qui décèdent sans enfant et qu'elle prenne la part des enfants manquants si ceux-ci ne sont pas au nombre de quatre au moins pour appréhender la Succession.

3º De s'assurer qu'il ne puisse être perçu, par les Nations, les Régions et les Communes, d'autres impôts que ceux permis et de prohiber notamment, radicalement, tous droits de douane, tous droits d'octroi, et tous impôts directs et indirects sur les choses ; chacun devant payer personnellement, suivant ses facultés financières, et non payer suivant ses besoins, c'est-à-dire suivant ce qu'il consomme ou utilise pour ses besoins.

Après la période transitoire de 50 ans :

De percevoir un Impôt unique proportionnel sur les revenus de chaque contribuable et qui soit en rapport avec les charges sociales qui incombent à la Société.

Enfin, pendant et après la période transitoire de 50 ans :

De réglementer les choses nuisibles à la santé ; de prohiber la consommation et la vente de toutes celles nuisibles à une dose quelconque et de ne permettre et tolérer que la consommation restrictive des choses qui ne sont nuisibles que si l'on en fait un abus exagéré, tel que l'abus de l'alcool.

De taxer les produits nuisibles à la santé qui sont absorbés en grande quantité de manière que leur prix élevé en diminue la consommation automatiquement.

Enfin, de supprimer totalement la vente de ces produits dans les Régions où, malgré la cherté du produit, l'abus continue à être excessif et général, et à être conséquemment nuisible à la santé publique.

TITRE II

ADMINISTRATION — LÉGISLATION
POUVOIR EXÉCUTIF

Art. 11.

Président de la République Mondiale.

La Société des Nations est administrée par un Président de la République, responsable, sous le contrôle de l'Assemblée Mondiale.

Le Président a seul le pouvoir exécutif et il promulgue les lois obligatoirement.

Il prend les décrets qu'il croit utiles pour faire exécuter les lois dans leur esprit.

Il possède en outre le pouvoir législatif, mais seulement dans la limite de son programme officiel d'élection.

Art. 12.

Élection du Président de la République Mondiale.

Le Président de la République Mondiale est élu pour 5 ans par l'Assemblée Mondiale, vingt jours après l'élection de ladite assemblée, à la majorité absolue des membres de l'assemblée aux deux premiers tours de scrutin et à la majorité relative au troisième tour.

Le Président ne peut être choisi que dans les candidats à la Présidence qui ont déposé un programme officiel obligatoire, 30 jours au moins avant l'élection des membres de l'Assemblée mondiale, ainsi au surplus qu'il est dit pour l'élection de cette assemblée. Toute autre élection est nulle.

La Haute Cour Mondiale vérifie les programmes dès leur dépôt. Elle annule dans les 10 jours les programmes qui sont contraires aux Droits et Devoirs de l'Homme et de la Société, et déclare que seront annulées les listes de candidats approuvant ces programmes.

La Présidence ne peut être exercée plus de dix ans consécutivement par le même Président.

Après interruption qui ne peut être inférieure à cinq ans, un ancien Président peut être réélu à la Présidence.

Le Programme officiel présidentiel ne porte que sur cinq ans.

Il doit comporter au moins 200 lignes de texte ordinaire de journal, à peine de nullité de l'élection.

Le programme ne peut porter que sur des promesses d'exécution positives devant, dans tous les cas, être suivies d'exécution.

Serait nul, un programme qui subordonnerait l'exécution d'une promesse à un événement ou à une chose ou qui promettrait de faire une chose « si c'est possible » ou « si ceci ou celà le permet », ou « si les finances, la main-d'œuvre ou autres choses encore le permettent ».

Art. 13.

Ministres.

Le Président de la République Mondiale choisit ses Ministres. Il leur confie la Direction d'un Département Ministériel. Il en fixe le nombre et les attributions, sous sa responsabilité.

Les Ministres sont, avec le Président de la République, conjointement et solidairement responsables de leur gestion, dans la limite de leur Département Ministériel seulement.

Le Président de la République ne tient de Conseil de Gouvernement que pour faciliter la fusion des affaires relevant de divers Ministères.

Les Conseils et avis généraux demandés par le Président à ses Ministres restent privés. Ils n'engagent pas les Ministres en dehors de leur département Ministériel.

Les Conseils Naturels du Président sont les Syndicats techniques compétents.

Les Ministres ne peuvent être choisis respectivement que dans les syndicats corporatifs compétents.

Le Président, d'accord avec ses Ministres compétents, choisit obligatoirement les chefs de services aux divers degrés de l'Echelle administrative également dans les syndicats corporatifs compétents et dans les techniciens brevetés sortis des Ecoles.

Art. 14.

Ministres ad hoc.

Aussitôt après l'élection du Président de la République, il est procédé à l'élection des Ministres ad hoc.

Les Ministres ad hoc sont choisis dans les candidats Ministériels ad hoc qui ont déposé, 30 jours au moins avant l'élection de l'Assemblée Mondiale, un programme officiel, limité : soit à un Département Ministériel, soit à une fraction d'un Département Ministériel, notamment à l'exécution d'un problème économique ou social, tel que : l'édification d'un canal maritime, la constitution d'une flotte de commerce, la construction d'un réseau ferré, la captation et l'utilisation de chutes d'eau, le creusement et l'aménagement de ports, la construction de sanatoriums, etc., etc..., auquel cas les pouvoirs du Ministre ad hoc sont limités à l'objet de son programme officiel.

On procède à l'élection d'un Ministre ad hoc chaque fois que l'Assemblée Mondiale tient à l'exécution du programme économique ou social exposé par le Candidat Ministériel ad hoc, en même temps qu'il tient à l'exécution du programme général du Président de la République élu, lequel, soit parce qu'il ne veut pas en prendre la responsabilité, soit parce qu'il y est contraire, ne s'est pas engagé, dans son programme officiel d'élection, à exécuter le programme partiel du Candidat Ministériel ad hoc que l'Assemblée Mondiale tient cependant à faire exécuter d'office.

Il peut être élu autant de Ministres ad hoc qu'il y a de candidats ayant déposé leur programme officiel au cours des Elections de l'Assemblée mondiale.

L'élection des Ministres ad hoc se fait comme l'élection présidentielle.

Le Ministre ad hoc est responsable dans la limite de son Département et de ses attributions.

Il a les mêmes pouvoirs que le Président de la République dans la limite de son département et de son programme, mais il en a aussi les mêmes devoirs, charges et responsabilités.

Il peut mettre en action, au même titre que peut le faire le Président de la République, les rouages des divers Ministères qui sont nécessaires à l'exécution de son programme officiel d'élection et il peut, tout aussi bien que le Président de la République, prendre des sanctions contre les chefs de services qui n'exécutent pas rapidement et convenablement ses ordres.

Afin d'éviter les conflits et les résistances qui pourraient se produire du fait des oppositions de Directions venant de deux pouvoirs différents, une commission arbitrale de trois Juges de la Haute Cour de Justice est élue en pareil cas par l'Assemblée Mondiale. Cette commission arbitrale a des pouvoirs plus élevés que le Président et le Ministre ad hoc. Elle arbitre sur-le-champ leurs différends et les différends qui peuvent surgir entre les deux pouvoirs et dans les deux administrations distinctes. Elle donne des ordres immédiats qui doivent être exécutés sans appel par les services des divers Ministères intéressés et par les Ministres eux-mêmes. Elle prononce des sanctions les plus sévères, y compris la révocation, l'amende et la déchéance, chaque fois que la bonne volonté d'un chef de service sera prise en faute et que les ordres de la commission ne seront pas exécutés ; auquel cas le Président ou le Ministre ad hoc ne peuvent réintégrer le chef de service coupable dans un autre service analogue sans l'assentiment de la Commission arbitrale qui, seule, décide du sort de l'intéressé.

Art. 15

Obligation d'exécuter le programme officiel d'élection

Le Président de la République Mondiale, conjointement avec son Ministre responsable et les Ministres ad hoc, sont tenus d'exécuter intégralement leur programme officiel d'élection pendant les cinq années où ils exercent le pouvoir.

Ils sont passibles, au moins, de la déchéance libre totale et de peines civiles et pénales si ce programme n'a pas été exécuté entièrement.

Un mois avant l'ouverture de la période électorale de l'Assemblée Mondiale, la Haute Cour de Justice se réunit en son entier et le Président de la République Mondiale, ses Ministres et les Ministres ad hoc comparaissent devant elle, d'office.

La Haute Cour a pour mission de juger du point de savoir si le Président et les Ministres ad hoc ont exécuté l'intégralité de leur programme officiel d'élection.

Dans la Négative, la déchéance libre totale, au moins, est toujours prononcée, sauf le cas de force majeure ci-après.

Sont entendus : le Président, ses Ministres, les Ministres ad hoc, les Représentants des cinq grandes corporations syndicales et du syndicat des consommateurs, un représentant par groupe de 10 membres au moins de l'Assemblée Législative et du Sénat et une Commission de la Haute Cour de Justice chargée, 3 mois avant le jugement : 1° d'entendre les parties intéressées et les griefs des parties adverses ; 2° de faire une enquête de visu, et 3° de dresser un rapport.

Tous les Membres de l'Assemblée Mondiale ont le droit de se faire introduire partout où ils le jugent convenable et de se faire donner tous renseignements utiles par les diverses administrations compétentes pendant que durent les pouvoirs de l'Assemblée Mondiale dont ils font partie. Les juges peuvent ainsi utilement se renseigner, avant et pendant le cours du Jugement.

Pour les cas graves, la Haute Cour peut, en outre, prononcer des peines pénales et civiles, si le Président et les Ministres ad hoc incriminés ne peuvent invoquer des cas de force majeure qui les aient empêchés de réaliser leur programme.

Et encore faut-il que les cas de force majeure invoqués n'aient pu être prévus à l'époque de l'élection.

La Cour de Justice doit se montrer extrêmement sévère chaque fois qu'elle se trouve nettement en présence d'un programme de surenchère ou d'un programme démagogique non exécutés.

Elle doit se montrer modérée, mais ne jamais absoudre totalement, chaque fois qu'elle se trouve en présence d'un programme réalisable et, d'ailleurs, dans toutes ses parties, en bonne voie de réalisation, qui peut être achevé avant deux ans, et pour l'exécution duquel il a été fait de louables efforts de réalisation.

La déchéance libre, dans ce cas, ne peut néanmoins être inférieure à 5 ans.

La déchéance libre totale comporte la perte de tous droits aux rémunérations et avantages conférés aux Présidents, aux Ministres et Ministres ad hoc après l'exercice de leurs pouvoirs.

Les Membres de la Haute Cour qui n'auront pas prononcé la déchéance libre totale en présence d'un programme officiel non exécuté et en l'absence de cas de force majeure valable pourront être déclarés déchus eux-mêmes par la Haute Cour de justice qui succédera.

Celle-ci sera saisie, dans ce cas, par l'Assemblée Législative nouvellement élue.

Dans les cas extrêmement graves, la Déchéance ordinaire peut être prononcée jusqu'au 10e degré.

En principe, le crime le plus grand que puisse commettre un Président ou un Ministre ad hoc, c'est de ne pas mettre ses actes en conformité avec ses paroles et ses promesses. Il doit donc être jugé avec la plus grande sévérité s'il a forfait à ses promesses en n'exécutant pas son programme, même s'il reconnaît de bonne foi qu'il s'est trompé.

Art. 16

Assemblée Mondiale — Ses pouvoirs.

L'Assemblée Mondiale élit le Président et les Ministres ad hoc au scrutin public.

Tous ses votes se font au scrutin public. De même se font au scrutin public, les votes des trois assemblées qu'elle forme : le Sénat, l'Assemblée Législative et la Haute Cour de Justice.

Et elle se divise d'elle-même, par voie d'élection, en trois parties égales :

Le premier tiers élu forme la Haute Cour de Justice, qui est l'arbitre souverain des différends entre Nations et qui juge en dernier ressort. Son fonctionnement est relaté au Titre IV de l'Arbitrage et de la Justice.

Le deuxième tiers prend le nom de Sénat et forme les diverses commissions et sous-commissions qui examinent les budgets, les projets de travaux économiques et les projets de lois qui lui sont soumis et qui proviennent, soit de l'initiative présidentielle, soit de l'initiative des Ministres ad hoc, soit des membres de l'Assemblée Législative et du Sénat, soit des Syndicats. Le Sénat distribue le travail entre ses commissions comme il l'entend. Il prend des délibérations générales et d'ensemble quand il le juge à propos et charge ses commissions de rapporter les projets de lois devant l'Assemblée Législative.

Le troisième tiers prend le nom d'Assemblée Législative. Il constitue le corps législatif proprement dit, lequel discute les budgets, les projets de travaux économiques et les projets de lois discutés préalablement par les Commissions du Sénat. Cette assemblée arrête les textes de lois définitivement adoptés par elle, vote les projets de travaux amendés ou modifiés et vote les budgets.

Art. 17

Assemblée Législative.

L'Assemblée Législative a le Contrôle administratif et elle vote les budgets et les projets de travaux économiques.

Elle possède, en outre, le pouvoir législatif en dehors du programme officiel d'élection du Président et des Ministres ad hoc.

Elle surveille, dans l'ordre administratif, que les lois économiques votées soient bien appliquées par les différentes administrations, et que celles-ci exécutent le programme officiel économique du Président dans l'esprit des Droits et Devoirs de l'Homme et de la Société.

Elle surveille que les lois économiques et législatives votées par elle, ou résultant de l'initiative présidentielle, soient bien appliquées en observant les mêmes principes.

Elle vote, après discussion, toutes les lois économiques et

législatives qui n'émanent pas de l'initiative Présidentielle et en arrête les textes définitifs.

Tous ses votes, quels qu'ils soient, se font au scrutin public.

Elle amende, ainsi qu'elle le juge nécessaire, les lois économiques et législatives résultant de l'initiative présidentielle ou des Ministres ad hoc, déposées en conformité du Programme officiel d'élection, ou les rejette et présente d'autres propositions de lois à la place de celles-ci.

Mais, après avoir entendu les avis divers : 1o des 5 syndicats compétents de chefs d'industrie, de techniciens, de contremaîtres, de chefs d'équipe et de rayon, d'ouvriers soumis au salaire de base et d'ouvriers soumis au salaire minimum de base ; 2o des membres de l'Assemblée Législative et des Membres des Commissions du Sénat, discutant à la Tribune de l'Assemblée Législative, le Président peut adopter en définitive le texte de loi qu'il juge à propos, pourvu qu'il soit conforme à l'esprit de son programme officiel d'élection et aux principes des Droits et Devoirs de l'Homme et de la Société.

Les lois, quelles qu'elles soient, sont discutées par l'Assemblée Législative en 3 lectures successives.

Après la 2e lecture, le texte est soumis à la Haute Cour de Justice qui, d'urgence, précise sommairement l'interprétation des textes adoptés qui peuvent donner lieu à interprétations diverses, signale les textes de rédaction défectueuse et en propose d'autres.

Ces textes sont modifiés en 3e lecture par l'Assemblée Législative si l'interprétation donnée par la Haute Cour n'est pas conforme au sens précis que l'Assemblée Législative voulait donner à la loi, ou si les textes sont défectueux.

Lorsque, en 3e lecture il y a désaccord entre le Président de la République (ou le Ministre ad hoc) et l'Assemblée Législative :

1o Le texte que le Président de la République (ou le Ministre ad hoc) rédige en dernière analyse est définitivement adopté comme Loi, si ce texte est dans l'esprit du programme d'élection du Président (ou du Ministre ad hoc) et est conforme aux principes des Droits et Devoirs de l'Homme et de la Société.

2o Le texte de l'Assemblée Mondiale est définitivement adopté comme loi dans tous les autres cas, s'il est conforme aux principes des Droits et Devoirs de l'Homme et de la Société.

Avant d'être promulguées, les lois doivent obligatoirement être soumises à la Haute Cour de Justice qui juge, sans commentaire, par un arrêt comportant cette simple formule :

« Tel texte est (ou n'est pas) conforme à l'esprit du pro-

« gramme officiel d'élection et aux principes des Droits et De-
« voirs de l'Homme et de la Société. »

Ou « Tel texte est en dehors du programme officiel d'élec-
« tion. »

Ou « Tel texte n'est pas conforme aux principes des Droits
« et Devoirs de l'Homme et de la Société. »

Une Commission désignée par la Haute Cour donne à l'Assemblée Législative toutes explications utiles sur les textes contestés.

Dans chacun de ces cas, la loi ne peut être promulguée et
doit revenir en discussion avec de nouveaux textes.

Le Président de la République est tenu de promulguer
les lois dans les trois jours de leur adoption définitive et dans
les 24 heures, en cas d'urgence.

Pendant le cours de la discussion d'un projet de loi, les
orateurs ne peuvent avoir la parole sur un même sujet plus
d'une demi-heure, à la demande du Gouvernement ou de
10 membres de l'Assemblée.

Si les orateurs inscrits sur un sujet sont plus de cinq,
ils ne peuvent avoir la parole plus d'un quart d'heure chacun.
La Commission sénatoriale et chacun des 5 Syndicats compétents ne peuvent occuper la tribune plus d'une heure chacun
sur un même sujet.

Et ce, afin que les mandataires du Peuple appliquent le
principe : « Peu de paroles : des actes ».

Le Contrôle Administratif et Législatif de l'Assemblée est
exercé par elle par voie d'interpellation du Président, des Ministres et des Ministres ad hoc. Ceux-ci doivent fournir ou
faire fournir par les Orateurs du Gouvernement, à l'Assemblée Législative, tous renseignements utiles, au sujet des faits
qui motivent l'interpellation.

L'Assemblée Législative peut voter des approbations, émettre des vœux, voter des blâmes.

Mais, seuls, le Président et ses Ministres (ou le Ministre
ad hoc) à qui incombe la responsabilité effective de l'administration, ont à juger s'il y a lieu ou non de tenir compte de l'opinion de l'Assemblée.

Si celle-ci est mécontente de la gestion du Président, de
ses Ministres ou des Ministres ad hoc, elle aura pour devoir
de se séparer d'eux aux élections suivantes et d'éclairer les
électeurs.

Cependant, dans les cas graves où l'administration compétente foulerait aux pieds les principes des Droits et Devoirs de
l'Homme et de la Société, l'Assemblée Législative peut défé-
rer le Président, ses Ministres responsables, ou les Ministres

ad hoc incriminés, devant la Haute Cour de Justice ; auquel cas les Pouvoirs des Hautes autorités incriminées passent, d'office, à la Haute Cour qui assure provisoirement la gestion et qui rend sa sentence.

Cette sentence est toujours de la Déchéance libre totale au moins, lorsque les Principes des Droits et Devoirs de l'Homme et de la Société n'ont pas été respectés.

La Déchéance libre est partielle seulement lorsque certaines lois accessoires n'ont pas été appliquées intégralement ou que des actes d'administration contraires à la loi ont été relevés, sans que les principes des Droits et Devoirs de l'Homme et de la Société aient été foulés aux pieds.

En cas de condamnation, la Haute Cour de Justice fait procéder à une nouvelle élection Présidentielle par les soins de l'Assemblée Mondiale (Sénat, Assemblée Législative et Haute Cour réunis).

Art. 18

Rapport entre le Pouvoir Exécutif et le Pouvoir Législatif.

Le Président de la République Mondiale ou, pour lui, ses Ministres et les Ministres ad hoc, défendent devant l'Assemblée Législative les lois économiques et législatives proposées par eux, soutiennent leur point de vue sur les lois ne résultant pas de leur initiative et rendent compte à l'Assemblée Législative.

1o De leur administration ;

2o De l'exécution de leur programme ;

3o De l'application des lois en général ;

Soit personnellement, soit par les commissaires du Gouvernement, qui sont, généralement, des chefs des services compétents, soit par des Orateurs du Gouvernement qui sont les porte-paroles du Gouvernement pour permettre aux Ministres, aux Ministres ad hoc et au Président de travailler et d'exécuter les lois pendant que l'Assemblée Législative discute.

Les Orateurs du Gouvernement n'étant que les porte-paroles de celui-ci, n'ont aucune responsabilité.

Dans le cas où ils auraient laissé glisser une erreur dans leurs discours ou leurs déclarations (qui engagent toujours la responsabilité du Gouvernement), une note du Président, du Ministre ou du Ministre ad hoc rectifie à la séance suivante ou au *Journal Officiel.*

Art. 19

Élection de l'Assemblée Mondiale.

L'Assemblée Mondiale est élue pour cinq ans.

L'élection a lieu exactement un mois et cinq jours avant l'échéance de chaque période quinquennale 5, 10, 15, 20, etc.

Les pouvoirs de l'Assemblée ne commencent qu'après échéance de la période quinquennale ; mais elle constitue de suite ses bureaux, élit le Président et les Ministres ad hoc et se divise en trois parties, comme il est dit ci-dessus.

Tout électeur peut être élu Membre de l'Assemblée Mondiale.

Nul ne peut être réélu après deux périodes quinquennales consécutives, à la même Assemblée, mais la réélection peut avoir lieu après une intermittence de 5 ans au moins.

Les Nations ont droit à autant de Représentants qu'elles comptent de Régions et de Colonies. Toutefois, les membres titulaires de l'Assemblée Mondiale ne sont pas élus par les Colonies. Les Colonies d'une même Nation élisent des membres ad hoc qui ont voix consultative seulement et parlent au nom des Indigènes des Colonies. Toutes les Colonies réunies d'une même Nation élisent au scrutin de liste, avec représentation proportionnelle, l'ensemble des membres ad hoc à raison de un par Colonie.

Seuls, les Représentants des Nations qui font le serment d'accepter et de respecter intégralement dans leur esprit les principes des Droits et Devoirs de l'Homme et de la Société ont le droit de siéger à l'Assemblée Mondiale.

Et les représentants qui, par leurs votes, leurs paroles, leurs écrits et leurs actes, adopteraient, par la suite, une attitude contraire seront traduits devant la Haute Cour de Justice, sur la plainte collective de 10 membres au moins de l'Assemblée Mondiale, déclarés déchus et expulsés de l'Assemblée Mondiale.

L'élection de l'Assemblée Mondiale se fait le même jour dans chaque Nation formant un collège électoral unique.

Elle a lieu sous les formes suivantes, qui sont celles adoptées pour toutes les Assemblées publiques Nationales, Régionales et Communales.

L'élection des membres de l'Assemblée Mondiale se fait au scrutin de liste, avec représentation proportionnelle. Elle a lieu aux frais de la Nation et au scrutin secret pendant la période transitoire de 50 ans et au scrutin public, après cette période.

Les Candidats à la Présidence de la République Mondiale et aux Ministères ad hoc déposent leur programme officiel obligatoire, un mois au moins avant l'élection. Les programmes doivent être suffisamment détaillés pour préciser, sans confusion possible, le programme du Candidat. Les programmes doivent comprendre au moins 200 lignes de texte ordinaire de journal ; et ils sont aussitôt répandus dans toutes les Nations par la voie des Journaux paraissant habituellement dans chaque Nation, et qui sont mis, pendant les 15 jours qui précèdent les élections, entièrement et gratuitement à la disposition de tous les Candidats, et ce, aux frais, respectivement, des Nations, lesquelles sont obligatoirement tenues d'adresser un journal quotidiennement à chaque électeur. Une seule page, pendant cette période de 15 jours, est réservée à la Direction du Journal pour y insérer les Nouvelles diverses. Les 7 autres pages obligatoires du journal sont réservées aux Candidats.

Chaque journal contient tous les jours les déclarations successives de tous les candidats qui disposent d'une place égale. Tous les journaux contiennent chaque jour les mêmes déclarations, qui ne sont insérées que si elles émanent du Candidat ou si elles portent son visa.

En outre, en temps normal, c'est-à-dire dès la période électorale terminée, chaque journal est tenu de mettre à la disposition de toutes les opinions politiques, économiques et sociales révélées par les listes en présence, les deux premières et les deux dernières pages du journal. Ces listes se répartissent ces pages proportionnellement entre elles suivant le nombre moyen des suffrages obtenus par chaque liste, de telle sorte que toutes les listes disposent d'un en-tête de page proportionnel. Les premières places sont réservées aux listes ayant obtenu le plus de suffrages. Chaque liste choisit pour chaque journal les rédacteurs qui y exposeront les opinions de la liste. La liberté de la presse est entière, pourvu que les controverses et les informations portent sur des faits rigoureusement exacts.

Les auteurs qui signeront des insertions de presse portant sur des faits tendancieux, déformés, inexacts, nettement mensongers ou de mauvaise foi seront punis avec la dernière rigueur ; la lumière devant se faire avec la vérité seule.

Chaque liste fait une part convenable aux questions Mondiales, Nationales, Régionales, Communales et aux questions économiques, corporatives et syndicales dans la place qui lui est réservée dans chaque Journal.

Tous autres moyens de propagande politique sont prohibés, sauf les discours des candidats et des électeurs faits en réunions publiques en tous temps. Une réglementation des réunions publiques aura lieu sur les bases suivantes : Les candidats à la Présidence, aux Ministères ad hoc et à l'Assemblée pourront prendre la parole chacun pendant une heure. maximum, sans que l'ensemble de ces discours puisse cependant excéder deux heures. Les électeurs adversaires ou les candidats adversaires de qui n'émane pas l'organisation de la réunion pourront parler une demi-heure chacun, maximum, sans que l'ensemble des discours puisse excéder deux heures. Les opposants parleront les derniers. Les approbations et les désapprobations ne pourront se manifester que par des applaudissements ou par des coups de sifflet dont la durée ne pourra excéder une minute pour chaque demi-heure.

Les obstructionnistes pourront être condamnés sur-le-champ à des amendes de 5 à 1.000 francs par la cour des gentlemen nommée obligatoirement pour chaque réunion politique publique.

A l'heure de la réunion annoncée par affichage ou par journaux, l'Assemblée désigne un gentleman dans la salle, qui prend place au bureau, invite : les partisans des organisateurs de la réunion à désigner 2 gentlemen et les adversaires à en désigner 2 autres. Ces 4 gentlemen choisissent un Président qui dirige les débats. Les amendes sont infligées par ce tribunal improvisé de 5 membres.

Les Cinémas et les phonographes peuvent également être employés à titre de propagande pendant la période électorale et entre ces périodes, pourvu que l'entreprise cinématographique et phonographique réserve : 1o une place égale, au cours de chaque séance, à tous les candidats, dans la publicité ainsi faite, en période électorale, et 2o une place à toutes les listes, proportionnellement au nombre moyen des suffrages obtenus par elles, relativement à la propagande faite entre les périodes électorales.

Si l'entreprise ne reproduit que certaines parties importantes des discours des Candidats, ceux-ci indiquent les parties de leurs discours qui doivent être publiées de préférence.

Tous autres moyens de propagande plus scientifiques et plus modernes pourront être employés, pourvu que dans tous les cas : 1o les candidats soient traités sur un pied d'égalité absolue pendant la période électorale, et 2o les listes, — proportionnellement aux suffrages moyens obtenus par elles, — aient gratuitement à leur disposition les mêmes moyens de propagande entre les périodes électorales.

Toutes tentatives de propagande qui seraient faites sans tenir compte de ces principes d'égalité seront immédiatement empêchées par le Pouvoir Exécutif, et les auteurs poursuivis et condamnés sévèrement à la requête des Pouvoirs publics ou des électeurs eux-mêmes. Les élections qui auront pu avoir lieu dans de telles conditions devront être annulées.

Les Candidats à l'Assemblée Mondiale se groupent généralement en des listes autour de celui des Candidats à la Présidence et des Candidats à un Ministère ad hoc dont le programme est conforme à leur opinion. Le Candidat à la Présidence et les Candidats à un Ministère ad hoc tiennent la tête de leur liste.

Mais ils peuvent faire partie d'une liste indépendante dont tous les membres, dans tous les cas, devront, à peine de nullité de la liste, adopter le même programme d'un candidat à la Présidence, ou, à la fois, les mêmes programmes de candidats à des Ministères ad hoc.

La liste sera toujours précédée de l'indication sommaire des programmes adoptés.

Les Candidats à l'Assemblée Mondiale sont tenus, à peine de nullité de l'élection, de déclarer officiellement, 15 jours avant l'élection, le programme Présidentiel auquel ils se rallient, ainsi que les programmes des Candidats Ministres ad hoc qu'ils approuvent, concurremment avec le programme Présidentiel. Cette déclaration officielle se fait par la simple formule : « J'accepte le programme officiel de tel candidat et je « m'engage à le faire aboutir par tous les moyens en mon pou- « voir ».

Cette déclaration les oblige, à peine de déghéance libre, à soutenir jusqu'au bout, par leurs votes, le programme de leurs leaders, s'ils sont élus. Les listes dont tous les candidats n'ont pas adopté les mêmes programmes sont nulles.

Les Candidats à l'Assemblée Mondiale ne peuvent faire partie de deux listes Présidentielles, ni accepter deux programmes présidentiels, mais ils peuvent accepter de figurer sur chacune des listes des candidats Ministériels ad hoc, si les programmes spéciaux de ces candidats sont conformes à leur opinion personnelle et ne s'opposent pas au programme Présidentiel. Ils ne peuvent se présenter que dans un seul collège Electoral, là où il en est formé plusieurs.

Cette collaboration à la liste du Ministre ad hoc et la déclaration d'acceptation de son programme créent, pour le Candidat à l'Assemblée Mondiale, l'obligation de voter en faveur du Candidat Ministériel ad hoc, lorsque celui-ci sollicite les suffrages de l'Assemblée Mondiale.

De même, la collaboration à la liste Présidentielle qu'il a choisie et l'acceptation de son programme, lui créent l'obligation de voter pour le Candidat à la Présidence dont il a fait choix du programme devant le Corps électoral.

Les élus qui se déjugeront aux deux premiers tours de scrutin devront être déclarés déchus libres par la Haute Cour de justice, sur la plainte de 10 membres au moins de l'Assemblée Mondiale, pour forfaiture et défi jeté à l'opinion publique librement et nettement exprimée. De même, seront déclarés déchus, les élus qui émettront des votes contraires aux programmes officiels d'élection auxquels ils se sont ralliés.

Si les élus reconnaissent s'être trompés, leur devoir est de démissionner avant d'émettre des votes contraires aux programmes acceptés par eux.

Il ne faut pas oublier que les Elus ne sont que des mandataires du Peuple. Elus avec un programme déterminé qui fixe leur mandat, ils doivent l'appliquer sinon ils commettent une forfaiture. S'ils reconnaissent s'être trompés leur devoir est de démissionner et de présenter un nouveau programme que l'électeur accepte ou repousse.

Ainsi, l'électeur est bien le Maître absolu. Aucun de ses mandataires n'a le droit de modifier le mandat qu'il lui a donné et l'Elu doit l'exécuter intégralement à peine d'être poursuivi pour forfaiture.

La Nation forme un seul corps électoral pour l'élection des Membres de l'Assemblée Mondiale.

Des bureaux de vote sont organisés par les Communes en différents points de la Commune dont connaissance est donnée aux électeurs.

Ces bureaux sont formés à 9 heures du matin, et clos à 4 heures du soir. Ils restent ouverts sans interruption. Toutes les listes ont le droit d'y être représentées. Le travail doit être organisé de telle sorte que tout électeur puisse voter dès qu'il se présente. L'urne est confiée à un représentant de la Commune désigné par le Président communal. L'urne, dont le vide est constaté par le bureau, est fermée à clef et scellée en présence des membres du bureau qui signent un procès-verbal de constat.

Des cabines isolatrices sont disposées dans la salle de vote et un lot de bulletins de chaque candidat et des enveloppes sont déposés dans chaque cabine avec plumes, porte-plumes, encre et crayons.

L'électeur glisse sous enveloppe la liste dont l'opinion est conforme à la sienne, après avoir rayé les candidats de la liste qui ne lui plaisent pas et les avoir remplacés par d'autres, s'il le juge utile.

Et il présente l'enveloppe au Président du bureau qui la dépose lui-même dans l'urne.

Chaque électeur remet ainsi autant d'enveloppes qu'il a droit à de voix.

Les électeurs ont pu préparer chez eux leurs bulletins de vote au moyen des bulletins et des enveloppes que la Nation est tenue d'adresser en nombre suffisant à chaque électeur, huit jours au moins à l'avance, mais les électeurs doivent obligatoirement passer dans la cabine isolatrice avant de voter, afin que le secret du vote soit bien effectif et dépouillé des influences étrangères qui auraient pu se produire hors la salle de vote.

Les enveloppes portant des mentions ou signes extérieurs sont annulées, ainsi que les listes qu'elles contiennent. Les bulletins signés ou portant des signes sont nuls également.

Toutes précautions doivent être prises pour que tout le bureau constate *de visu*, de la place occupée par ses membres, que les électeurs préparent bien leurs votes secrètement et sans influences étrangères, dans chacune des cabines isolatrices.

Les dispositions énoncées aux six paragraphes précédents, qui ont trait au scrutin secret, ne sont applicables que pendant la période transitoire de 50 ans. Après cette période, les votes seront publics.

L'électeur présentera alors son bulletin ouvert et le Président du bureau énoncera à haute voix le vote émis qui sera immédiatement inscrit sur les feuilles de vote. Les bulletins seront ensuite déposés dans l'urne, à titre de contrôle.

Les votes sont dépouillés à partir de 4 heures du soir, dans chaque section de vote, par différents bureaux organisés à l'aide d'électeurs, de telle sorte que le travail puisse être achevé vers 6 heures.

Dans chaque bureau, une feuille imprimée est réservée à chaque liste pour constater les votes qui lui sont favorables.

Chaque vote émis de liste entière, ne contenant pas de rature, est constaté par un petit trait vertical unique sur cette feuille.

Les Votes émis, de listes panachées, sont constatés par un trait vertical tiré en face des noms des Candidats possédant chacun une case sur cette feuille.

Les Votes s'égarant sur des noms de candidats non officiels, ne sont pas constatés.

Le nombre des élus attribués à chaque liste est en proportion du nombre moyen des suffrages obtenus par chaque liste et en rapport avec le nombre de candidats à élire dans le corps électoral, ce qui s'obtient :

1° En divisant le nombre des suffrages exprimés par le nombre des éligibles dans chaque collège électoral, opération qui donne un quotient.

2° En attribuant à chaque liste autant d'élus que le nombre moyen des suffrages obtenus par la liste comporte de fois ce quotient ; le surplus des suffrages de la liste formant les restes.

3° En attribuant, soit aux plus fortes listes qui n'ont pas eu de candidat élu par le jeu du quotient ; soit aux listes possédant les plus forts restes, les candidats restant à élire, et ce, proportionnellement à l'importance de ces listes et de ces restes de listes.

Les Candidats à la Présidence ou au Ministère ad hoc sont proclamés élus membres de l'Assemblée Mondiale dans le Corps électoral où leurs listes ont obtenu le plus de suffrages, quel que soit le nombre des suffrages obtenus par les autres membres de la liste, même si ces derniers ont obtenu plus de voix que les Candidats Présidentiels ou Ministériels ad hoc, leaders de la liste.

Sont élus ensuite, dans chaque liste, les candidats ayant obtenu le plus grand nombre de voix.

Lorsqu'un candidat, figurant à la fois dans une liste Présidentielle et dans des listes Ministérielles ad hoc, est élu dans toutes ces listes, son élection effective compte dans la liste Présidentielle.

Lorsque l'élection à une assemblée publique comporte plusieurs collèges électoraux, afin que les minorités de l'ensemble des collèges électoraux soient exactement représentées, il sera procédé de la manière suivante : Aussitôt que la première répartition des élus sera faite dans chaque collège électoral par l'opération du quotient, on considérera qu'il n'existe plus qu'un seul collège électoral pour les sièges restant à attribuer. On additionnera les voix obtenues par les listes de même opinion n'ayant pas bénéficié du jeu du quotient avec les restes des listes de même opinion auxquelles on a attribué des élus par la règle du quotient, et l'on répartira les sièges restant à pourvoir, d'après les mêmes règles qu'il vient d'être dit pour l'hypothèse d'un collège électoral unique.

Les collèges électoraux devront, pour les élections Nationales ou Régionales, comprendre un minimum de 15 candidats. Les élections Communales ne formeront qu'un seul collège. Tous les collèges devront avoir droit à un nombre de candidats en proportion du nombre total des suffrages que ces collèges ont le droit d'exprimer.

Lorsqu'une vacance se sera produite par suite de décès,

démission, déchéance, ou pour toute autre cause, au cours d'une législature, le candidat de la même liste qui aura obtenu le plus de voix siégera aux lieu et place de l'élu défunt, démissionnaire ou déchu.

Toute personne de l'un des deux sexes, non déclarée déchue, qui a atteint sa 20e année, au moins, au cours de l'année où a lieu l'élection, et qui n'a pas atteint sa 70e année le premier jour de l'année où a lieu l'élection, est électeur et a droit à une voix.

Le père et la mère ont, en outre, droit cumulativement, à autant de voix qu'ils ont d'enfants vivants n'ayant pas encore atteint l'âge pour voter.

A titre provisoire, et seulement pendant les 50 années de transition entre l'Ancien et le Nouveau Régime, tout électeur dont le capital mobilier et immobilier est inférieur à 50.000 francs et dont les revenus globaux annuels sont inférieurs à 10.000 francs a droit à 10 voix supplémentaires. Cet avantage est constitué pour rétablir artificiellement l'équilibre, faussé au profit des privilégiés de la fortune qui ont pu éduquer et diriger à leur avantage et à leur dévotion la conscience et le cerveau des masses humaines, auxquelles ils ont inculqué des principes contraires aux Droits et Devoirs de l'Homme et de la Société. Que les riches ne se plaignent pas, car ils peuvent se considérer heureux s'ils jouissent encore, pendant 50 ans, d'une fortune qui ne leur appartenait pas et que la Société ne laisse en leur possession que pour permettre la transition des Régimes sans anarchie. Les riches ont d'ailleurs le moyen de se placer sur un pied d'égalité politique avec les non fortunés, en renonçant à leur fortune.

Ces voix supplémentaires, attribuées aux non fortunés, rétabliront, dans une certaine mesure, l'équilibre faussé, bien que nombreux seront encore ceux qui useront de cet avantage pour voter contre leur propre intérêt en faveur des maîtres qu'ils se sont choisis jadis en la personne des Détenteurs de la Fortune et des Richesses Naturelles, tant est grande l'influence que l'éducation première de l'Homme joue sur la formation et sur la droiture de sa Conscience.

Tout électeur est éligible à la Présidence ou à un Ministère ad hoc et à l'Assemblée Mondiale, s'il parvient à grouper autour de son nom un nombre de candidats suffisant pour compléter la liste, si le leader de cette liste, candidat à la Présidence ou à un Ministère ad hoc, dépose son programme officiel, d'élection dans la forme et dans les conditions légales et si les candidats colistiers font la déclaration officielle qu'ils approuvent ce programme et s'engagent à le faire aboutir pendant la durée de leur mandat, à peine de forfaiture et d'être condamnés à la déchéance.

Toute candidature ne réunissant pas les conditions énoncées dans le présent article est considérée comme inexistante. Les suffrages s'égarant sur des candidats non officiels sont annulés.

Art. 20

Les Lois de la Société des Nations
sont applicables aux Nations.

Les Lois votées par l'Assemblée Mondiale et celles résultant de l'initiative Présidentielle et Ministérielle ad hoc sont applicables aux Nations.

Les Lois Nouvelles des Nations contraires aux Lois de la Société des Nations sont caduques et considérées comme non écrites.

Celles votées antérieurement doivent être modifiées pour être rédigées en conformité des lois Constitutionnelles et des Lois Mondiales, qu'elles ne font que compléter dans l'esprit de ces dernières.

Les Nations, les Régions et les Communes sont autonomes dans le cadre des Lois Mondiales. Cependant, les pouvoirs administratifs et exécutifs du Président de la République Mondiale, de ses Ministres et des Ministres ad hoc s'étendent aux Nations pour surveiller, contrôler et assurer l'application des Lois et décrets émanant des Hautes Autorités Mondiales et des principes des Droits et Devoirs de l'Homme et de la Société.

Et le Président Mondial et ses Ministres interviennent dans l'administration des Présidents Nationaux, chaque fois que l'administration de ces derniers donnera des résultats négatifs ou déficitaires.

Le Président Mondial peut, dans ces cas, pousser ses droits d'intervention dans l'administration Nationale jusqu'à la Révocation du Président, des Ministres, des Ministres ad hoc et jusqu'à la dissolution de l'Assemblée Nationale.

Il peut les remplacer par des gestionnaires provisoires, à sa convenance, et faire procéder à la réélection de l'Assemblée Nationale en faute.

Il peut maintenir ces gestionnaires jusqu'à ce que l'Assemblée Nationale en ait élu de nouveaux.

Les gestionnaires nommés par le Président Mondial ont les mêmes droits que le Président National et les Ministres ad hoc.

Les Hautes Autorités des Nations ont pareils Droits d'ingérence dans l'administration Régionale. Cette administration est autonome.

Et les Hautes Autorités des Régions ont également pareils Droits d'ingérence · dans l'administration communale. Celle-ci est autonome également.

A cet effet, les administrateurs subalternes doivent rendre compte aux administrations supérieures de l'état de leur gestion, chaque année, et les administrations supérieures ont pour devoir de nommer des Inspecteurs qui suivent de près l'évolution des rouages administratifs des autorités subalternes et s'assurent que les Lois et les ordres supérieurs donnés sont bien exécutés comme il convient.

Sur rapport des Inspecteurs, les chefs de service qui ont gravement manqué à leur devoir peuvent être révoqués par le Président de l'Autorité supérieure, ou traduits devant la Haute Cour compétente, sur son initiative, ou même sur celle de 10 membres au moins de l'Assemblée Mondiale ou Nationale si les principes des Droits et Devoirs de l'Homme et de la Société ont été gravement compromis.

Art. 21

Constitution géographique des Nations

Leurs Pouvoirs administratifs, exécutifs et législatifs

Les Nations sont constituées par le groupement de 5 Régions au moins et de 15 Régions au plus.

Elles peuvent également comporter des Colonies qui sont formées de la même manière et suivant les mêmes Principes que les Régions et qui ont les mêmes droits que ces dernières dans la Nation.

Les Colonies se rattachent aux Nations de leur choix, suivant la même procédure adoptée pour les Régions ou bien elles peuvent s'administrer elles-mêmes et former des Nations.

Toutefois, les Nations possédant des Colonies, lors de leur entrée dans la Société des Nations, peuvent se rattacher ces dernières jusqu'à ce que la Société des Nations, sur la demande des Colonies intéressées, juge qu'elles sont aptes à former des Nations dans la forme légale, et à s'administrer sans le concours de Conseils étrangers ; ce qui ne peut avoir lieu qu'après la période transitoire de 50 ans.

Quoi qu'il en soit, les Colonies rattachées aux Nations, doivent être constituées et administrées, de suite, comme le sont les Régions.

Les Colonies ne sont toutefois représentées à l'Assemblée Nationale comme à l'Assemblée Mondiale que par des membres n'ayant que voix consultative ; à moins que la Nation juge ses Colonies ou certaines de ses Colonies aptes à se gouverner et collaborer au Gouvernement de la Nation, au même degré que peuvent le faire les Nationaux. Ces restrictions sont apportées aux droits des Colonies afin que celles dont le degré de civilisation est encore arriéré ne puissent jamais créer d'entrave au progrès et à la civilisation.

A l'origine de la formation de la Société des Nations, les Régions font le choix de la Nation à laquelle elles désirent se rattacher, et ce, à la majorité absolue des membres de l'Assemblée Régionale. Par la suite, les Régions peuvent changer de Nationalité à la majorité des deux tiers des Membres de la dite Assemblée.

Toutefois, lorsque trois Régions au moins se seront groupées pour former une Nation, deux Régions voisines pourront être attachées d'office à cette Nation si les Nations auxquelles désiraient se rattacher ces deux Régions possèdent le nombre de Régions voulu en dehors d'elles.

Dans le cas contraire, la Nation, projetée avec trois Régions adhérentes seulement, ne peut être agréée comme telle et ces trois Régions sont invitées à se rattacher à une ou plusieurs Nationalités voisines.

Les Régions d'une même Nation doivent être groupées. Il ne peut exister de Nation dont les Régions sont isolées ou sont enchevêtrées avec les Régions de la Nation voisine.

Les Nations doivent former un bloc ou groupement aussi régulier que possible, afin que chaque Nation puisse renfermer le plus qu'il se peut d'avantages géographiques pour faciliter l'exploitation économique des contrées ressortissant de son administration.

En conséquence, les Nations formées par la volonté des Régions qui ne renfermeraient pas ces conditions seront modifiées par les soins de la Société des Nations de manière que, sans tenir compte de l'avis des Régions, les Nations forment des groupements compacts de Régions qui pourront être exploités économiquement dans les meilleures conditions, sous une Direction unique.

L'avis des populations passe, en ce cas, au second plan parce que l'on ne doit considérer, pour l'avenir des Peuples, que leur intérêt économique. L'on ne doit pas s'arrêter aux sentimentalités ethniques qui ne sont que provisoires et qui subissent l'influence des races, des langues et des religions, vieux apanages qui disparaissent avec les races, les Religions et les langues Nationales, remplacées par une Langue universelle unique.

Les Iles proches des côtes, de moins de 5 millions d'habitants, sont rattachées d'office à la Région la plus voisine.

Les Iles proches des Côtes qui ont plus de 5 millions d'habitants forment une Région et sont rattachées d'office à la Nation Voisine.

Les Iles éloignées des Côtes de plus de 500 kilomètres peuvent se rattacher à la Nation de leur choix et sont considérées comme Colonies, si elles possèdent plus de 5 millions d'habitants, ou comme dépendance d'une des Régions de la Nation choisie ou d'une Colonie choisie, si elles possèdent moins de 5 millions d'habitants.

Sauf les cas particuliers qui vont être ci-après énoncés, tout ce qui a été dit (articles 11 à 20), relativement aux pouvoirs administratif, exécutif et législatif de la Société des Nations s'applique aux Nations qui possèdent les mêmes rouages et organes que la Société des Nations.

La Nation est autonome.

Elle possède, comme la Société des Nations, des Représentants, en la personne d'un Président de la République Nationale, de Ministres, de Ministres ad hoc et de membres de l'Assemblée Nationale.

Les membres de l'Assemblée Nationale sont au nombre de 300.

Les Pouvoirs, Devoirs, attributions et responsabilités du Président National, des Ministres Nationaux, des Ministres ad hoc Nationaux et des membres de l'Assemblée Nationale sont les mêmes, dans la limite de la Nation, que ceux du Président de la République Mondiale, de ses Ministres, des Ministres ad hoc et des membres de l'Assemblée Mondiale, dans l'étendue de la Société des Nations.

Les Elections à l'Assemblée Nationale se font comme il est dit pour l'Assemblée Mondiale, 2 mois et 5 jours avant la fin de la période quinquennale.

Elles se font par collèges électoraux d'au moins quinze candidats chacun, répartis dans chaque collège suivant le nombre de suffrages que peut exprimer chaque collège.

L'Assemblée Nationale, comme l'Assemblée Mondiale, se divise d'elle-même, par voie d'élection, en 3 parties égales formant :

1º Le Sénat, qui constitue les commissions, lesquelles examinent les projets de loi et les budgets ;

2º L'Assemblée Législative qui vote les Lois, qui exerce le contrôle administratif et exécutif et qui vote les budgets ;

3º Et la Haute Cour de Justice qui juge les différends des ressortissants de la Nation avec le concours des tribunaux constitués par elle, ainsi qu'il est dit au titre de la Justice.

Art. 22

Constitution géographique des Régions
Pouvoirs administratifs et exécutifs des Régions.

Les Nations sont divisées administrativement en Régions.

Les Régions sont composées géographiquement, savoir :

1º D'un bassin fluvial entier, sans qu'il puisse en être distrait une parcelle territoriale si le bassin comprend plus de cinq millions et moins de dix millions d'habitants.

2º Ou bien de plusieurs bassins fluviaux entiers se confinant, sans retranchement possible, si l'ensemble de ces bassins fluviaux comprend plus de 5 millions et moins de 10 millions d'habitants.

3º Ou bien de deux bassins fluviaux entiers se confinant, sans retranchement possible, si l'un de ces bassins a moins de cinq millions d'habitants et l'autre moins de dix millions d'habitants.

4º Ou bien d'un demi-bassin ayant pour limite l'axe du fleuve si la population totale du bassin est supérieure à 10 millions d'habitants et si chacun des demi-bassins, ayant le fleuve pour confin, une population supérieure à 5 millions d'habitants ; à défaut de laquelle condition les deux demi-bassins restent réunis pour former une seule Région.

5º Ou bien d'un quart de bassin ou d'une quotité plus élevée, si ces quarts ou ces quotités comprennent plus de 10 millions et moins de 15 millions d'habitants chacun.

6º En cas de division d'un bassin fluvial, le fleuve est toujours pris comme confin, à moins qu'un canal maritime, construit par les soins de l'homme, ait changé le cours naturel de navigation du fleuve ; auquel cas, c'est l'axe du canal qui sert de confin.

7º En cas de division du bassin en plus de deux parties, la limite entre Régions en dehors du fleuve sera établie soit par la ligne de démarcation des eaux de deux affluents du fleuve, soit par l'axe d'un des affluents, soit par l'axe d'un canal maritime ; ce qui devra avoir lieu, de préférence, chaque fois que les circonstances le permettront. Il ne pourra être fixé d'autres confins.

8º Lorsque, par suite de la division d'un bassin en plusieurs Régions, il se produit une hernie territoriale s'enclavant dans la Région voisine et formant avec celle-ci un bloc

qui, au point de vue économique, rattache cette hernie natu-
tellement avec la Région voisine, il en devra être ainsi fait.
Mais la hernie devra subsister si, économiquement, elle a avantage à rester attachée à son bassin naturel ou partie de bassin.

9° Comme conséquence de ce qui vient d'être dit, il ne
peut être constitué de Région qui possède moins de 5 millions
et plus de 15 millions d'habitants.

Sauf les cas particuliers qui vont être ci-après énoncés,
tout ce qui a été dit, art. 11 à 21 inclus, relativement aux
pouvoirs administratif et exécutif de la Société des Nations
et des Nations, s'applique aux Régions qui possèdent les mêmes
rouages que la Société des Nations et les Nations.

La Région est autonome dans la Nation.

Elle ne possède pas de Pouvoir Législatif.

Elle possède, comme la Nation, des Représentants en la
personne : 1° d'un Président Régional ; 2° de Vice-Présidents
qui remplissent les fonctions de Ministres ; 3° de Vice-Présidents
ad hoc qui remplissent les fonctions de Ministres ad hoc et
4° de membres de l'Assemblée Régionale.

Les Membres de l'Assemblée Régionale sont au nombre
de 150.

Les Pouvoirs, devoirs, attributions et responsabilités du Président Régional, des Vice-Présidents, et Vice-Présidents ad hoc
Régionaux et des membres de l'Assemblée Régionale, sont les
mêmes, dans la limite de la Région, que ceux du Président
National, des Ministres, des Ministres ad hoc et des Membres
de l'Assemblée Nationale dans l'étendue territoriale de la Nation, sauf les Pouvoirs législatifs qu'ils ne possèdent pas.

L'élection de l'Assemblée Régionale se fait, comme il est
dit pour les Assemblées Mondiale et Nationales, 3 mois et 5 jours
avant la fin de la période quinquennale.

Elle se fait par collèges électoraux d'au moins quinze candidats chacun.

L'assemblée Régionale, de même que l'assemblée Nationale
se divise d'elle-même, par voie d'élection, en 3 parties égales, formant :

1° Le Sénat Régional, qui constitue les commissions chargées d'examiner les projets économiques et les budgets et de
les rapporter ;

2° L'Assemblée administrative qui examine et vote les projets de travaux économiques et les budgets et qui exerce le
contrôle administratif et exécutif régional.

3° La Cour de Justice, qui juge les différends des ressortissants de la Région avec le concours des Tribunaux Régionaux formés par elle, ainsi qu'il est dit au titre de la Justice.

ART. 23

Division administrative des Régions en Communes. Pouvoirs administratifs et exécutifs des Communes.

Les Régions sont administrativement divisées en Communes.

La Constitution géographique des Communes est sensiblement la même que celle existante dans la Société bourgeoise.

Toutefois, les Communes seront rigoureusement limitées : ou par une Rivière, cours d'eau ou ruisseau, ou par la ligne de démarcation des eaux d'une colline ou d'une montagne, ou par un canal, ou par une voie ferrée, ou par une voie publique, et elles ne pourront être inférieures à 500 habitants.

Les grandes villes formeront des Communes qui devront comprendre toutes les populations qui vivent, pour ainsi dire, dans l'orbite ou la vie même de la grande ville.

Sauf les cas particuliers qui vont être ci-après énoncés, tout ce qui est dit, articles 11 à 22 inclus, relativement aux pouvoirs administratifs et exécutifs des Régions s'applique aux Communes, lesquelles possèdent les mêmes rouages que la Région.

La Commune est autonome dans la Région.

Elle possède, comme la Région, des Représentants en la personne 1o d'un Président Communal ; 2o de Vice-Présidents; 3o de Vice-Présidents ad hoc et 4o de Membres de l'Assemblée Communale qui remplissent, dans la limite de la Commune, les mêmes rôles et exercent les mêmes pouvoirs que ceux de la Région, dans les limites territoriales de celle-ci.

Les Membres d'une Assemblée Communale sont de 15 au moins et de 60 au plus, suivant la population de la Commune.

L'élection de l'Assemblée Communale se fait, comme il est dit pour l'Assemblée Régionale, 4 mois et 5 jours avant la fin de la période quinquennale.

Elle se fait par collège électoral unique.

L'Assemblée Communale, de même que l'Assemblée Régionale, se divise d'elle-même, par voie d'élection, en 3 parties égales formant :

1o Le Sénat communal qui constitue la ou les commissions chargées d'examiner les projets de travaux économiques et les budgets et de les rapporter ;

2o L'Assemblée administrative Communale, qui examine et

vote les projets de travaux économiques et les budgets et qui exerce le contrôle administratif et exécutif communal;

3º Et la Cour Communale qui juge les différends des ressortissants de la Commune avec le concours d'un Juge du tribunal Régional ; laquelle Cour juge tous les différends inférieurs à 10.000 francs ou comportant les peines de la déchéance au 1er et au 2e degré seulement, le tout ainsi qu'il est dit au titre de la Justice.

Art. 24

Administration des organes collectifs publics industriels, commerciaux et agricoles créés en dehors du cadre administratif de la Société Mondiale, des Nations, des Régions et des Communes.

Tous les producteurs, commerçants, ouvriers ou employés, contremaîtres, chefs d'équipe ou chefs de rayon, ingénieurs ou techniciens quelconques, patrons ou chefs d'établissements industriels et commerciaux sont obligatoirement tenus de faire partie de leur syndicat professionnel comportant les professionnels d'une même corporation ou d'un même grade ou grade similaire.

Ils devront donc obligatoirement faire partie de l'un des 5 grands syndicats suivants :

1º Syndicat des Ouvriers et Employés rémunérés au tarif du salaire minimum de base.

2º Syndicat des Ouvriers et employés rémunérés au tarif du salaire de base.

3º Syndicat des chefs d'équipe, chefs de rayon, contremaîtres, chefs de service, directeurs de succursales.

4º Syndicat des techniciens, ingénieurs, chimistes, inventeurs et autres.

5º Syndicat des chefs d'Etablissements de Commerce et de production, patrons, directeurs, administrateurs, chefs généraux de service.

Ces syndicats seront groupés par Communes, fédérés par Régions et confédérés par Nations.

Ils seront subdivisés par branches corporatives distinctes, elles-mêmes groupées, fédérées et confédérées.

D'autre part, tous les consommateurs sont obligatoirement tenus de faire partie du Syndicat des Consommateurs dont il est question au titre de l'Organisation Commerciale.

Les bureaux de ces syndicats sont élus suivant une représentation strictement proportionnelle, comme le sont obligatoirement, d'ailleurs, toutes les assemblées publiques, quelles qu'elles soient.

Ces syndicats, fédérations et confédérations d'ouvriers, de contremaîtres, d'ingénieurs-techniciens, de chefs d'établissements et de consommateurs seront consultés chaque fois que des projets de travaux nouveaux seront entrepris, soit par la Société des Nations, soit par la Nation, soit par la Région, soit par la Commune.

Ce sont ces syndicats, fédérations et confédérations qui prépareront les projets de barèmes de la rémunération du travail et qui proposeront le taux des salaires de base pour chaque profession et chaque grade corporatif.

Ces syndicats, fédérations et confédérations formeront la base du recrutement du personnel des organes collectifs publics, industriels, agricoles et commerciaux qui se créeraient sur des initiatives individuelles ou collectives pour remédier à l'insuffisance d'initiative créatrice des Pouvoirs publics Mondiaux, Nationaux, Régionaux ou Communaux, dans le domaine des entreprises économiques.

Ces organes collectifs publics peuvent se créer, comme il est dit aux Titres de l'Organisation industrielle et agricole, dès qu'il a été réuni : 100 adhérents au moins ayant pris un engagement de travail pour cinq ans et un personnel dirigeant et technicien notoirement compétent pour exploiter un commerce ou une industrie et le personnel agricole suffisant pour assurer une exploitation agricole de 100 hectares au moins.

Ces organes collectifs ont le droit de se faire avancer par la Nation tous les Capitaux qui sont nécessaires pour la marche de l'entreprise.

Ces organes collectifs peuvent créer toutes entreprises industrielles, agricoles et commerciales qu'ils jugent à propos, qu'elles soient internationales, nationales, régionales ou communales.

Ces organes collectifs publics se distinguent des entreprises privées en ce sens que tous les capitaux nécessaires à l'entreprise sont des capitaux publics nationaux ou mondiaux si l'établissement s'étend internationalement.

Tandis que les entreprises privées comprennent à la fois des capitaux privés et des capitaux publics.

L'administration sera rigoureusement la même dans tous les organes collectifs publics.

Ces organes collectifs publics s'administreront et fonctionneront exactement comme s'administrent les Communes.

Et tout ce qui a été dit, articles 10 à 23 inclus, se rapportant aux administrations communales s'applique également aux organes collectifs publics, sauf les cas particuliers ci-après énoncés :

Les organes collectifs publics sont autonomes.

Ils relèvent de l'administration Mondiale, lorsqu'ils s'étendent internationalement ; de l'administration Nationale, lorsqu'ils s'étendent nationalement ; de l'administration Régionale, lorsqu'ils s'étendent régionalement et de l'administration Communales, lorsqu'ils s'étendent seulement dans la Commune.

Mais, ces administrations ne peuvent exercer qu'un droit de Contrôle qui va jusqu'à la prise du pouvoir administratif de l'organe collectif public et à la révocation des administrateurs responsables lorsque cet organe donne des résultats négatifs et accuse des déficits.

Ces organes collectifs publics sont représentés par 1º Un Président ; 2º des Vice-Présidents ; 3º des Vice-Présidents ad hoc ; 4º des membres de l'assemblée collective publique.

Celle-ci se divise d'elle-même en deux parties égales par voie d'élection :

1º La première moitié forme les commissions chargées de rapporter les projets de travaux et les budgets ;

2º La deuxième moitié forme l'assemblée administrative qui vote les projets de travaux et les budgets.

Les membres de l'assemblée de l'organe collectif public sont de 10 au moins et de 60 au plus, suivant le personnel que comporte l'organe collectif public.

Est électeur à l'assemblée et a droit à une voix, tout membre de l'établissement.

Les organes collectifs publics sont en outre régis par un Statut Mondial unique qui réglemente dans ses détails les pouvoirs et devoirs des différents membres du personnel de l'organe, et chaque adhérent doit respecter ce statut général unique qui ne reçoit aucune modification au cours d'une période quinquennale.

Les Salaires de base et les rémunérations de tous les adhérents, du haut au bas de l'échelle, sont les mêmes que ceux établis par les barèmes du travail, ainsi qu'il est dit au titre de l'organisation du travail.

Le statut et le barème de répartition des Salaires de base, des rémunérations et des bénéfices ne peuvent être changés sous aucun prétexte, à moins que la modification soit acceptée par les 9/10 du personnel dirigeant et travailleur de l'organe en cause.

Dans le cas où, pendant deux années consécutives, les administrations, supérieures, en la personne de leurs Inspecteurs, constateraient que les modifications exceptionnelles apportées à la marche de l'organe collectif public tendraient à faire baisser notablement la production d'ensemble de l'organe, comparativement aux autres organes professionnels analogues qui sont restés dans la légalité du statut des organes collectifs publics, cet organe pourrait être mis dans l'obligation de se conformer au règlement général.

Au contraire, si cet organe donne de meilleurs résultats et si surtout, le système adopté tend en outre à une égalité plus grande de rémunération, il devra être signalé à l'attention des Assemblées législatives compétentes qui auront pour mission de modifier le Statut général du travail de tous les organes collectifs publics et de toutes les administrations publiques, dans le sens de l'organe collectif public modèle qui a donné les meilleurs résultats et qui tend mieux à l'égalité idéale.

Art. 25

Droits d'entreprise et de réalisation de tous travaux économiques et de toutes entreprises commerciales par la Société des Nations, les Nations, les Régions, les Communes et les Organes collectifs publics.

La Société des Nations, les Nations, les Régions, les Communes et les Organes collectifs publics disposent de Droits administratifs autonomes dans la limite de leur ressort.

Dans cette limite, chacune de ces administrations peut se livrer, sans autorisation hiérarchique, à toutes entreprises commerciales, industrielles, agricoles, maritimes, minières, etc. de leur ressort, en un mot, à toutes les entreprises et travaux économiques quelconques, pourvu qu'ils ne soient pas contraires aux prérogatives de l'administration supérieure toujours prédominante. Cette prédominance ne s'exerce toutefois que si l'administration supérieure, mise en demeure par l'administration inférieure, entreprend dans l'année le programme de travaux que l'administration inférieure se proposait de faire ; à défaut de quoi cette dernière peut exécuter ses projets partiels, en tenant compte des plans d'ensemble établis par l'administration supérieure.

L'administration supérieure peut toujours, par la suite, monopoliser un service économique quelconque, pourvu qu'elle généralise son monopole dans son ressort.

L'administration d'une Nation ne pourrait pas, par exemple, monopoliser les chemins de fer, dépendant de l'administration d'une Région, si elle ne monopolisait pas, en même temps, tous les chemins de fer de la Nation, à moins que cette Nationalisation se fasse d'accord avec la Région.

Il en est de même pour toutes entreprises créées sur l'initiative des Régions, des Communes et des Organes collectifs publics.

L'administration supérieure exerce seulement un droit de contrôle sur les administrations subalternes.

A cet effet :

La Comptabilité, les bilans, les projets de travaux, les comptes rendus de l'exécution des travaux des administrations subalternes doivent être soumis aux Inspecteurs des administrations supérieures, qui n'ont que des conseils à donner, pendant tout le temps que la gestion de l'administration subalterne est bonne, et qu'aucune faute grossière ne peut lui être reprochée.

Les projets de travaux sont soumis à l'administration supérieure qui a un délai maximum de deux mois pour présenter ses observations, donner ses conseils et inviter l'administration inférieure à faire concorder ses projets de travaux avec les plans généraux que lui communique l'administration supérieure.

Pour prévenir les fautes et les lacunes que peuvent laisser entrevoir les projets de travaux ainsi soumis, l'administration supérieure a le devoir de prévenir amicalement et paternellement l'administration intéressée de l'existence de lacunes et d'erreurs ou de fautes dans le projet de travaux soumis ; et elle l'invite, s'il y a lieu, à visiter telle ou telle entreprise similaire ou organisation bien comprise avant d'exécuter son projet.

Au cours de l'entreprise, les mêmes Inspecteurs peuvent donner les mêmes conseils et présenter ou faire présenter par l'administration supérieure, telles observations qu'ils jugeraient utiles dans l'intérêt public.

Il en est de même si l'administration responsable emploie des méthodes de travail désuètes donnant de moins bons résultats que telles autres méthodes scientifiques soumises à des épreuves pratiques.

A ce dernier point de vue, on verra que des sanctions pourront être prises contre les administrateurs responsables qui n'auraient pas utilisé les dernières inventions primées et le matériel, les machines et les outils les plus perfectionnés.

L'intervention de l'administration supérieure peut aller jusqu'à la révocation et à la déchéance, si la gestion est mauvaise et donne des résultats négatifs et passifs ; si, par l'emploi de méthodes de travail et de machines et outils désuets, les administrateurs responsables prouvent leur incompétence ; enfin, si les méthodes employées sont contraires aux Principes des Droits et Devoirs de l'Homme et de la Société.

On a vu qu'à ce dernier point de vue la Haute Cour de justice compétente peut prononcer des sanctions contre les contrevenants.

La gestion est considérée comme mauvaise lorsque les revenus des diverses entreprises et les impôts permis à l'administration en cause ne parviennent plus à couvrir les dépenses de l'administration et l'amortissement du matériel, des machines et des outils, ainsi que les Lois constitutionnelles en font une obligation.

Art. 25 *(bis)*

Vote des budgets.
Sanctions contre les prévaricateurs.

Les budgets de la Société des Nations, des Nations, des Régions, des Colonies, des Communes et des Organes Collectifs publics doivent obligatoirement être votés au moins un an avant le premier jour de l'année budgétaire en cause.

Chaque jour de retard entraînera tous les membres de l'Assemblée responsable à une amende qui sera pour chacun d'eux, quotidiennement :

De 1000 francs pour l'Assemblée Mondiale.
De 750 francs pour l'Assemblée Nationale.
De 500 francs pour l'Assemblée Régionale.
De 250 francs pour l'Assemblée Communale
De 200 francs pour l'Assemblée des Organes publics.

A cet effet, les Ministres et Présidents devront obligatoirement déposer leurs projets de budget au moins 3 mois à l'avance.

Tout retard comportera une amende double de celle ci-dessus pour chaque jour de retard.

Aussitôt le budget voté, les administrations respectives effectueront leurs commandes pour l'année budgétaire suivante et pour tous les travaux prévus par les budgets.

Les administrations Nationales devront obligatoirement faire leurs commandes au cours du premier mois de l'année qui suit le vote légal du budget et elles avisent, pendant le même mois, tous les services, de la part qui leur est affectée dans ces commandes.

Les administrations Régionales compléteront les commandes au cours du 2e mois et aviseront de même leurs services de la part qui leur reviendra.

Les commandes des Communes et des Organes Collectifs publics se font au cours du 3e mois.

Chaque chef de service fait ensuite le complément de commandes qui sont nécessaires à son administration, au cours des 4e, 5e et 6e mois, selon que son administration est de 1er ordre, 2e ordre ou 3e ordre.

En sorte que toutes les commandes sont faites 6 mois au moins avant les premières livraisons.

Toutes les commandes doivent obligatoirement contenir une formule du même modèle spécifiant les dates extrêmes de livraison, et prononçant des amendes contre le fournisseur en retard de livrer, qui seront invariablement fixées au 1/20 du montant de la commande, par chaque jour de retard, sauf cas de force majeure.

Sauf cas de force majeure, le fournisseur en retard de plus d'un mois sera condamné, en outre de l'amende ci-dessus, à doubler la dite amende.

Tout industriel ou producteur possédant les moyens d'exécuter une commande, et qui refuserait, en raison des pénalités, ou pour tous autres motifs, de livrer à date fixe, sera condamné d'office à la déchéance libre et à l'expropriation, sans indemnité, de son établissement, s'il en a la jouissance.

Toutes les commandes devront être faites de telle sorte qu'elles soient à pied d'œuvre un mois au moins avant que l'on ait à s'en servir.

Un complément du budget est ensuite obligatoirement voté, au plus tard avant le 1er jour de l'année budgétaire. Tout retard comporte les mêmes sanctions que ci-dessus.

Ce complément de budget ne peut porter que sur ce qui n'a pu être prévu un an à l'avance.

Nul détenteur d'une parcelle des pouvoirs publics, depuis le Président Mondial, en passant par les Ministres, Vice-Présidents, Membres des Assemblées, chefs de bureaux, et jusqu'aux plus petits chefs de rayon ou contremaîtres, ou chefs d'équipe ayant qualité pour faire des commandes, ne pourra posséder d'établissement quelconque ou avoir des intérêts de quelque nature que ce soit, même comme simple actionnaire, dans un établissement où lui et ses subordonnés sont susceptibles de faire des commandes.

La sanction prononcée obligatoirement contre un contrevenant qui, 3 mois après sa rentrée en fonction se trouverait dans ce cas, sera la déchéance libre avec aggravation de la confiscation de la fortune totale dont il dispose.

Il est formellement interdit à toute personne faisant partie d'un service public ou d'un organe collectif public, de recevoir de qui que ce soit, des commissions, des parts de bénéfices, des cadeaux, des diamants, des pots-de-vin, ou des rémunérations ou avantages quelconques de quelque nature qu'ils soient.

Tout contrevenant sera considéré comme ayant commis le crime d'abus de confiance envers la Société, qui est un des crimes les plus grands qu'un Etre humain puisse commettre. Et il sera obligatoirement condamné à la même peine, quelle que soit l'importance du délit, et si minime soit-il. La peine sera de la déchéance au 10e degré, et de la confiscation totale de la fortune dont il est détenteur. En outre, seront confisqués les héritages qu'il pourrait faire par la suite de ses père et mère.

Celui qui aura acheté à ce prix la conscience du délinquant sera condamné à la même peine.

Aucune peine intermédiaire ne peut être prononcée en pareils cas.

Les vols commis dans son administration ou bien là où ses fonctions étaient susceptibles de l'appeler, par toute personne dépendant d'un service public, donneront lieu aux mêmes condamnations.

Art. 25 (ter)

Contrôle public de la gestion des Autorités élues.

Il est créé dans chaque Ministère, sous la Direction de cinq Juges de la Haute-Cour, une commission d'Inspecteurs-Enquêteurs chargés de faire des enquêtes pour tous les faits délictueux qui seraient signalés dans le ressort du Ministère contre les détenteurs de l'autorité. Et, par faits délictueux, il faut entendre non seulement la violation des Principes des Droits et Devoirs de l'Homme et de la Société, et des Lois, mais encore, tous les faits qui tendraient à démontrer les prévarications, la mauvaise administration, la négligence et l'inobservation des prescriptions de l'autorité supérieure par les détenteurs, quels qu'ils soient, d'une parcelle de l'autorité publique.

Tous les citoyens, sans exception, ayant droit de vote, ont le Droit et le Devoir de signaler, par lettre, signée d'eux, les infractions commises. La signature doit être suivie de l'adresse. Les lettres anonymes ne sont jamais retenues. Mais toutes les lettres signées doivent être suivies d'une enquête sur les faits signalés. Le nom du plaignant doit rester secret et n'être connu que du Tribunal et des enquêteurs, qui peuvent demander au plaignant tous renseignements oraux utiles, toujours discrètement, sans révéler à l'extérieur l'origine de la plainte. Le plaignant ne peut être inquiété. S'il a fait erreur, il lui est répondu par voie discrète, que l'enquête a prouvé qu'il s'est trompé. Le plaignant peut demander à assister les enquêteurs, ce qui ne peut lui être refusé.

Lorsque l'enquête a révélé un fait délictueux ou répréhensible, les 5 Juges de la Cour prennent des sanctions contre les membres fautifs de l'Autorité.

Non seulement les citoyens ont pour devoir de signaler tous les faits délictueux qu'ils connaissent, mais ce devoir est encore plus grand, plus impérieux, de la part des élus, des représentants du peuple, et des syndicats, parce que leur autorité est plus grande et parce que ce devoir est un des plus grands de leur charge. La procédure pour eux est la même que pour le citoyen.

Pareille organisation existe dans la Région.

TITRE III

RESSOURCES BUDGÉTAIRES

ART. 26

Ressources budgétaires permises.

La Société des Nations, les Nations, les Régions et les Communes inscrivent en recettes de leur budget la moitié des bénéfices nets de leurs exploitations industrielles, agricoles et commerciales.

L'autre moitié est répartie entre le personnel des diverses administrations.

En ce qui concerne les administrations ne donnant pas lieu à bénéfices, une somme est votée, chaque année, pour être répartie entre le personnel de l'administration.

Cette somme est en rapport avec les services rendus par chaque administration.

Elle pourra être supprimée si la gestion de l'administration a été mauvaise.

Mais, la plupart des entreprises de ces organes publics sont improductives, soit parce qu'il n'y a pas possibilité de percevoir des recettes, soit parce qu'il y va de l'intérêt public de n'en pas percevoir, tel que pour la construction et l'entretien des routes, des ponts, des canaux, des ports, des édifices publics, des écoles, et aussi pour l'instruction des jeunes générations, pour les dépenses d'assistance aux malades, etc., qui sont des charges de la Société.

Il y a donc lieu de couvrir ces dépenses par des recettes perçues au moyen de l'Impôt.

Les Impôts qui se répartissent justement sur les contribuables sont seuls permis.

Ces Impôts sont ceux qui les frappent suivant leurs facultés, qui frappent la paresse, qui atteignent les successions, qui frappent les choses nuisibles à la santé, et qui grèvent et dégrèvent les contribuables suivant leur nombre d'enfants.

En conséquence, sont seuls permis les Impôts suivants :

1º Impôt global, personnel et dégressif sur le Capital ;
2º Impôt global, personnel et dégressif, sur les Revenus ;
3º Impôt sur la paresse ou la demi-paresse ;
4º Droits successoraux et droits de succession ;
5º Droits sur les choses nuisibles à la santé ;
6º Impôts et dégrèvements suivant le nombre d'enfants.

Ces impôts sont perçus et payés au lieu du domicile du contribuable.

Le Domicile est le lieu où le Contribuable possède son principal établissement. A défaut d'établissement, c'est le lieu où il habite, pour exercer sa profession principale, qui forme le Domicile.

Les époux paient chacun sur la moitié de leurs Capitaux et de leurs Revenus réunis.

Les personnalités morales, publiques ou privées, ne paient pas l'Impôt.

Toutefois, les organes Collectifs publics et les Sociétés privées paient l'impôt sur leur Capital de Réserve et sur les Revenus qui sont versés au dit fonds de réserve au lieu d'être distribués aux adhérents, aux associés ou aux actionnaires, parce que ce Capital et ces Revenus échapperaient à l'impôt, ce qui ne doit pas pouvoir se produire en aucun cas.

Les Impôts sur le Capital, sur les Revenus, sur la Paresse, les Droits successoraux et les droits de succession sont obligatoires. L'Impôt suivant le nombre d'enfants est facultatif. Et les Droits sur les choses nuisibles à la santé sont laissés à l'appréciation des Nations et de la Société Mondiale.

Art. 27

Impôt global personnel et dégressif sur le capital.

La perception de l'Impôt sur l'ensemble des Capitaux constituant la fortune de chaque Contribuable se fera, déduction faite de leurs dettes, sur les bases ci-après, pendant la période transitoire de 50 ans, après laquelle l'Impôt sur le Capital sera supprimé.

Il sera perçu par la Société des Nations, les Nations, les Régions et les Communes, un ou plusieurs centimes le franc, sans fraction de centime, sur les chiffres qui ressortiront du barème dégressif suivant :

De 1 à 50.000 francs de Capital, la perception se fera sur une somme égale à 1 % du Capital.   1 %
De 50.001 à 100.000   1,50 %
De 100.001 à 250.000   2 %

De 250.001 à 500.000   2,50 %
De 500.001 à 750.000   3 %
De 750.001 à 1 million   3,50 %
Au-dessus de 1 million   4 %

En aucun cas, l'ensemble des centimes le franc perçus par la Société des Nations, la Nation, la Région et la Commune ne pourront excéder l'unité de franc.

Le maximum d'impôt annuel qui puisse être perçu sur 50.000 francs de capital est donc de 500 francs, ce qui représenterait le 1/5 du revenu si ce capital était productif de 5 % d'intérêts.

Si les nécessités budgétaires obligeaient à enfreindre cette règle, le pourcentage de ce barème ne pourrait être modifié, mais la perception pourrait se faire sur un barème plus resserré. Par exemple, la perception maximum de 4 % pourrait se faire à partir de 500.000 francs, ou même, si cela était nécessaire, à partir de 250.000 francs ; tous les autres chiffres étant décalés proportionnellement.

Dans tous les cas, cette modification du régime fiscal ne pourrait avoir lieu que 2 années entières après le vote du nouveau Régime. Lorsqu'une modification de ce genre sera apportée, elle s'appliquera à la Nation entière. Et celle-ci sera tenue de l'opérer dès que son budget et ceux de ses Régions et de ses Communes le nécessiteront.

Le montant des centimes le franc votés chaque année par l'Assemblée compétente est le même pour le Capital que pour le Revenu. Il ne peut en être décidé autrement.

Exceptionnellement, et pendant une durée de 20 ans seulement, un impôt sur le Capital suffisant sera perçu suivant les règles ci-dessus énoncées, pour amortir, dans chaque Nation, en 20 annuités égales, toutes les dettes des Nations, Régions et Communes, contractées antérieurement à l'existence de la Société des Nations, ou antérieurement au jour de l'adhésion de la Nation intéressée à la Société des Nations.

Les Nations, les Régions et les Communes ne paieront aucun intérêt ni dividende à qui que ce soit de ces capitaux qui seront représentés par une Monnaie d'échange.

Art. 28

Impôt global personnel et dégressif sur les Revenus.

Cumulativement avec l'Impôt sur le Capital, le contribuable paie l'Impôt global personnel et dégressif sur ses Revenus (revenus de ses Capitaux compris) sous déduction : 1° de l'intérêt de ses dettes, et 2º de l'Impôt sur le Capital à sa charge ; mais non de son loyer.

Chaque année, au cours des six premiers mois, le contribuable est tenu de déclarer obligatoirement ses Capitaux et ses revenus de l'année précédente, qui servent de base pour la perception des Impôts de l'année qui suit la déclaration.

L'Impôt sur les Revenus ne peut toutefois être perçu sur moins de 5 fois les loyers d'habitation et commerciaux réunis, payés par le contribuable (ou 2 fois 1/2 chacun, s'il s'agit d'époux).

Si aucune déclaration n'est faite, la base de perception s'établit sur la déclaration de l'année précédente, aux risques et périls du Contribuable, qui est répréhensible si son capital et ses revenus de l'année ont augmenté.

En cas de non déclaration, il sera perçu en sus des Impôts résultant de la précédente déclaration, une amende égale au 1/10 de l'Impôt total à payer.

Il sera, pour chaque budget de la Société des Nations, des Nations, des Régions et des Communes, perçu un ou plusieurs centimes le franc (sans fraction de centime) sur les chiffres qui ressortiront du barème ci-après :

De 1 à 10.000 francs de revenus, la perception se fera sur le 1/10 du montant de ces revenus.   1/10

De 10.001 à 20.000 francs		2/10
De 20.001 à 40.000 francs		3/10
De 40.001 à 60.000 francs		4/10
De 60.001 à 80.000 francs		5/10
De 80.001 à 100.000 francs		6/10
De 100.001 à 150.000 francs		7/10
Au-dessus de 150.000 francs		8/10

En aucun cas l'ensemble des centimes le franc perçus par la Société des Nations, la Nation, la Région et la Commune ne devra excéder l'unité de franc.

En sorte que le maximum d'impôt sur les revenus d'un contribuable, qui puisse être perçu sur 10.000 francs de Revenus nets annuels est de 1.000 francs.

Au cas où les nécessités budgétaires obligeraient à enfreindre cette règle, il serait procédé comme il est dit pour l'impôt sur le Capital.

Quoi qu'il en soit, le contribuable ayant un revenu annuel égal ou inférieur à 10.000 francs, ne devra, en aucun cas, payer un impôt total supérieur à 1/10e de son revenu annuel (tous impôts réunis). L'augmentation d'impôt ne devra donc s'exercer que sur les contribuables possédant un revenu supérieur à 10.000 francs, par le jeu du resserrement du barème, comme il a été dit au sujet de l'Impôt sur le Capital.

Barème de l'Impôt sur le capital et sur le revenu établi sur le chiffre d'affaires pour certaines professions.

Pour tous les Contribuables dont le capital et le revenu ne peuvent nettement être déterminés, quant à leur importance, ni être contrôlés avec sûreté par les agents du fisc, sans que ces derniers se livrent à l'investigation complète des livres de comptabilité du contribuable, ce qui est le cas notamment des industriels, des agriculteurs, des commerçants, des banquiers, des professions libérales, etc., et pour éviter ces investigations compliquées et gênantes, l'importance des capitaux et des revenus de ces sortes de contribuables sera déterminée et imposée obligatoirement sur la base minimum constituée au moyen de deux éléments distincts ou combinés, selon la profession, savoir :

1o D'une part, le chiffre d'affaires du contribuable (ou la valeur des denrées ou produits récoltés ou fabriqués par le Contribuable) au cours de l'année écoulée ;

2o D'autre part, les salaires annuels payés au cours de la dite année, et le nombre des employés et ouvriers composant le personnel de l'établissement.

Un barème sera établi pour chaque profession, qui déterminera la valeur en capital et le montant des revenus annuels présumés du Contribuable, par le moyen de la fixation du rapport existant entre : le chiffre d'affaires et le revenu net réels (ou entre : la valeur des denrées ou produits récoltés et fabriqués et le revenu net réel) et encore entre : le montant des salaires et le nombre du personnel d'une part et le revenu d'autre part.

Autrement dit, on spécifiera par exemple :

Qu'un établissement de telle nature, qui fait un million d'affaires annuellement et qui emploie 10 ouvriers et employés à qui l'on paye annuellement 80.000 francs, bénéficie d'un revenu net annuel de 10 % de son chiffre d'affaires, soit de cent mille francs   100.000 francs.

Qu'un établissement de même nature qui fait dix millions d'affaires annuelles, et qui emploie 90 ouvriers et employés à qui l'on paye annuellement 700.000 francs, bénéficie d'un revenu net annuel de 15 % de son chiffre d'affaires, soit de un million et demi   1.500.000 francs

Et naturellement ce rapport sera différent dans chaque profession. Il sera, pour certaines professions, de 5 %, 8 %, 12 %, 17 %, etc., etc.

Ces barèmes seront établis par des Commissions composées à concurrence de 1/4 par le syndicat commercial intéressé ; 1/4 par la fédération des syndicats commerciaux en général ; 1/4 par le syndicat des consommateurs ; 1/4 par le syndicat des ouvriers et employés de la profession intéressée.

Les Commissions pourront s'entourer de tous éléments d'appréciation et d'information utiles, et notamment, *à titre de sondage*, vérifier, sous la direction des agents du fisc, les livres de comptabilité de plusieurs établissements de la profession intéressée.

Les agents du fisc devront, de leur côté, communiquer à ces commissions tous les éléments d'appréciation qu'ils possèdent, afin d'établir des moyennes aussi exactes que possible. Ces commissions seront aidées dans cette tâche par les syndicats de comptables de la profession intéressée.

Les membres de ces commissions seront tenus au secret le plus absolu en ce qui concerne l'état de fortune ou de revenus des Etablissements contrôlés.

Dans leurs rapports écrits et comptes rendus oraux, ils indiqueront les rapports qu'ils ont constatés entre les chiffres d'affaires et les revenus ou bénéfices réels, en laissant dans l'anonymat les différents établissements visités. Et pour que cet anonymat existe bien réellement, il sera nécessaire que plusieurs soient visités possédant un personnel à peu près de même nombre. Les Contrevenants à cette défense seront sévèrement punis et déclarés déchus partiellement.

Les rapports enregistrés par ces barèmes constitueront des minimums obligatoirement imposables qui ne dispenseront pas le contribuable intéressé de déclarer son revenu réel, si celui-ci est plus élevé que celui présumé, fixé par les barèmes. Le revenu réel est toujours appliqué par les agents du fisc s'il est plus élevé que le revenu présumé.

Les contribuables de ces catégories seront donc tenus chaque année de faire la triple déclaration suivante, relativement à l'année écoulée.

1º Montant de leur revenu réel ;

2º Montant de leur chiffre d'affaires ; ou (selon la profession) montant des denrées et produits récoltés ou fabriqués ;

3º Montant des salaires annuels payés et nombre d'ouvriers et d'employés composant le personnel de toutes catégories.

Les Contribuables appartenant à l'une de ces catégories

(sauf les petits exploitants agriculteurs) seront tenus de tenir à jour une comptabilité régulière et exacte par le moyen de deux livres de comptabilité.

1º Un livre sur lequel chaque jour le contribuable inscrira son chiffre d'affaires ;

2º Un livre sur lequel le contribuable mentionnera les noms, prénoms et adresses des membres de son personnel, ainsi que les salaires et autres émoluments mensuels de chacun d'eux. Ce livre sera à jour des mutations du personnel.

Les comptables chargés de tenir ces livres, ainsi que les employés de l'Etablissement intéressé, chargés de donner à ces comptables les renseignements utiles pour tenir leurs comptes seront personnellement tenus pour responsables des erreurs et des dissimulations que leurs agissements auraient favorisées. Ils seront condamnés à la déchéance totale ou partielle et à des peines pécuniaires variant avec l'importance du délit.

Mais, les fautes des Employés et Comptables, même avouées et reconnues par eux comme n'émanant que d'eux seuls, n'absoudront jamais les propriétaires de l'Etablissement, qui seront toujours tenus directement pour responsables des dissimulations et considérés comme les ayant ordonnées ou encouragées, à moins qu'ils puissent faire la preuve que ces comptables et employés ont agi par vengeance ou pour nuire au chef du dit Etablissement.

Bien qu'il ne soit point nécessaire de le mentionner, il est cependant ici spécifié, pour en signaler l'importance, qu'il est formellement interdit à la Société des Nations, aux Nations, aux Régions et aux Communes, d'établir d'autres impôts que ceux autorisés sous le présent titre, et il est bien spécifié qu'il est formellement interdit de créer des impôts directs ou indirects, notamment sur les choses et les objets de consommation et autres, et spécialement sur le chiffre d'affaires lui-même, car tous ces prétendus impôts n'ont jamais été des Impôts. Ces simili-impôts ne sont, en réalité, que des Impôts indirects sur le consommateur, c'est-à-dire sur celui qui, tous les jours est obligé de manger, boire, se vêtir, s'entretenir, parce que le producteur ou le commerçant qui les paie majore d'autant sa marchandise ou le loyer de sa maison et finalement, il ne paie lui-même aucun impôt.

Les simili-impôts sur les choses et objets de consommation directs, indirects et autres, constituent la plus grande canaillerie qu'ait pu inventer la classe possédante pour faire croire à la classe des non-possédants, que ces derniers ne sont pas seuls à payer les charges d'une Nation.

En réalité, cette canaillerie est si scandaleuse et ce pauvre *Mouton de Contribuable* se laisse tondre si bêtement et, disons le mot « *si lâchement* », qu'elle fait désespérer de voir la fin de l'abêtissement des masses populaires, quand on les voit dire : « Amen » en présence des possédants, leur assurant mordicus qu'ils paient eux seuls l'impôt, alors qu'ils n'en supportent pas un seul iota en réalité.

Mais pourquoi les Multi-Millionnaires qui, en fait, gouvernent indirectement les pays bourgeois, se gêneraient-ils, en présence de la lâcheté avérée de tels « *Moutons de Panurge* ».

La Société Future doit se garder d'endosser pareille canaillerie à son compte. Et le mot « Canaillerie » n'est certes pas trop chargé. C'est même un bien petit « diminutif ».

De même, il se conçoit que tous impôts quelconques, simplement *proportionnels* sur le capital et sur les revenus doivent être écartés pour les mêmes raisons, puisque les contribuables producteurs, commerçants ou financiers le récupéreraient infailliblement sur les consommateurs et débiteurs en majorant d'autant leur prix de vente.

Seuls, les Impôts perçus à la fois sur le Capital et sur le revenu global et personnel sont justes et constituent réellement des impôts payés en fin de compte par le contribuable qui en bénéficie, si ces impôts sont perçus sous la forme *dégressive* parce que ces impôts étant perçus par tranches, par exemple de 1 % de tant jusqu'à tant ; de 2 % à partir de tant jusqu'à tant, le contribuable ne peut plus le récupérer en majorant le prix de vente de sa marchandise parce que, payant 2 % alors que son concurrent, qui a la moitié moins de revenus, ne paye que 1 %, il serait concurrencé par ce dernier, qui pourrait vendre sa marchandise moins cher.

D'autre part, l'on doit exclure l'impôt *progressif* sur le capital et sur le revenu, et l'on doit adopter le système *dégressif* pour les raisons suivantes :

L'impôt progressif est celui qui progresse et qui se perçoit à partir de zéro sur toute la somme imposable au taux maximum.

L'impôt dégressif progresse de la même façon, mais cette progression est applicable par tranches. C'est ce qui le rend juste.

Des exemples vont nous en donner la preuve.

Supposons un *impôt progressif* perçu à concurrence :

1o de 1 % jusqu'à 100.000 francs de capital ;

2o de 2 % jusqu'à 200.000 francs de capital ;

3o de 3 % jusqu'à 300.000 francs de capital.

Cet impôt se perçoit ainsi : il se calcule à raison de 2 %

sur tout le capital, dès l'instant que ce capital dépasse 100.000 francs, ne serait-ce que de un franc. Il se perçoit à 3 % dès l'instant que le capital est supérieur à 200.000 francs.

Supposons la même base de perception avec un *impôt dégressif* qui serait ainsi :

1º de 1 % de 1 à 100.000 francs de capital ;

2º de 2 % de 100.001 à 200.000 francs de capital ;

3º de 3 % de 200.001 à 300.000 francs de capital.

Cet impôt est perçu par tranches.

La différence ne semble pas sensible, à première vue, entre ces deux impôts.

La différence est, au contraire, considérable et *l'injustice* apparaît flagrante dans la perception de l'*Impôt progressif*, lorsqu'on examine à fond les conséquences de son application.

Pour les saisir, nous allons prendre deux cas :

1er *Cas*. — Contribuable possédant un capital de 200.000 francs.

2e *Cas*. — Contribuable possédant un capital de 201.000 francs.

Différence de fortune 1.000 francs seulement.

I. — *Application de l'*IMPÔT PROGRESSIF *aux deux cas.*

Si l'impôt est progressif, on percevra :

1er *Cas*. — Contribuable possédant 200.000 francs de Capital : 200.000 à 2 % = *4.000 francs.*

2e *Cas*. — Contribuable possédant 201.000 francs de Capital. Perception à 3 % dès l'instant que le capital dépasse 200.000 francs, soit : 201.000 à 3 % = *12.030 francs.*

Voici donc un contribuable riche seulement de 1.000 francs de plus que l'autre, et qui va payer *12.030 francs*, alors que l'autre ne paiera que *4.000 francs*. La disproportion est évidemment injuste. Elle serait encore plus apparente si les deux Contribuables étaient riches : l'un à 200.000 francs et l'autre à 200.005 francs, par exemple, avec une différence de fortune de 5 francs seulement.

II. — *Application de l'*IMPÔT DÉGRESSIF *aux deux cas.*

Si l'Impôt est dégressif, les proportions sont, au contraire, rétablies. En effet :

1er *Cas*. — Contribuable possédant 200.000 francs de Capital. Il paiera :

Sur les premiers 100.000 francs à 1 % (1re tranche) : *1.000 francs.*

Sur les seconds 100.000 francs à 2 % (2e tranche) : *2.000 francs.*

Total *3.000 francs.*

2e *Cas.* — Contribuable possédant 201.000 francs de Capital. Il paiera :

Sur les premiers 100.000 francs à 1 %
(1re tranche) : *1.000 francs.*

Sur les seconds 100.000 francs à 2 %
(2e tranche) : *2.000 francs.*

Sur les 1.000 francs à 3 % (3e tranche) : *30 francs.*

Total *3.030 francs.*

On voit que dans le cas de l'*Impôt dégressif*, les proportions sont respectées et qu'il ne se produit pas de bonds disproportionnés et fort injustes d'impôts, comme dans le cas de l'*Impôt progressif*.

Cette théorie et ces constatations s'appliquent évidemment aussi bien à la perception de l'impôt sur le revenu qu'à celle de l'impôt sur le capital.

Déclaration annuelle de Fortune et de revenus.

Pour empêcher les dissimulations de fortune et de revenus de la part des Contribuables, et pour assurer en même temps le secret au sujet des déclarations de fortune et de revenus, les dispositions suivantes seront appliquées :

Les Déclarations de fortune et de revenus seront faites obligatoirement, en double original, chaque année, au cours du dernier mois de l'année, par le Contribuable.

Chaque nature de *Capital* ou de *Revenu* sera énoncée en détail, sur une ou plusieurs feuilles détachées et numérotées et qui seront enfermées dans une double feuille formant cahier et sera signé de premier à dernier feuillet par l'agent du fisc responsable, qui posera également son sceau sur chaque feuillet.

Les feuilles détachées porteront les totaux de capitaux, de chiffres d'affaires et de revenus relatifs à chaque nature de capitaux et de revenus.

Les feuilles formant cahier récapituleront et résumeront chaque nature de valeur, en indiquant seulement les totaux partiels. Les totaux généraux de ce cahier indiqueront l'importance de la fortune, des revenus nets et des bénéfices totaux du contribuable.

Le Cahier restera secret et, sauf les agents du fisc, nul ne pourra en exiger la production.

Seuls, les feuillets détachés pourront être réclamés en communication, par les tiers intéressés, à titre justificatif.

Les banquiers, sociétés et particuliers qui auront à payer des intérêts, dividendes, arrérages et autres revenus quelconques ne devront se libérer que si le bénéficiaire leur justifie que ces intérêts, dividendes, arrérages et autres revenus figurent bien sur la feuille détachée de la dernière déclaration de capitaux et de revenus du Contribuable.

Les payeurs poseront, en marge du Capital énoncé, un minuscule cachet indiquant les noms et adresse de l'établissement payeur et les trimestres, semestres et annuités payés.

Lorsqu'une valeur passera d'une tête à une autre en cours d'année, le payeur posera son cachet sur les bordereaux d'achat du Capital ayant fait l'objet du paiement.

Les cachets seront d'un modèle général unique. Les contrefacteurs du sceau de l'agent du fisc verront leur fortune entière confisquée et ils seront, en outre, condamnés à la déchéance pour un degré en rapport avec l'importance du délit.

Tous payeurs qui verseront des revenus quelconques sans observer ces justifications et formalités seront condamnés à payer, à titre d'amende, la valeur nominale en capital des revenus ainsi payés.

Les Etrangers ne paient toutefois que sur les Capitaux et les revenus possédés par eux dans la Nation étrangère à leur Nation d'origine.

Mais, dans leur Nation d'origine, ils paient sur tous leurs Capitaux et sur tous leurs revenus, même situés à l'Etranger.

Il est formellement interdit de faire des achats de valeurs à terme. Seul l'achat des valeurs au comptant est autorisé.

Art. 29

Impôt sur la paresse et la demi-paresse.

Tout Homme valide qui ne travaille pas et qui peut le faire est un Etre nuisible et un parasite qui se fait nourrir et entretenir par les autres Hommes, tout en ne se rendant utile à rien.

Tout Homme fortuné doit faire fructifier lui-même les Capitaux dont la Société lui a laissé la jouissance pendant 50 ans et ce, par sa propre industrie, par son commerce et par ses talents ; mais non par l'emploi de ses Capitaux dans des professions libérales qui sont réservées aux Femmes, aux Hommes faibles et aux Invalides.

Tout détenteur d'un Capital supérieur à 100.000 francs, qui ne peut justifier qu'il emploie les 2/3 au moins de sa fortune dans une ou plusieurs entreprises commerciales, industrielles ou agricoles, dirigées par lui personnellement ou en association ou comme membre du Conseil d'administration ou gérant de

Société, paie un impôt double de celui qu'il doit normalement payer.

L'Impôt payé par le Contribuable qui n'exerce aucune profession à partir de l'âge de 25 ans est de trois fois celui qu'il doit normalement payer d'après les registres de l'Impôt.

Il ne suffit pas que ce Contribuable fasse acte de présence dans un bureau ou dans un établissement quelconque pour s'exonérer de ce surcroît d'impôt ; la profession et le travail doivent être effectifs et rémunérés d'après les barèmes du Travail.

Cet impôt ne s'applique pas aux malades incurables, qui ne peuvent faire aucun travail, ni à ceux qui sont dans l'incapacité de faire aucun travail ou de gérer une entreprise.

Art. 30.

Droits successoraux et droits de succession.

La Saisine appartient à la Nation pour tous ses Nationaux décédés. La Nation est donc saisie de plein droit par la Mort de ses Nationaux, de la propriété de tous leurs biens mobiliers et immobiliers, et, seule, la Nation a le Droit de prendre possession de ces biens et d'en décharger les tiers détenteurs.

La Saisine s'exerce en la personne du Juge-Président de la Cour Communale, pour le compte de la Nation. C'est lui qui, de plein Droit, prend possession de l'actif successoral, le réalise, le divise, le répartit, après avoir payé le passif et confisqué le montant des amendes et les biens sur lesquels l'Impôt n'a pas été payé comme il convient.

Aucune circonstance atténuante ne peut être accordée, dans aucun cas, au sujet des capitaux et des revenus qui n'ont pas été assujettis à l'impôt en temps opportun.

En conséquence, la confiscation du capital sur lequel l'impôt n'a pas été payé et le paiement des amendes sont exercés dans tous les cas, même s'il y a bonne foi de la part du délinquant.

Toute personne décédée laissant au moins 4 enfants vivants ou un ou plusieurs descendants d'enfants décédés, leur transmet, de plein droit, la jouissance de sa fortune, pendant la période transitoire de 50 ans.

Le défunt qui laisse moins de 4 enfants vivants ou descendants d'enfants décédés, transmet ses droits de jouissance sur sa fortune, en 4 parts égales :

A chaque enfant vivant ou descendant d'enfant décédé, il

laisse un quart. (Les petits-enfants prennent la part de leur père ou de leur mère, et se la partagent entre eux par égales parts.)

Et la Nation hérite de plein droit du surplus.

Dans le cas où le défunt laisserait son épouse ou son époux survivant, ou encore, sa compagne ou son compagnon cohabitant avec lui, sans avoir d'autre domicile, le survivant aura droit, sa vie durant, à la totalité des revenus de la succession, si ceux-ci sont inférieurs à 12.000 francs et jusqu'à concurrence de cette somme s'ils sont supérieurs.

Art. 31.

Sanction contre les fraudeurs

Les actes des personnes qui recevraient, par don ou autrement, une partie du Capital dont la jouissance est laissée aux personnes fortunées seront considérés au même titre que le vol et ces personnes punies en conséquence.

En outre, les sommes ainsi reçues sont sujettes à restitution et le délinquant est tenu, en plus, de payer une indemnité à la Nation, égale à dix fois le Capital ainsi reçu d'un tiers.

Un droit d'investigation est réservé, à toute époque, au fisc, pour le cas où il y aurait présomption de détournements et pour le cas où les déclarations Annuelles de fortune d'un contribuable accuseraient des diminutions de son Capital.

Si le Contribuable ne justifie pas que cette diminution de son Capital provient de pertes effectives, sa fortune totale lui est retirée au profit de la Nation, par suite d'un Jugement émanant des Cours et tribunaux compétents.

Une enquête contre inconnu est toujours faite par l'autorité judiciaire, lorsque le défunt ne laisse pas toute sa fortune et que l'on ne trouve pas trace de pertes réelles équivalentes, afin de rechercher les tiers détenteurs.

Toute personne qui, de son vivant, dissimulera tout ou partie de ses revenus au fisc, se verra confisquer 10 fois le montant des revenus dissimulés.

Après scellés, qui sont obligatoirement posés, de suite après décès, à la requête du Président Communal ou de son représentant, dès qu'il a connaissance du décès, l'inventaire des biens mobiliers et immobiliers du défunt est fait, succinctement à la requête du Juge-Président de la Cour Communale. Si cet inventaire constate que plus du quart de la fortune du défunt a disparu sans cause, la Cour Communale prononce la Confiscation de la totalité de la fortune du défunt sans préjudice des poursuites pour vol, qui sont exercées contre tous tiers détenteurs de cette fortune ou partie de fortune.

Si moins d'un quart de la fortune a disparu, les amendes ci-dessus énoncées pour les Contribuables vivants sont perçues sur la fortune du défunt, avant tout partage.

Il en est de même pour les dissimulations de revenus que l'inventaire pourrait révéler et dont le montant des amendes est ci-dessus fixé.

ART. 32.

Droits sur les choses nuisibles à la santé.

Les choses nuisibles à la Santé (à quelque dose qu'elles soient absorbées ou utilisées) sont totalement prohibées. Les personnes qui les livreront au commerce seront poursuivies en tentative d'assassinat et condamnées à la déchéance.

Une liste de ces produits sera dressée avec le concours de chimistes, de pharmaciens et de médecins compétents.

En ce qui concerne les produits nuisibles à la santé (mais seulement lorsqu'ils sont absorbés à forte dose et en grande quantité) des droits importants devront les frapper pour arriver à en réduire la consommation à une quantité et à une dose inoffensives.

Ces droits seront d'autant plus élevés que la consommation individuelle dans une contrée sera exagérée.

Ils varieront par Régions et par Communes suivant qu'elles seront plus ou moins atteintes par le fléau.

Et si, après la taxation maximum, le fléau persiste, les produits nuisibles dont il s'agit devront être totalement prohibés dans la Région ou dans la Commune atteinte, sur l'initiative de la Nation ou de la Société Mondiale.

Le tabac et l'alcool livrés à la consommation se trouvent dans ce cas, notamment.

L'alcool employé à d'autres usages ne peut être grevé d'impôts sous aucun prétexte.

Le tabac sera taxé entre 20 francs et 100 francs le kilog suivant qu'il est présenté sous forme de tabac, de cigarettes ou de cigares ordinaires ou de luxe.

L'alcool livré à la consommation est taxé entre 20 et 50 francs le litre d'alcool pur.

Il ne peut être vendu qu'en litres cachetés et plombés de la marque du fabricant, et livré à la consommation après 10 années de cave, s'il pèse plus de 15 degrés.

L'alcool de consommation ne peut peser plus de 50 degrés.

Seuls les alcools à provenance exclusive de fruits (tels que raisins, pommes, poires, prunes, cerises) et de fruits ou de noyaux nommément désignés par une loi spéciale pourront être livrés à la consommation.

Ils devront obligatoirement être traités d'après les procédés scientifiques en usage qui en extrairont les essences particulièrement nuisibles à la santé.

Les Etablissements se livrant à la fabrication de l'alcool seront très sévèrement surveillés par les administrations de l'Etat compétentes, et leur organisation intérieure, ainsi que leur organisation de distillation sur les lieux de production fruitière devront être conçues de telle sorte qu'il ne puisse, en aucun cas être dissimulé une quantité d'alcool quelconque. Des compteurs de distillation devront pouvoir permettre de vérifier exactement la production.

Dans le cas de prohibition totale de l'alcool, ces Etablissements ne pourront prétendre à aucune indemnité.

Il en est de même pour tous établissements qui fabriquent des produits nuisibles à la santé.

L'alcool industriel est exempt de tous droits, mais il doit être rendu impropre à la consommation suivant un procédé autorisé par les autorités compétentes, et ce, sous quelque forme qu'il soit utilisé.

La vente en détail, par petits verres, de l'alcool de consommation supérieur à 15° est prohibée dans les bars, cafés et autres lieux publiquement fréquentés.

Elle est exceptionnellement permise dans les restaurants, après les repas, à raison d'un petit verre (40 au litre) par consommateur.

Les peines les plus sévères, dont les moindres sont la fermeture partielle de l'établissement pendant un mois au moins, seront infligées aux commerçants-restaurateurs ayant passé outre à cette interdiction.

La peine sera toujours de la fermeture définitive de l'établissement, lorsqu'un commerçant, restaurateur ou autre, aura servi de l'alcool à un consommateur manifestement ivre ou lorsqu'un établissement public quelconque aura servi, au détail, de l'alcool supérieur à 15°.

Cette même peine s'appliquera également à la vente en litres, à emporter, à un homme manifestement ivre.

La Société a pour devoir d'user des plus extrêmes rigueurs pour combattre notamment le fléau de l'alcool, parce que l'Homme qui s'adonne à ce vice dépérit, s'affaiblit, devient malade, infirme ou impuissant, et il constitue une charge pour la Société, à qui il donne des enfants rachitiques, incapables de résister aux attaques microbiennes dont l'Homme est sujet.

La Société a pour devoir de préserver l'Homme contre ce danger social.

L'Homme qui s'alcoolise plus que de mesure perd en outre la saine raison qui distingue l'Homme de la bête. Il se met par là même au ban de la Société.

La Société peut prononcer contre lui la Déchéance qui permet de procéder à sa rééducation en marge de la Société, si son cas est isolé dans une Contrée sobre qui ne motive pas la suppression radicale de la vente de l'alcool.

Art. 33.

Impôts et Dégrèvements
suivant le nombre d'enfants

La nourriture, l'entretien, l'éducation et l'instruction de l'Enfant constituent une charge publique qui est supportée par tous les contribuables suivant leurs facultés, c'est-à-dire suivant l'importance de leurs capitaux et de leurs Revenus.

Il n'y a donc pas lieu de tenir compte aux contribuables de leurs charges de famille par un grèvement ou un dégrèvement d'impôts parce que ces charges n'existent plus pour eux.

Mais l'on a vu d'autre part dans les principes des Droits et Devoirs de l'Homme et de la Société que le fait pour une Nation ou une Région de ne pouvoir au moins maintenir sa population constitue un danger social que la Société a pour Devoir d'éviter.

Un impôt pourra donc être établi par les Nations et les Régions. Il sera perçu en raison du nombre d'Enfants de chaque Contribuable ayant atteint l'âge de 25 ans au moins.

Lorsque cet Impôt sera établi soit par décision Nationale, soit par décision Régionale, il s'appliquera dans la Nation en cause aux Impôts Mondiaux, Nationaux, Régionaux et Communaux, sans distinction.

Et tout Impôt de ce genre devra comprendre comme contre-partie de l'Impôt qui frappera les Contribuables ayant peu d'enfants un Dégrèvement équivalent au profit des contribuables qui auront une nombreuse famille.

En sorte que cet Impôt ne pourra constituer un élément de recette ni de dépense en faveur de la Société Mondiale, de la Nation, de la Région et de la Commune.

Autrement dit les recettes produites par cet impôt devront égaler les dépenses motivées par les dégrèvements d'impôts.

Lorsque ce système d'Impôt et de dégrèvement sera adopté

par une Nation ou par une Région, il devra être ainsi appliqué :

La base de perception sera l'Impôt sur le Capital et l'Impôt sur les Revenus tel qu'il est établi sous les articles 27 et 28.

Et c'est le montant total de ces Impôts sur le Capital et sur les Revenus de chaque contribuable, qui sera augmenté ou diminué suivant que ce dernier aura peu ou beaucoup d'enfants suivant un barème qui pourra être variable.

Le Nombre type d'Enfants ne donnant lieu ni à augmentation ni à dégrèvement de l'Impôt sera de 4 enfants vivants ou décédés. Le tableau extrême suivant pourra être appliqué :

Avec 3 enfants vivants ou décédés, le Contribuable paiera une augmentation de 25 % d'impôts.

Avec 2 enfants vivants ou décédés, le Contribuable paiera une augmentation de 50 % d'impôts.

Avec 1 enfant vivant ou décédé, le Contribuable paiera une augmentation de 75 % d'impôts.

Sans enfant vivant ou décédé, le Contribuable paiera une augmentation de 100 % d'impôts.

Avec 5 enfants vivants ou décédés, le Contribuable bénéficiera d'un dégrèvement de 25 %.

Avec 6 enfants vivants ou décédés, le Contribuable bénéficiera d'un dégrèvement de 50 %.

Avec 7 enfants vivants ou décédés, le Contribuable bénéficiera d'un dégrèvement de 75 %.

Avec 8 enfants et au-dessus, le Contribuable bénéficiera d'un dégrèvement de 100 %.

Ce barème ne pourra être aggravé, mais il pourra être réduit ou modifié suivant les résultats qu'il donnera.

Dans le cas où, au contraire, l'augmentation du Nombre d'enfants deviendrait sur le Globe terrestre un danger social par le fait que les Revenus des Richesses Naturelles ne parviendraient plus à alimenter la population devenue trop dense, la Société des Nations pourrait abaisser obligatoirement le nombre type d'enfants à 3 ou à 2 et aller jusqu'à établir une taxe inverse grevant les contribuables ayant une famille nombreuse et dégrevant ceux ayant peu d'enfants, suivant la méthode ci-dessus énoncée, appliquée en sens inverse.

Les Nations qui voudront porter remède à une décroissance persistante de la Natalité pourront encore, pendant la période transitoire de 50 ans, ajouter le dispositif additionnel suivant, à leur régime des successions :

« Lorsqu'un père ou une mère décéderont laissant plus

« de 4 enfants vivants, les 4 aînés se partageront la succes-
« sion par égales parts. Les autres enfants recevront de l'Etat
« National en Monnaie Nationale une part successorale égale
« à leurs aînés.

« La Nation prélèvera les sommes ainsi payées sur les
« successions sans enfants et sur celles où il existe moins de
« quatre enfants vivants.

« Cette disposition ne devra être mise en vigueur que si
« les autres dispositions énoncées au présent chapitre ne sont
« pas suffisamment efficaces. »

La raison qui motive un encouragemeent aux familles nombreuses, c'est que l'Homme dans la Société Future constitue
le plus grand Capital que la Nature ait donné à l'Homme;
car l'Homme s'use et devient vieux et inapte. Et à ce moment,
plus il existe d'Hommes jeunes et vigoureux pour soutenir lés
vieux qui s'en vont, les femmes, les faibles et les invalides
plus la Société est riche.

C'est le contraire qui existe dans la Société Bourgeoise où
l'enfant constitue une charge pour sa famille tout en constituant
une richesse pour la Nation.

TITRE IV

ARBITRAGE — JUSTICE — SÉCURITÉ

DÉSARMEMENT GÉNÉRAL DES NATIONS ET DES HOMMES

ARMÉE MONDIALE

ATTRIBUTIONS SPÉCIALES CONFÉRÉES AUX COURS DE JUSTICE COMMUNALES

Art. 34.

Arbitrage de la Société des Nations par la Haute Cour de Justice mondiale.

Tous les conflits entre Nations qui ne sont pas solutionnés amiablement sont obligatoirement soumis à l'arbitrage de la Haute Cour de Justice Mondiale constituée par un tiers des Elus de l'Assemblée Mondiale et par autant de Juristes élus par eux.

Les Membres de l'Assemblée Mondiale et les Juristes élus, en nombre égal, forment la Haute Cour de Justice Mondiale, dont tous les membres, Juristes et Elus de l'Assemblée Mondiale, ont les mêmes pouvoirs qui expirent après la période quinquennale.

La Haute Cour de Justice est chargée en outre:

D'interpréter sommairement les projets de lois votés en 2e lecture par l'Assemblée Législative Mondiale et notamment les textes pouvant donner lieu à interprétations diverses et les textes obscurs et de signaler les lacunes ou les omissions des projets de loi votés en 2e lecture. Elle charge une commission de donner à l'Assemblée Législative Mondiale toutes explications utiles.

D'interpréter définitivement et complètement les lois votées en 3e lecture et promulguées.

De donner tous avis aux Tribunaux qui les sollicitent et qui ont à interpréter et à appliquer pratiquement les lois et à solutionner les conflits entre collectivités et entre particuliers.

De codifier chaque année ces interprétations et avis après chaque texte de loi.

De Juger en dernier ressort tous les Conflits entre collectivités, ou entre collectivités et particuliers, ou entre particuliers entre eux, même les plus simples, si deux jugements contradictoires ont été rendus, dans les Juridictions Communales, Régionales et Nationales.

Dans le cas où le nombre des Juristes ne serait pas suffisant pour assurer ces Hautes fonctions, la Haute Cour de Justice Mondiale au Complet élirait des Juristes adjoints en Nombre suffisant.

L'arbitrage des Conflits entre Nations se fait par la Haute Cour de Justice, tous membres présents ou dûment convoqués.

Les Juristes adjoints ne font pas partie de la Haute Cour de Justice.

L'arbitrage de tous les conflits où une Nation, une Région, une Commune ou un organe Collectif public est en jeu, ou y défend ses intérêts, contre qui que ce soit, est fait par une partie seulement de la Cour de Justice, composée de 6 membres de l'Assemblée Mondiale dont un Président et par 5 Juristes.

Il en est de même de l'interprétation des projets de lois après 2e lecture.

Les interprétations définitives des lois après promulgation, les avis aux Tribunaux, la codification des lois, et les Jugements en dernier ressort des conflits entre particuliers se font par une partie de la Haute Cour de Justice, composée de 11 Juristes dont un Président.

Ces dernières Cours peuvent comprendre 10 Juristes adjoints et 1 Juriste Président.

Toutes ces Cours de 11 membres rendent leurs arrêts au nom de la Haute Cour de Justice Mondiale.

Les Cours de 11 membres se spécialisent dans des Cas d'espèces à arbitrer toujours par les mêmes Juges afin que les Jugements soient conformes sur un même sujet et sur un même texte de loi.

La Haute Cour de Justice Mondiale siège dans la Capitale Mondiale.

Toutefois les Cours chargées de faire des enquêtes sur Place pour solutionner certains conflits aigus, ayant amené l'intervention armée de la Société Mondiale, peuvent rendre leurs arrêts sur les lieux, et faire exécuter les sanctions avant de rejoindre la Capitale Mondiale.

Les Décisions de la Haute Cour de Justice Mondiale sont en dernier ressort et sans appel.

Le Président de la République Mondiale a pour mission de faire exécuter les Décisions de la Haute Cour de Justice Mondiale dans les délais impartis par elle à l'aide de la force armée dont il dispose si les Nations n'exécutent pas volontairement les arrêts de la Haute Cour Mondiale et ne les font pas exécuter.

Lorsque la Haute Cour règle un conflit sur les lieux mêmes, en raison de l'intervention de l'armée Mondiale, le Président de la République Mondiale passe ses pouvoirs exécutifs à la Haute Cour qui enquête et juge sur place et qui prend des sanctions et les fait exécuter immédiatement s'il y a lieu par l'armée à qui elle transmet directement ses ordres.

La Haute Cour remet les Pouvoirs qu'elle possède ainsi du Président de la République Mondiale au représentant de ce dernier, accrédité sur place, si les sanctions ne peuvent être exécutées immédiatement.

Art. 35.

Conflits entre Présidents.

Le Président de la Société des Nations peut révoquer un Président de Nation qui n'exécute pas ses décrets et ses prescriptions et qui refuse d'apliquer les Lois Mondiales dans la Nation.

Il lui désigne un successeur d'office et, si l'Assemblée Nationale fait cause commune avec son Président et fait obstacle au Pouvoir Exécutif de la Société Mondiale, il peut dissoudre cette assemblée jusqu'aux élections quinquennales suivantes, ou faire procéder à de nouvelles élections s'il reste plus de deux années à courir.

De même un Président de Nation peut révoquer un Président de Région ou de Colonie et dissoudre l'Assemblée Régionale ou Coloniale;

Et un Président de Région peut révoquer un Président de Commune ou un Président d'Organe Collectif public et dissoudre une Assemblée Communale ou une Assemblée collective publique.

Dans le cas où le Président révoqué et l'Assemblée dissoute feraient cause commune et soutiendraient que les Lois, les Décrets et les Instructions de l'Autorité Exécutive supérieure, qui ont motivé la révocation et la dissolution, n'ont pas été appliqués et exécutés sur leurs ordres, parce que, contraires aux Principes des Droits et Devoirs de l'Homme et de la Société, ou contraires à la Présente Constitution, la Haute Cour de Justice Mondiale pourra être saisie et appelée à arbitrer le différend.

Toutefois, la Haute Cour de Justice Mondiale ne se prononcera qu'après que les Hautes Cours de Justice intermédiaires ou ressortissant du Président révoqué et de l'Assemblée dissoute, auront fait connaître leur avis motivé et auront proposé des sanctions contre qui de Droit.

Le Cas d'un Président Communal révoqué et d'une assemblée Communale dissoute doit donc être soumis successivement aux Cours de Justice Régionale et Nationale avant d'être arbitré par la Haute Cour de Justice Mondiale.

Art. 36.

Fonctionnement des Hautes Cours de Justice Mondiale et Nationales et des Cours de Justice Régionale et Communale.

La Haute Cour de Justice Nationale est formée de même que la Haute Cour de Justice Mondiale. Elle a, dans le ressort territorial de la Nation les mêmes pouvoirs d'arbitrage et de décisions de Justice que la Haute Cour de Justice Mondiale en possède universellement.

Elle Juge en dernier ressort les Conflits publics et privés de son ressort dont les Jugements déjà rendus ne sont pas contradictoires, sauf le cas où les intéressés prétendraient que les Principes des Droits et Devoirs de l'Homme et de la Société n'ont pas été respectés et que les Lois Constitutionnelles ont été violées; auquel cas la Haute Cour de Justice Mondiale est seule Juge en dernier ressort.

Si cette dernière reconnaît que cette allégation n'est pas fondée, elle prend contre les plaignants telles sanctions qu'elle juge utile, suivant les circonstances de la cause.

Les Cours de Justice Régionales sont formées avec 1/3 des Membres des Assemblées Régionales et autant de Juges élus par eux, de la même manière que sont formées les Assemblées Nationales et Mondiale.

Elles ont les mêmes pouvoirs dans le Ressort territorial de la Région que les Hautes Cours de Justice Nationales en possèdent dans le ressort du territoire national, sauf les pouvoirs d'interprétation des projets de Lois et des Lois que ne possèdent pas les cours Régionales.

Les Hautes Cours Régionales comportent dans l'ordre civil et dans l'ordre pénal deux Juridictions:

La Juridiction de première instance pour les Conflits entre particuliers au-dessus de 10.000 francs, et les peines de la déchéance à partir du 3ᵉ degré inclus.

Et la Juridiction d'Appel pour les jugements rendus par les Cours Communales et par les Cours Régionales de première instance, entre particuliers et dont il est fait appel.

La Juridiction de 1ʳᵉ Instance est sans appel pour les condamnations inférieures à 5.000 francs.

La Juridiction d'Appel constitue à proprement parler la Juridiction de la Cour de Justice Régionale. Elle fonctionne exactement comme la Juridiction de la Haute Cour Nationale.

Elle juge et arbitre également:

1º Tous les conflits entre administrations publiques régionales ou organes collectifs publics Régionaux.

2º Tous les conflits entre administrations ou organes collectifs publics et particuliers ou établissements privés.

3º Et elle rend les jugements d'appel à la suite des Jugements des Cours Communales relatifs aux conflits intéressant les Administrations publiques communales et les organes collectifs publics communaux.

La Juridiction de première instance est rendue exclusivement par des Juges adjoints élus par la Cour de Justice Régionale pour une période quinquennale. Ces Juges-adjoints siègent au nombre de trois et rendent leurs Jugements en 1ʳᵉ Instance pour toutes les causes civiles et pénales supérieures à 10.000 fr. Leurs Jugements sont susceptibles d'appel.

Les Cours Communales sont formées de même que les Cours Régionales par 1/3 des Membres élus de l'Assemblée Communale et: a) par un Juge-adjoint désigné par la Cour Régionale, savoir: 1º pour une commune entière si sa population nécessite le fonctionnement permanent de la Cour Communale; 2º pour plusieurs Communes si celles-ci ont une population peu importance ou b) par autant de Juges qu'il sera nécessaire de créer de Tribunaux communaux dans les grandes Communes.

La Cour Communale appelée à rendre des Jugements pour des causes ou des collectivités, des administrations publiques où des organes collectifs sont en jeu, fonctionne toujours au complet. Elle comprend dans ce cas tous les membres de l'Assemblée Communale formant la Cour Communale. Et elle est présidée par un Juge-adjoint.

Pour ce qui concerne les Jugements civils ou pénaux entre particuliers ou concernant les particuliers seulement, les Jugements sont rendus par deux membres élus de la Cour Communale èt par un Juge-adjoint qui préside.

Là Cour Communale juge tous les conflits des ressortissants de la Commune, qui sont inférieurs à 10.000 francs ou qui ne peuvent comporter que la Déchéance au premier et au deuxième degré.

Elle est compétente pour tous les Conflits de ses ressortissants lorsque une administration publique communale, un organe public communal ou une collectivité publique communale est en jeu.

Ses Jugements sont susceptibles d'appel pour les condamnations supérieures à 2.000 francs seulement.

La Socété des Nations et les Nations ont pour mission de voter et de codifier toutes les Lois législatives Civiles et pénales devant réglementer les rapports entre administrations, entre collectivités, entre les organes collectifs publics entre Sociétés et particuliers et entre ces différentes personnalités morales publiques et privées.

Ces Lois devront être conformes aux Principes des Droits et Devoirs de l'Homme et de la Société et respecter l'esprit de la présente Constitution à défaut de quoi elles seront considérées comme non écrites.

Les Principes des Droits et Devoirs de l'Homme et de la Société et de la présente Constitution forment donc les directives obligatoires qui serviront à l'élaboration des Lois, qui seront votées par la suite par la Société des Nations et par les Nations.

Les Hautes Cours de Justice Mondiales et Nationales ont donc pour Devoir de casser et de prononcer la nullité de toute loi ou partie d'un texte de loi non conforme aux dits Principes et à la Constitution présente.

Les Lois et textes de Loi ainsi cassés sont considérés comme non écrits.

L'effet de ces Lois et textes de loi est donc considéré comme n'ayant jamais existé.

Et ces lois ou textes de loi contestés et en voie de cassation ou d'annulation ne peuvent, sous aucun prétexte, être appliqués par le Pouvoir Exécutif ou par les Représentants du Pouvoir Exécutif à peine de Déchéance du Contrevenant.

Au cas où des ordres contraires seraient donnés par l'Autorité supérieure, à l'autorité subalterne, celle-ci doit refuser rigoureusement d'exécuter l'ordre donné. Elle doit immédiatement en donner les raisons à l'autorité supérieure et, si celle-ci persiste, l'autorité subalterne ne doit pas exécuter l'ordre à peine de Déchéance. Et elle doit immédiatement saisir la Cour, de laquelle son administration ressort, du conflit en cours.

Ce conflit peut toujours être porté en dernier ressort à l'arbitrage de la Haute Cour de Justice Mondiale.

Les Hautes Cours de Justice Mondiale et Nationales ont pour mission d'interpréter les Lois définitivement votées et promulguées comme on l'a vu.

Elles codifient ces interprétations et en précisent le sens après chaque article de loi. Ces interprétations sont générales et spéciales et portent sur des cas éventuellement prévus, sur des cas soumis par les Tribunaux et sur des cas Jugés ou à juger éventuellement.

Dans le cas où l'interprétation donnée par la Haute Cour de Justice ne serait pas conforme à celle qu'en attendait le Législateur, il y a lieu de conclure que ce dernier s'est mal exprimé dans le texte de loi voté par lui. Pour rétablir sa manière de voir, le Législateur modifie le texte de loi voté par lui dans le sens clairement exprimé qu'il veut donner à la Loi ; mais autant que le Législateur ne modifie pas la Loi, il y a présomption qu'il accepte l'interprétation donnée par la Haute Cour de Justice, qui ne peut, en aucun cas, revenir sur sa première interprétation et en créer une nouvelle sous peine d'amendes qui ne peuvent être inférieures à 10.000 francs pour chaque Juge répréhensible.

Ces amendes sont prononcées par l'Assemblée Législative Mondiale à la requête de tout Justiciable intéressé qui se trouverait, pour un cas personnel, en présence d'une double interprétation.

Cette requête peut encore être présentée par le Président Mondial et par les Présidents Nationaux, Régionaux et Communaux, même si les administrations de ces derniers n'y sont pas momentanément intéressées.

La première interprétation de la Loi par une Haute Cour de Justice Mondiale ou Nationale est seule maintenue et les autres postérieures annulées.

Le Législateur peut aussitôt modifier la Loi s'il le juge à propos après avoir rétabli ou modifié la première interprétation et prononcé d'office l'amende.

Le nouveau texte de loi n'est applicable qu'à partir du jour de la promulgation du texte nouveau voté s'il modifie la première interprétation. Et tous les faits antérieurs sont jugés d'après la première interprétation donnée par la Haute Cour de Justice.

Afin que l'amende puisse être perçue et afin d'assurer le principe des Jugements publics tous les arrêts d'arbitrage et tous les Jugements, sans exception, sont rendus avec indication de l'unanimité des votes des Juges ou du sens de leurs votes lorsque l'arbitrage ou le Jugement est rendu à la majorité seulement.

Il ne peut y avoir d'abstention sous peine de révocation; mais il peut toujours y avoir demande d'avis par l'un des Juges.

Mais la capacité d'un Juge est appréciée suivant que ses arrêts sont, ou ne sont pas conformes aux Lois et suivant le nombre de ses demandes d'avis.

Avant le choix quinquennal des Juristes et des Juges, un état est publié de leurs décisions judiciaires et de leurs demandes d'avis. Il est fait état seulement des demandes d'avis pour cas à Juger, mais non des demandes d'avis faites par les Cours sur des cas éventuels ou sur des cas d'hypothèses qui ne peuvent qu'éclairer la Jurisprudence.

Il résulte des énonciations qui précèdent que tous les Jugements doivent être conformes sur un même cas du haut en bas de l'échelle Judiciaire.

Les Jugements contraires à cette interprétation uniforme doivent être cassés ou réformés, même s'ils ont été prononcés en dernier ressort.

Toute Cour ou Tribunal qui a à rendre un Jugement sur un cas dont la Jurisprudence n'est pas parfaitement établie, et dont les lois votées sont susceptibles de donner lieu à plusieurs interprétations ou sur un cas analogue, doit demander avis d'interprétation à la Haute Cour Nationale. Cet avis, ainsi qu'on l'a vu, est codifié par cette dernière et a force de loi.

La Haute Cour Nationale doit, lorsqu'elle n'est pas suffisamment éclairée au sujet de textes de loi promulgués par le Président de la République Mondiale, demander avis à la Haute Cour Mondiale, laquelle codifie l'avis qui a force de Loi universellement.

Tout Jugement ou arrêt cassé ou réformé comporte de plein droit les amendes suivantes pour Chacun des Juges de Cour ou de Tribunal qui a Jugé contrairement aux Lois et aux interprétations données de ces Lois par les Hautes Cours de Justice.

1º L'amende est de 1.000 francs pour les Juges des Cours Mondiale et Nationales.

2º Elle est de 500 francs pour les Juges des Cours et Tribunaux régionaux.

3º Elle est de 100 francs pour les Juges des Cours communales.

Les Cours Communales doivent obligatoirement juger, dans les dix jours, tous les conflits de leur compétence qui leur sont soumis. Et le Jugement doit être rendu 10 jours après.

Les Cours et Tribunaux Régionaux doivent obligatoirement juger, dans le mois, tous les conflits de leur compétence qui leur sont soumis et doivent rendre leurs Jugements et arrêts dans les dix jours.

Les Hautes Cours de Justice Nationales et Mondiale doivent obligatoirement juger dans le mois, tous les conflits qui leur sont soumis et doivent ensuite rendre leurs arrêts dans les 10 jours.

Dans le cas de demande d'avis, ceux-ci doivent être donnés dans le mois et pareil délai d'un mois ou de deux mois est accordé en sus à la juridiction qui a à se prononcer pour rendre son jugement, selon que l'avis est donné par la Cour Nationale seule ou par les Cours Nationales et Mondiale à la fois consultées.

La Justice est gratuite en première Juridiction et en appel.

Lorsque les deux premiers Jugements ou arrêts sont rendus contre un justiciable, celui-ci peut néanmoins faire juger son cas en troisième Juridiction, auquel cas il doit verser provision suffisante pour solder éventuellement tous les frais que le procès entraîne devant les trois Juridictions.

Il n'a rien à verser si l'un des Jugements est rendu en sa faveur.

Il supporte tous les frais en définitive si tous les Jugements sont rendus contre lui.

Il reçoit remboursement des frais avancés par lui si le dernier Jugement est rendu en sa faveur.

Il ne supporte en définitive aucun frais si un seul des jugements a été rendu en sa faveur. Les contradictions révélées par les jugements et arrêts rendus en sens inverse démontrent que le cas en litige était sujet à interprétations différentes. Il s'ensuit que les lois n'étaient pas clairement exprimées, d'où faute de la Société qui doit en supporter les conséquences.

Art. 37.

Pénalité de la Déchéance.

La peine de l'emprisonnement est prohibée.

La peine de la Déchéance remplace l'emprisonnement.

La Déchéance implique le travail de rigueur surveillé et le redressement de la conscience.

La Déchéance comporte dix degrés. Les Déchus sont transportés dans une Ile.

Le Déchu au premier degré travaille obligatoirement huit heures par Jour sous la surveillance de chefs et gardiens. Il reçoit pendant une heure par jour en sus de ses huit heures de travail, une éducation serrée. Il est astreint à une discipline sévère jusqu'à ce que son attitude démontre qu'il peut rentrer à nouveau dans la Société et qu'il est apte à observer à l'avenir les Droits et Devoirs de l'Homme et de la Société.

Le Déchu au 2e Degré ne travaille que huit heures, mais il est plus sévèrement tenu qu'au premier degré.

Le Déchu au 3e Degré travaille neuf heures par Jour, et il reçoit une éducation de plus en plus serrée pendant 2 heures.

Le Déchu au 4e Degré est dans le même cas, mais la discipline va s'aggravant.

Les Déchus au 5e et au 6e Degrés travaillent 10 heures par Jour et reçoivent 2 heures d'éducation.

Il en est de même des Déchus jusqu'au 10e Degré, avec cette différence que plus le degré augmente plus le Déchu est astreint à une discipline sévère et à un travail sérieux, serré, et surveillé.

En outre, en vertu de ce principe que personne ne peut être tenu de nourrir et entretenir des hommes valides et en bonne santé, aptes à gagner leur vie, les condamnés sont tenus, par leur travail, de gagner leur vie et leurs frais d'entretien.

Les Déchus sont, de plus, tenus de pourvoir à la rémunération de leurs gardiens et éducateurs et de couvrir les dépenses du budget de la police et des Juges des Cours pénales parce que c'est à cause d'eux, c'est à cause de leur mentalité particulière, que la Société est obligée d'avoir des Juges, des Policiers, des Gendarmes, des Gardiens et des Educateurs spéciaux.

Plus le degré de la Déchéance est élevé et moins le Déchu gagne pour un travail donné ou, pour être plus exact, son gain est le même que dans la Société, mais il lui est fait une retenue d'autant plus grande que le degré de déchéance est plus grand. Le montant de cette retenue est versé à la Caisse publique de sécurité nationale. Le surplus du prix de son travail est versé, partie à l'ordinaire et partie à lui-même. Il peut ainsi s'acheter des accessoires culinaires supplémentaires, autorisés.

Le Déchu est intéressé à tous les Degrés de la Déchéance à produire beaucoup parce qu'ici comme dans la Société, le travail est aux pièces. Plus il travaille et plus il gagne. Il peut ainsi s'assurer un peu plus de bien-être immédiatement ou se constituer quelques économies dont il profitera lorsqu'il rentrera à nouveau dans la Société.

Et il est tenu compte de la bonne volonté du Déchu, de son assiduité au travail, de sa compréhension de la morale saine et des Principes des Droits et Devoirs de l'Homme et de la Société qui lui sont enseignés et interprétés dans leur application à tous les actes de la vie.

L'amélioration morale du Déchu et sa bonne volonté sont les éléments qui permettent de le faire passer à un Degré plus avantageux.

Chaque Déchu doit faire un stage d'un an au moins à chaque degré.

Il ne doit pas être maintenu plus d'un an, si sa conduite, sa bonne volonté et son état moral sont irréprochables et s'il comprend l'importance de ses fautes commises, dont il doit exprimer le repentir moralement.

Le Déchu au 10e Degré reste donc un minimum de 10 ans avant de revenir dans la Société.

Si le Déchu ne se modifie pas, il ne sort jamais de l'Ile des Déchus, même si sa condamnation n'est prononcée qu'au premier degré parce que le Déchu qui ne se modifie pas moralement garde tous ses vices, reste dangereux pour la Société et a besoin d'être spécialement surveillé pour ne pas commettre de nouvelles fautes.

Il reste donc Déchu jusqu'à ce qu'il redevienne à un état de conscience morale normale.

S'il commet de nouvelles fautes, sa déchéance peut s'aggraver de plusieurs degrés, par suite des condamnations pénitentiaires qu'il peut encourir.

Chaque année des Inspections sévères sont faites par les représentants des Nations envoyés en commissions d'enquêtes dans l'Ile des Déchus, afin d'enquêter sur les réclamations que pourraient formuler les Déchus et de s'assurer qu'aucun d'eux n'est maintenu dans l'Ile des Déchus par caprice, rancune ou mauvais esprit des gardiens et des chefs.

Dans le Cas de délit ou de Crime commis par un Délinquant irresponsable, ce dernier devra être obligatoirement interné dans une maison d'aliénés jusqu'à complète guérison

Son état mental devra, après guérison et mise en liberté, être soumis ensuite 1 fois par an au moins à des examens médicaux qui devront rechercher si l'état mental de l'individu ne s'aggrave pas, auquel cas l'internement doit être à nouveau ordonné afin que la Société ne soit pas sujette à être victime de ses nouveaux coups de folie, dont le danger a été démontré.

Les Déchus au 1er et au 2e degrés sont privés de leurs droits politiques, seulement pendant le cours de leur détention.

Les Déchus du 3e au 10e degrés sont privés de leurs droits politiques à vie. La fortune qui leur était laissée en jouissance leur est retirée.

Il est constitué en outre une catégorie de Déchus, qualifiés de Déchus libres, qui restent en liberté et dont la peine consiste à être privés, pour un temps, ou à vie, de leurs Droits politiques et conséquemment de leurs droits de faire partie d'une assemblée publique.

Ces Déchus sont ceux qui ont forfait aux lois, en n'observant pas les principes des Droits et Devoirs de l'Homme et de la Société.

Ces Déchus en perdant leurs Droits politiques, perdent par ce fait, leur Droit de vote et d'élection. Ils ne peuvent non plus occuper d'emploi public ou privé où ils aient à commander des salariés.

Cette règle s'applique également aux Déchus du 3e au 10e Degrés.

Tous les Déchus à un Degré quelconque ainsi que les Déchus libres perdent leurs Droits de libre discussion, c'est-à-dire de prendre la parole dans une réunion publique, d'écrire dans les journaux et périodiques quelconques et de faire n'importe quelle propagande de quelque nature qu'elle soit.

Art. 38.

Sécurité Nationale, Régionale et Communale.

La Nation, la Région et la Commune assurent leur sécurité au moyen d'une police Nationale, Régionale et Communale, composée uniquement de policiers de carrière dont le nombre est fixé par la Société des Nations suivant la population et les nécessités de l'époque.

Ces forces de police ne peuvent être armées que du sabre ou de l'épée, du poignard et du revolver, mis à leur disposition par la Société des Nations.

En aucun cas et sous aucun prétexte d'autres armes ne peuvent être mises à la disposition de ces forces policières par qui que ce soit.

Tout porteur ou détenteur d'armes à feu, tout individu ayant fabriqué des armes ou parties d'armes ou des engins de guerre et tout individu ayant procuré ces armes à qui que ce soit, est fusillé sur le champ, après jugement sommaire prononcé par la Haute Cour de Justice Mondiale envoyée sur les lieux.

Il faut partir de ce principe que le meilleur moyen d'éviter des conflits armés et de provoquer des tueries d'Hommes, c'est d'empêcher le port des armes à feu et de châtier sans pitié, ceux qui en possèdent, malgré la défense faite; parce qu'ils prouvent par là qu'ils nourrissaient le dessein de se servir de ces armes dans un but meurtrier, sans avoir pour excuse qu'ils voulaient défendre une Juste cause.

La Société peut être sévère contre les fauteurs de désordre si elle est Juste, rigoureusement Juste.

Elle n'a pas le droit de sévir dans les conflits sociaux si elle n'est pas Juste et si elle a appliqué des Lois contraires aux principes des Droits et Devoirs de l'Homme et de la Société.

Avant de condamner, les Juges de la Haute Cour de Justice Mondiale devront donc s'assurer avant tout que le mouvement insurrectionnel qui s'est produit n'a pas eu pour origine la violation, par les Autorités administratives et exécutives, des Droits et Devoirs de l'Homme et de la Société et de la présente Constitution.

S'il en était ainsi, les porteurs d'armes devraient être désarmés et acquittés et les autorités coupables condamnées. Il ne peut être pris de sanction intermédiaire contre les porteurs d'armes prohibées et contre les fauteurs de désordre insurrectionnel. Ils devront toujours être acquittés s'ils défendaient, les armes à la main, les principes des Droits et Devoirs de l'Homme et de la Société, et ils devront être fusillés dans le cas contraire s'ils sont pris les armes à la main.

S'ils sont acquittés, les autorités responsables doivent être déclarées déchues.

Lorsque les Nations sont impuissantes à maintenir l'ordre, la Société des Nations doit immédiatement envoyer sur les lieux les forces militaires nécessaires pour maintenir l'ordre sur la demande de la Nation.

Cette demande peut être faite en prévision de troubles, et satisfaction doit être donnée immédiatement.

Dès que des forces armées sont envoyées sur les lieux où couve un foyer insurrectionnel, la Société des Nations est obligatoirement tenue d'envoyer en même temps, sur les lieux, une Commission de 11 Juges de la Haute Cour chargée d'enquêter sur l'origine du mouvement et de prendre des sanctions.

Cette commission recherche si les principes des Droits et Devoirs de l'Homme et de la Société et les Lois constitutionnelles n'ont pas été violées et si cette violation n'a pas donné naissance au conflit.

Elle examine ensuite si ce ne sont pas des lois et décrets ou des Prescriptions des autorités, contraires aux dits Principes, qui ont motivé l'origine du conflit.

Ce n'est que lorsque cette enquête première a donné des résultats négatifs que les mesures militaires et les sanctions sont prises et appliquées rigoureusement contre les coupables si le mouvement insurrectionnel se produit ou s'est produit.

La Haute Cour de Justice Mondiale, en la personne des membres de sa commission d'enquête, a donc toujours pour but de rechercher l'origine du conflit.

Elle prononce des sanctions, soit contre les autorités administratives et exécutives, soit contre les individus coupables de troubler la paix publique.

Lorsque l'origine du conflit provient du fait que les administrations compétentes ont violé les Principes des Droits et Devoirs de l'Homme et de la Société ou les Lois, les réfractaires pris les armes à la main doivent toujours être acquittés, même s'il y a eu crime.

Autrement dit les citoyens ont le droit d'user de tous les moyens en leurs pouvoirs, même des moyens illégaux, si l'autorité viole les principes des Droits et Devoirs de l'Homme et de la Société ou les Lois.

Et la Société au lieu de les punir doit les en féliciter.

L'enquête achevée, la Haute Cour rend son jugement, fait exécuter les sanctions et elle rédige un rapport qu'elle remet en double:

1° A l'Assemblée Législative Mondiale pour l'intervention législative qu'elle croirait devoir prendre.

2° Et au Président Mondial pour exécution des sanctions à suivre.

Art. 39.

Désarmement général des Nations et des Hommes.

Aussitôt après la signature de la Constitution de la Société des Nations et en même temps que se fait le recrutement de l'Armée Mondiale, la Société des Nations procède au Désarmement général des Nations et des Hommes sur terre, sur mer et dans les airs.

En conséquence:

Les fortifications sur terre sont démantelées.

Les armes, les explosifs, les poudres et les engins de guerre de toutes sortes sont remis à la Société Mondiale.

Les armes à feu, individuellement en la possession des hommes, y compris les revolvers et les pistolets, sont remis, sans exception, à la Société des Nations.

Seules les armes de chasse, à grains de plombs, sont permises, si le détenteur chasse habituellement le gibier et s'il est porteur d'un permis de chasse. Mais sont prohibées les armes de chasse à projectile unique, sauf autorisation spéciale émanant de la Société Mondiale; autorisation qui peut toujours être retirée.

Les vaisseaux de guerre, ainsi que tous leurs engins accessoires et toutes armes et engins maritimes de guerre seront remis à la Société Mondiale par les Nations.

Les avions et les aéronefs de guerre et tous accessoires, armes et engins aériens de guerre, seront remis à la Société des Nations.

Aucune fabrique ou chantier de construction d'armes (autres que les armes de chasses à grains de plomb), de poudres, d'explosifs, de vaisseaux de guerre, d'avions et d'aéronefs de guerre et de tous engins quelconques de guerre ne pourra être créé et exploité dans les Nations, Régions et Communes, par qui que ce soit, sous peine, pour les propriétaires et administrateurs de l'entreprise et pour le personnel employé, d'être fusillés après jugement sommaire, rendu par la Haute Cour de Justice Mondiale. Les usines existantes dans ces conditions seront détruites sur le champ.

Aucun engin nouveau ne pourra être construit sans l'autorisation spéciale de la Société des Nations s'il peut être utilisé par les Hommes comme moyen destructif de l'Homme ou de ce qui a été créé par l'Homme.

Les engins qui auraient à la fois un pouvoir destructif et une valeur industrielle seront fabriqués et construits sous la surveillance et l'autorisation spéciale de la Société des Nations qui prendra les mesures nécessaires pour que ces engins ne soient jamais une cause de trouble de la Société. La Société Mondiale en réglementera donc l'usage jusqu'à ce que leurs pouvoirs destructifs aient pris fin et toutes surveillances utiles des dépôts seront faites.

L'autorisation donnée à l'Etablissement producteur restera affichée à la porte principale pendant tout le temps que durera l'entreprise afin que le personnel sache qu'il ne peut être inquiété.

Les vaisseaux, les avions, les armes, les explosifs, les poudres et engins de guerre de toutes sortes, livrés par les Nations et les Hommes à la Société des Nations sont réunis par ses soins dans diverses Iles dont la propriété lui est réservée et ils sont mis ensuite à la disposition de l'Armée Mondiale.

Art. 40.

Armée Mondiale.

La Société Mondiale recrute dans toutes les Nations, dans la proportion des Représentants de ces derniers, une Armée Mondiale, suffisamment forte et puissante pour qu'elle puisse réprimer en peu de jours le plus imprévu et le plus formidable des soulèvements qui puisse se concevoir et se prévoir.

Cette armée comprendra plusieurs millions d'hommes toujours prêts à intervenir à l'appel du Président de la Société Mondiale.

L'Armée Mondiale est composée de volontaires, hommes de métier qui, en raison de leur nombre imposant, seront employés à la fois aux manœuvres militaires et à des travaux industriels ou agricoles.

Après éducation militaire complète, cette armée ne fera plus d'exercices militaires que deux mois dans l'année.

Au premier rang de ces travaux industriels, cette armée inscrira la fabrique de ses armes et engins de guerre terrestres, maritimes et aériens.

Cette armée comprend un chef unique Mondial désigné par le Président de la République Mondiale et toujours révocable par lui. Le Président nomme également les généraux et amiraux et les officiers de terre et de mer.

Cette armée tient garnison (avec la famille de chacun de ses membres) dans plusieurs Iles situées à proximité des divers continents. Les soldats de cette armée sont rémunérés au même titre que les meilleurs ouvriers industriels et agricoles.

Les volontaires de l'Armée Mondiale, en prenant leur fonction, font le serment d'abandon de leur Nationalité d'origine et d'adoption de la Société Mondiale comme Nationalité et ils s'obligent à exécuter rigoureusement les ordres qui, par la voix de leurs chefs, émanent de la Société des Nations.

Ils ne peuvent démissionner qu'après un engagement accompli de 25 ans.

Jusqu'à ce que toutes les Nations du Monde aient adhéré à la Société des Nations, celle-ci pourra, en outre de l'armée de métier dont il vient d'être parlé, utiliser tous les hommes valides de 18 à 50 ans, à la défense de la Société des Nations.

Elle pourra de même utiliser les femmes valides de 18 à 50 ans pour les travaux accessoires nécessaires à l'armée, s'il en est besoin.

A cet effet, les hommes valides pourront, dès l'âge de 18 ans, être astreints à une éducation militaire qui ne pourra excéder 6 mois, périodes de rappel comprises.

Les périodes de rappel ne pourront toutefois être utilisées qu'à des exercices de mobilisation effective de guerre suivis de simulacres de combats effectifs ayant pour but d'instruire à la fois les chefs et les combattants aux règles de la guerre.

Art. 41.

Attributions spéciales conférées aux cours de justice communales. — Officiers ministériels. — Mutation de la propriété privée. — Régime matrimonial.

A partir de la mise en vigueur du présent pacte, les Notaires, les Receveurs de l'Enregistrement, les Conservateurs des Hypothèques, les Avoués, les Huissiers et tous autres officiers ministériels possédant des pouvoirs et attributions similaires sont supprimés.

La propriété immobilière urbaine et rurale devra, dans les 3 années après la mise en vigueur du présent pacte, être constatée par un titre nominatif qui mentionnera :

En première page : Les nom, prénoms, qualités et adresse des différents propriétaires successifs ; la date des mutations ; la nature des mutations ; les prix des ventes (ou le montant des expertises s'il y a eu partage) ; les signatures des vendeurs et des acquéreurs ; la certification des signatures par des témoins en présence d'un juge de la Cour Communale ; la signature du Juge et le timbre de la Cour. Le Juge qui délivrera le titre du premier propriétaire devra parapher toutes les pages du titre et y apposer le timbre de la cour après les avoir numérotées de première à dernière. Le titre ne fera pas mention que le prix des ventes ou que les soultes de partage ont été payés ou non comptant, ces créances ne pouvant être payés que comptant.

Les Créances de particulier à particulier sont prohibées, les avances faites par les Banques sont seules permises.

En deuxième page l'extrait du plan cadastral dans lequel figurera, en couleur, l'immeuble dont il s'agit ;

En troisième page, le plan exact du terrain.

En quatrième page le plan-coupe du rez-de-chaussée, du sous-sol et des étages des Constructions.

En cinquième page, le profil des façades.

En sixième page, l'énonciation des servitudes actives et passives.

Les mentions de servitudes devront toujours être faites simultanément : sur le titre de propriété bénéficiant de la servitude active et sur le titre de propriété supportant la servitude passive. Les deux mentions seront identiquement les mêmes. Une mention devra le constater. Cette mention devra être certifiée par un Juge de la Cour Communale. Il ne peut être opposé de servitude non mentionnée. Les propriétaires bénéficiant de servitudes devront les faire inscrire sur les deux titres dans ledit délai de trois ans, passé lequel, nul ne sera reçu à faire valoir de titre de servitude, même s'il existe une apparence contraire.

Des pages supplémentaires pourront être ajoutées au titre de propriété si cela est nécessaire. Les plans et coupes seront dressés et certifiés conformes par un architecte ou un géomètre assermentés.

Les plans seront à une échelle unique pour tous les titres de propriété délivrés dans les Nations.

Les questions de mitoyennetés et de servitudes seront jugées et réglées avant la délivrance des titres par la Cour Communale qui jugera en dernier ressort.

Il sera perçu pour tous droits 1 % sur les mutations de propriété immobilière. Ce droit profitera à la Commune.

Seule la Cour de Justice de la Commune sur laquelle est emplacée la propriété immobilière a qualité pour délivrer le premier titre de propriété et pour opérer les mutations successives de propriété sur le titre même.

Cette Cour, en la personne d'un de ses Juges, reçoit tous les actes entre particuliers, quand ces derniers ont besoin de son concours. Lorsque les actes portent mutation d'un capital quelconque il est perçu 1 % sur le capital. Lorsque l'acte ne porte pas mutation il est perçu un droit fixe de 10 francs. Ces droits profitent à la Commune qui rémunère d'autre part les Juges de la Cour et le personnel subalterne, s'il en est besoin.

C'est la Cour de Justice Communale en la personne de son Président qui, d'autre part, possède en fait la saisine et règle la succession après apposition des scellés et inventaire.

Les couples désireux de contracter mariage peuvent faire constater leur union par la Cour Communale.

Ils peuvent faire dissoudre cette union, à la requête de l'un d'eux, renouvelée à un mois d'intervalle par la Cour de Justice Communale qui appelle les deux conjoints en conciliation chaque fois et prononce la dissolution par Jugement rendu sur la deuxième requête.

Le régime matrimonial des époux est le régime de la Séparation de biens. Chacun d'eux possède en toute propriété (ou est présumé posséder), les capitaux mobiliers et immobiliers qui, pour l'assiette de l'impôt, ont été, déclarés au fisc lui appartenir. Les déclarations de propriété de chacun des deux époux porteront obligatoirement chacune la signature des deux époux. Les capitaux non déclarés appartiennent à la Nation.

Lorsque un couple de personnes non mariées habitera à demeure le même appartement, leur situation de fortune se règlera exactement de la même manière que s'ils étaient mariés. Ils ne seront cependant pas tenus de signer une feuille commune de déclarations de capitaux au fisc. Mais ils devront ne pas omettre de capitaux sur leurs feuilles respectives, car, en cas de séparation par l'intervention de la Justice, la Cour Communale confisquerait les capitaux non déclarés sans préjudice des amendes. Lorsque les personnes formant un couple ont chacune un domicile en leur nom, tout ce qui est au domicile du titulaire ne peut sous aucun prétexte être revendiqué par l'autre.

Lorsque deux personnes formant couple habiteront ensemble et que l'une d'elles n'aura pas fait à ce domicile de déclaration de capital au fisc, tout le capital existant audit domicile sera la propriété de l'autre sans réclamation possible, sauf les vêtements personnels.

Ce n'est que lorsque les deux personnes formant couple auront déclaré leurs capitaux au fisc à un même domicile que les droits de chacun d'eux se régleront comme s'ils étaient mariés.

Les enfants portent, dans tous les cas, le nom de leur mère, qu'ils soient issus de personnes mariées ou non mariées.

Le père d'un enfant issu d'un couple non marié peut reconnaître cet enfant; ce qui donne à ce dernier le droit à la jouissance de l'héritage de son père pendant la période de 50 ans. La reconnaissance d'enfant par le père peut avoir lieu même lorsque le père a des enfants nés d'un mariage. L'héritage du père n'existe pas dans les autres cas. L'Enfant hérite de sa mère non mariée. Cette dernière n'a pas à reconnaître son enfant pas plus que la mère mariée ni le père marié n'ont à reconnaître les leurs. Seul le père non marié doit, si telle est son intention, reconnaître l'enfant de la femme avec qui il habite, ce dernier pouvant n'être pas de lui.

7

TITRE V

CHARGE DE L'ENFANT — DROITS DE LA MÈRE
INSTRUCTION — ÉDUCATION — RELIGIONS

Art. 42.

Charge de l'enfant jusqu'à trois ans.
Droits de la mère.

Dès que l'Enfant vient au monde, il est à la charge de la Nation.

Jusqu'à 3 ans, l'Enfant est laissé aux soins de sa mère qui reçoit de la Nation une rétribution mensuelle égale, au moins, au salaire minimum de base.

La Mère reçoit en outre une prime pour la nourriture et l'entretien de l'Enfant, suivant le nombre d'Enfants de moins de 3 ans à sa charge.

Trois mois avant ses couches, la femme ne doit plus travailler obligatoirement. Elle a droit pendant ce temps à la rétribution mensuelle.

Aussitôt que la femme a donné le jour à 4 enfants, elle a le droit de toucher, sa vie durant, le salaire minimum de base, au moins.

Ce nombre d'enfants peut être facultativement abaissé à 3 ou à 2 par les Nations et par la Société des Nations.

La Société des Nations aura toujours le Droit d'imposer un de ces deux derniers nombres universellement à toutes les Nations.

La Mère et la Femme en état de maternité ont droit au plus grand respect, aux prévenances respectueuses, et aux droits de préférence, de privilèges et de déférence partout où elles sont.

L'insulte, susceptible de blesser les sentiments élevés de la maternité, comporte la peine de la déchéance du 1er au 5e degré, suivant le cas. Cette déchéance peut être prononcée contre des polémistes qui, par la parole, et l'écrit, blesseraient les sentiments des Mères ou des Femmes en état de maternité.

Ces poursuites peuvent être exercées à la requête des syndicats de Femmes, de Jeunes Filles ou de Mères.

Les coups et blessures donnés à la Femme en état de maternité apparente, sont punis doublement que les coups et blessures donnés à une autre femme.

Art. 43.

Charge de l'enfant à partir de trois ans.

Dès que l'Enfant est âgé de 3 ans révolus, il est pris en charge par la Nation, qui le nourrit, l'entretient, l'instruit, l'éduque et lui donne une profession suivant ses facultés et ses dons naturels, dans des établissements Nationaux, comportant le plus grand confort d'hygiène, de salubrité et les applications scientifiques les plus modernes et les plus efficaces pour le développement physique de l'Enfant.

Les Enfants sont constamment placés sous l'œil exercé de Docteurs qui surveillent leur santé, donnent ou font donner à l'Enfant les soins que comporte son état de santé et son état physique.

Et l'on verra, sous le titre X de l'organisation médicale, que les Docteurs sont rétribués en proportion de la mortalité et des malades, parmi les Enfants confiés à leurs soins.

En outre, des primes sont accordées aux Docteurs qui, par des innovations scientifiques et des exercices de culture physique ou autres procédés, ont amélioré sensiblement l'état physique général des Enfants confiés à leurs soins.

La Nation garde ainsi l'Enfant à sa charge jusqu'à ce que son instruction scientifique et professionnelle, ainsi que son éducation soient achevées.

Et lorsque l'Enfant a une santé précaire ou un tempérament nécessitant des soins spéciaux, obligeant ceux qui ont charge de l'Enfant à soigner de préférence et avant tout le corps, avant d'alimenter l'esprit, il est envoyé dans un des établissements spéciaux où tous les Enfants sont dans le même état de santé physique.

L'Enfant obtient ainsi le maximum de chance de recouvrer une parfaite santé, en étant soigné mieux que sa famille ne pourrait le faire et en recevant, parallèlement à ces soins, l'instruction, l'éducation et l'enseignement professionnel que son état de santé permet de lui donner.

Les plus jeunes Enfants, ainsi que les enfants malades et ceux dont la santé est précaire, des deux sexes, sont confiés aux soins de Dames qui ont pour devoir de se montrer aussi maternelles, aussi bonnes et aussi affectueuses que s'il s'agissait de leurs propres Enfants.

Les Dames Congréganistes qui désireraient continuer à se consacrer à des œuvres charitables trouveront là, une place toute naturelle pour donner libre cours à leur dévouement de solidarité humaine.

Mais il est formellement interdit de confier aux anciennes Dames Congréganistes, ni à aucune personne relevant d'une ancienne confession religieuse quelconque, le soin de l'éducation de l'Enfant.

Art. 44.

Instruction intellectuelle.

Enseignement professionnel. — Instruction civique.

Les Enfants des deux sexes jusqu'à l'âge de 13 ans reçoivent de la Nation une instruction générale intellectuelle, scientifique, qui leur permet d'acquérir des connaissances générales.

De 13 à 15 ans, ils reçoivent concurremment avec l'instruction intellectuelle, un enseignement professionnel général qui permet de découvrir quels sont les dons naturels, les facultés réelles et les aspirations de l'Enfant et de les orienter ensuite vers la profession qui leur convient par excellence.

A partir de l'âge de 15 ans, le jeune homme et la jeune fille poursuivent leur instruction intellectuelle, scientifique, mais en la spécialisant et en la recevant adéquate à leur génie professionnel.

Au début de son orientation professionnelle, l'Enfant poursuit ses études sur plusieurs branches professionnelles et ce n'est qu'après des sélections successives faites suivant les besoins de la production et au moyen de concours fréquents, théoriques et pratiques, que l'Enfant embrasse définitivement la profession pour laquelle ils possède les plus grandes aptitudes.

L'Instruction intellectuelle et l'enseignement professionnels adéquats aux exigences de la profession sont alors poussés à fond, de manière que chaque travailleur atteigne la perfection même, dans la profession à laquelle il s'est adapté.

Dès l'âge de 13 ans, les jeunes filles sont mises en état de faire d'excellentes ménagères, non seulement par le moyen des leçons générales et théoriques de cuisine qu'elles reçoivent, mais encore par les applications pratiques des exercices de cuisine auxquelles elles se livrent tous les 10 jours, au moins pendant une journée entière, sous la Direction de chefs de cuisine, dans la préparation des repas de leurs collègues, des deux sexes.

A tour de rôle les jeunes filles se livrent à ces exercices pratiques dans les différentes écoles; les plus expertes s'appliquent à la confection des mets et les autres leur servent d'aide.

Sauf cet enseignement professionnel, spécialement donné à la jeune fille, celle-ci reçoit de la Nation une instruction générale intellectuelle, scientifique et un enseignement professionnel à l'égal du jeune homme.

Toutefois l'enseignement professionnel de la jeune fille ne porte que sur les professions qui lui sont réservées, par privilège et par préférence à l'Homme et qui sont adéquates à son état de santé, à son état physique et à ses faibles forces, comparativement aux forces de l'Homme.

C'est ainsi que l'instruction professionnelle de la jeune fille sera orientée généralement vers les professions libérales, les places de bureaux et de comptables et surtout vers les menus ouvrages qui peuvent se faire chez soi.

La Femme partagera les professions peu pénibles avec les jeunes gens faibles et souffrants qui reçoivent une instruction intellectuelle et un enseignement professionnel adéquats à leurs forces physiques ou à leurs infirmités.

Des cours de médecine élémentaire seront donnés aux jeunes gens et aux jeunes filles en fonction de leur sexe et des applications pratiques dont ils seront appelés à faire usage.

La jeune fille suivra, en outre des cours sur les soins pratiques à donner à l'Enfant, et sur l'hygiène de la maternité.

En outre, à partir de l'âge de 15 ans, jeunes gens et jeunes filles sont mis à même d'exercer, en toute connaissance de cause, leurs droits électoraux.

Des cours spéciaux d'éducation civique et d'économie politique leur sont donnés, qui leur permettent de se rendre compte qu'il ne suffit pas aux Etres humains de travailler individuellement, isolés des autres Etres humains et de jouir ensuite égoïstement du produit de leur travail pour tirer tout le profit désirable des richesses naturelles.

Ils sont mis à même de se rendre compte que les forces et les aptitudes des Hommes groupées, produisent des résultats considérables et des rendements plus que centuplés.

Ils sont mis devant cette évidence que l'instruction, le travail et la science des inventions normalement organisées et mis à la portée de tous dès que les inventions se révèlent, permettent aux esprits inventifs: 1º de ne pas perdre une minute à chercher ce qui est déjà trouvé et inventé; 2º de chercher de

suite à faire mieux que ce qui est; 3° de faire bénéficier instantanément tous les hommes de la terre à la fois de toutes les
nouvelles découvertes du Monde entier; 4° d'appliquer pratiquement de suite à l'universalité des Hommes les réalisations
pratiques de la science; 5° de mettre en quelque sorte à la disposition de chaque Homme les cerveaux inventifs de tous les
Hommes réunis en un seul Cerveau Humain ; 6° Et enfin
d'appliquer ce grand cerveau universel Humain immédiatement,
sans en perdre une minute, à l'exploitation des Richesses naturelles, dans l'Intérêt de tous les Hommes indistinctement.

Ils sont mis devant cette évidence, qu'avant un siècle d'évolution d'une Société universelle, normalement ainsi constituée
et organisée, suivant les principes des Droits et Devoirs de
l'Homme et de la Société et suivant les prescriptions de la
présente Constitution, il n'est pas un Etre humain sur Terre,
qui ne pourrait vivre sur le même pied qu'un millionnaire
bourgeois pouvait le faire dans la Société Individualiste bourgeoise; parce que, dans une Société bien organisée, un seul
homme peut faire au profit de tous les Hommes et non au
profit d'un seul, produire par la machine qu'il surveille, plus
de travail que cent hommes ne pourraient le faire isolément,
et parce que le Grand Cerveau Humain de tous les Inventeurs Universels travaille pour tous les Hommes à la fois et non
comme le font les Inventeurs de la Bourgeoisie qui travaillent isolément chacun pour soi en se cachant jalousement
leurs découvertes scientifiques, lesquelles restent la plupart du
temps ignorées et ne sont que rarement appliquées.

Ils sont mis en mesure de juger que, dans le domaine économique, plus qu'ailleurs, l'égoïsme individuel des hommes
doit faire place à l'intérêt général et que si des dépenses considérables sont faites dans une Région, dans une Commune, ou
dans une partie de Région ou de Commune, au profit seulement d'une collectivité d'Hommes, les autres Hommes ne doivent pas s'en montrer jaloux, car tous les Hommes profitent
en réalité du bien-être en résultant, et parce que tout ne pouvant se faire en un seul jour, chaque collectivité, chaque Homme,
recevra à tour de rôle la satisfaction à laquelle il a droit.

Il est essentiel que les Hommes soient bien pénétrés de
cette idée que l'égoïsme individuel doit faire place à l'intérêt
général pour la désignation des premières dépenses et dès premiers travaux à engager, tout le monde devant être satisfait
à son tour.

L'Instruction générale intellectuelle et scientifique, l'enseignement professionnel et l'éducation civique, économique et
politique du Jeune Homme et de la Jeune Fille sont poursuivis

jusqu'à épuisement des facultés et des possibilités de l'élève;
c'est-à-dire jusqu'au moment où ses facultés ne lui permettent
plus d'apprendre que lentement, au point que le temps consa-
cré à son instruction n'est plus compensé par le profit que
lui, et la Société retireront de son instruction restant à par-
faire.

Art. 45.

Education. — Religion.

Des professeurs spéciaux d'éducation enseignent, dans les
écoles, l'éducation morale à l'Enfant, parallèlement à son Instruction.

L'Education morale est basée uniquement sur le développement et sur la Culture de la Conscience par la Logique et la
Raison dirigée vers un Haut Idéal de Justice et d'Equité,
créateur des Droits et Devoirs de l'Homme et de la Société.

Elle a pour but de développer au maximum chez l'Enfant,
devenu Homme, à l'aide de sa conscience, la nette vision du
« Bien » et du « Mal » et de faire pénétrer dans l'esprit de
tout Etre humain cette vérité fondamentale que « Tous les
Hommes ont des Droits Egaux » et que pour tous les actes
de sa vie, l'Homme doit interroger sa conscience et résoudre
ainsi le problème: « L'acte est-il Bien? Si oui, il peut l'exécuter », « L'acte est-il mal? Si oui, il doit s'abstenir ».

L'Education Rationnelle portant sur le développement de
la Conscience enseigne à l'Homme qu'il peut faire ce qu'il veut
et que sa liberté n'est limitée que par les Droits de ses semblables pareils aux siens. Il ne doit donc rien faire qui puisse
nuire aux autres Etres Humains.

L'Education Rationnelle ne peut être basée sur la Crainte
des Hommes ni sur la Crainte de Dieu parce que la crainte des
Hommes à elle seule est inefficace lorsque l'Homme se croit
impuni et parce qu'il est démontré que ceux qui agitent le
plus les foudres célestes de la Divinité, ne les craignent pas,
en réalité, et sont souvent ceux, au contraire, qui accomplissent
les plus grands crimes.

Un cas typique à citer comme preuve est celui de Guil-
laume II, Empereur d'Allemagne, qui, invoquant la Divinité
dans tous ses Discours et poussant la dévotion jusqu'à vouloir
officier lui-même; n'a pas hésité, — d'accord avec son complice
François-Joseph, Roi et Empereur d'Autriche-Hongrie, le plus
chrétien des Monarques du XXe siècle, — à déclancher la plus
formidable hécatombe humaine qui se soit jamais vue sur cette
Terre. Ces deux Monarques de religions différentes n'ont pas

hésité ensuite à user des moyens les plus criminels et les plus coupables, à envahir et à mettre à feu et à sang un petit peuple inoffensif dont ils avaient reconnu et garanti l'indépendance, pour atteindre leurs buts de grandeur et de domination universelle égoïste, par la Force contre le Droit, au nom du Dieu que le Kaiser n'a cessé d'invoquer durant la Grande Guerre.

Et le monde a pu assister à ce spectacle paradoxal de voir que les Pontifes et les Prélats de la Religion du Kaiser, aussi bien que les Pontifes et les Prélats et des autres Religions n'ont jamais prononcé la moindre parole de réprobation contre ce grand crime, par pur intérêt égoïste de ces Pontifes, de ces Prélats et de leurs Religions et par crainte de déplaire au Kaiser et à ses partisans dont ils craignaient les représailles.

C'est dire que les Prélats et les Pontifes de ces Religions ne craignaient nullement les foudres Célestes lorsqu'ils se sont associés par leur silence affecté aux crimes du Kaiser.

Ils ne craignaient que les foudres du Kaiser et de ses partisans s'abattant sur eux et sur leur Religion, surtout dans l'éventualité où ce dernier aurait été victorieux et, en agissant ainsi, ils ne craignaient pas la réprobation Divine; ils ne craignaient pas, ces Pontifes et ces Prélats eux-mêmes, le courroux et le Jugement de Dieu. Qui donc dès lors les craindrait, si le Pape lui-même ne les craint pas.

C'est là une des preuves les plus frappantes que la Foi Divine n'exerce une action sur les Hommes que lorsque leur intérêt personnel n'est pas en jeu.

La crainte Divine ne peut donc pas être prise en considération pour l'éducation morale de l'Homme.

L'éducation basée sur le Développement et la culture de la Conscience par la Logique, la Raison et l'Equité, apprend à l'Homme à avoir le respect de soi et à considérer qu'il déchoit à sa vue personnelle et à la vue des autres Hommes chaque fois qu'il fait le moindre acte de la vie qu'il ne doit pas faire et qu'il empiète sur le Droit d'autrui en le faisant.

L'Homme qui ne respecte pas le Droit des autres Hommes ne se respecte pas; il déchoit. Il n'est plus un homme sain. Il a pris quelque chose de la bête.

Ce principe d'éducation rationnelle doit être porté si haut dans l'esprit de l'Homme, qu'il doit en effet considérer avec mépris l'acte d'un autre Homme qui dépasse ses droits, si peu soit-il, et il doit apprendre à se sentir lui-même humilié, abaissé au-dessous du niveau humain, lorsqu'il se livre personnellement à un acte de ce genre, si minime soit-il, si anodin soit-il, dans les actes de sa vie.

L'Homme qui « Déchoit » ainsi n'est pas un « Gentleman » et quiconque ne peut se dire ou se voir considérer comme un « gentleman » accompli; c'est-à-dire un homme possédant une éducation parfaite et l'appliquant à tous les actes de sa vie, ne peut se considérer comme un Homme normal, comme un Etre supérieur bien au-dessus des animaux; il ne peut que se cataloguer dans une espèce qui tient à la fois de l'Homme et de la bête; ce qui motive sa « Déchéance ».

Aussi, si ces mauvais instincts étaient chez certains Hommes considérés comme incurables et s'ils se traduisaient par des actes gravement nuisibles aux Droits des autres Hommes, la Société aurait pour Devoir de les faire déclarer « Déchus légalement » par ses Juges et de les mettre hors d'état de nuire plus longtemps en empiétant sur les Droits de leurs semblables.

Ces Hommes anormaux seraient condamnés à la « Déchéance » et envoyés dans l'Ile des « Déchus ».

L'éducation comporte ainsi l'enseignement des Droits et Devoirs de l'Homme et de la Société appliqués à tous les actes de la vie et enseignés plus profondément, plus complètement, suivant l'âge du Jeune homme et de la Jeune fille.

Cet enseignement comporte en outre ce que l'on est convenu d'appeler la « Politesse » qui n'est en fait qu'une des formes de l'éducation appliquée aux relations mondaines des Hommes entre eux.

La Politesse, ou éducation mondaine, comporte non seulement l'examen des cas de conscience, mais aussi l'étude esthétique, la bonne et harmonieuse tenue des Etres humains dans tout ce qu'ils font lorsqu'ils sont en contact avec les autres Etres humains.

Elle comporte donc la science de savoir parler poliment et à propos, de dire les choses élégamment dans des poses et des attitudes simples, élégantes et de bonne esthétique et enfin d'observer les mêmes principes et la même tenue dans tous les actes de la vie et notamment à table.

L'Homme doit toujours laisser cette impression à ceux qu'il aborde, qu'il est agréable, affable, doux, d'une élégance esthétique et simple et d'une tenue irréprochable en même temps qu'instructif ou intéressant dans ses conversations.

Pendant les 50 ans de transition de régime, il ne sera rien changé quant aux applications pratiques publiques de l'éducation et aux sanctions qui doivent en découler parce qu'il est impossible de redresser une vieille génération dont l'éducation est incomplète.

Mais après ces 50 années transitoires écoulées, alors que

la génération bourgeoise aura disparu pour faire place à une génération nouvelle, éduquée suivant les principes d'un Idéal élevé et uniforme sur toute la sphère terrestre, il sera fait grand cas de l'Education extérieure des Hommes appliquée dans leurs rapports publics et privés et, des peines devront être prononcées contre ceux qui auront commis des écarts de langage et qui n'auront pas appliqué les principes de politesse et d'éducation parfaite qu'ils ont appris à l'école.

Il sera procédé à une codification des règles de l'éducation et de la politesse et des sanctions seront appliquées aux contrevenants conformément à ces règles.

A cet effet, pour sanctionner les fautes commises et pour assurer la bonne application des règles de l'Education et de la politesse, seront élevés au titre honorifique de « Supergentleman » un très grand nombre de personnes de conduite irréprochable et qui, très hautement respectées à cause de leur vie régulière, modèle, constitueront les arbitres de l'éducation et de la politesse, pratiquement appliquées.

Ces arbitres seront choisis notamment parmi les professeurs, les juges, les représentants des ligues Nationales et Régionales pour le développement de l'Education pratique, auxquelles les professeurs d'éducation inviteront leurs bons élèves à adhérer.

Les Supergentlemen auront le droit de sanction et ils pourront percevoir immédiatement, contre reçu à souche, les amendes prononcées par eux contre les contrevenants.

L'amende est double si le contrevenant ne s'exécute pas sur le champ en payant l'amende.

Elle est triple si le contrevenant ne présente pas son livret individuel pour faire connaître son identité.

Et si le Supergentleman, après avoir montré son titre au contrevenant, est obligé de faire appel à la police pour faire reconnaître l'identité exacte de ce dernier, l'amende est de 10 fois plus élevée.

L'amende est toujours prononcée sans jugement sur la seule décision du Supergentleman qui joue à la fois le rôle de Juge et de percepteur.

L'amende qui n'est pas payée sur le champ est perçue par la police, à domicile.

A défaut de paiement de l'amende dans un délai de 10 jours, le contrevenant est déclaré déchu.

La Décision du Supergentleman est toujours prise en dernier ressort et il ne peut faire remise de l'amende prononcée par lui verbalement.

En cas d'injustice constatée plusieurs fois par l'unanimité

des témoins présents ou par deux Juges supergentlemen présents, un Supergentleman peut se voir retirer son titre.

Des avantages spéciaux sont accordés à ces propagateurs de la bonne Education et de la bonne politesse, mais ils ne touchent rien sur les amendes par eux perçues ou sanctionnées.

Lorsque le jeune homme et la jeune fille sont à même de comprendre et de juger sainement les choses de la vie à l'aide de leur conscience et par le moyen de la Logique, de la Raison et suivant l'Equité, les professeurs d'éducation leur font l'historique des diverses Religions qui ont existé dans toutes les parties du monde et jusqu'à nos jours. Ils mettent en parallèle les préceptes et les doctrines de chacune de ces Religions, ce qui leur permet de juger des bienfaits que chacune d'elles a apporté à la cause de la civilisation.

Et ils font ressortir, ce qui n'est pas douteux, que ces diverses Religions ont, chacune, dans une certaine mesure, atténué la barbarie et l'injustice des Hommes et apporté à la longue quelques lueurs de civilisation parmi eux.

Mais ils font ressortir d'autre part qu'aucune de ces Religions n'a prononcé les paroles définitives et saines de Logique et de Raison et n'a encore moins obligé ses fidèles à mettre ces principes Idéaux en pratique.

C'est ainsi qu'aucune Religion n'a jamais jeté l'anathème et n'a jamais prononcé l'excommunication contre ceux que la Divinité condamnerait sans pitié, contre ceux qui, au mépris des plus élémentaires sentiments d'humanité jouissent dans un luxe tapageur, éblouissant et scandaleux, des richesses de la Nature, pendant que leurs victimes meurent chaque année par centaines de mille, à la fleur de l'âge, dans des taudis infects et infâmes, rongés par la tuberculose et par les innombrables maladies de la misère, du froid et de la faim.

Il n'est pas une Religion en effet qui puisse dire qu'elle ne compte d'innombrables Fidèles fortunés qui croient sincèrement occuper, après leur mort, les premières places du Paradis Céleste, quand ils ont vécu, au vu et au su des Pontifes de ces Religions, dans un luxe scandaleux, pendant qu'à l'ombre des Temples, des Eglises, des Synagogues et d'autres lieux Saints et Religieux, grouillent et glapissent d'autres Etres humains luttant désespérément contre la mort dans la fange et dans la misère, vaincus par l'infortune.

Et qui donc oserait soutenir que devant le Jugement Divin, ces crimes des Grands resteraient impunis; qui donc oserait soutenir que la Divinité ne condamnerait pas sévèrement les Pontifes et les Prélats qui sont restés impassibles et qui distribuaient des honneurs à ces Grands de la Terre, pendant qu'ils entendaient le gémissement et les souffrances de leurs Victimes expirantes?

Non! aucune conscience saine n'oserait soutenir que la Divinité absoudrait de tels Crimes, si elle existait.

Et si les Pontifes et les Prélats des diverses Religions les absolvent c'est parce qu'ils ne croient pas à ce qu'ils enseignent. Ils ne croient pas au Jugement dernier de Dieu; car, s'ils le croyaient ils se rendraient compte qu'ils seraient les plus dûrement condamnés par Dieu; ils se rendraient compte qu'ils sont les plus grands coupables, puisqu'ils se disent les Représentants de Dieu sur la Terre; et qu'ils portent un défi à la Justice Divine en absolvant les Grands Criminels, en les comblant d'honneurs et en vivant de leurs largesses dans un confort également scandaleux.

C'est bien là la preuve que l'éducation Religieuse ne redresse nullement la conscience de l'Homme et ne le rend pas meilleur. Et si l'on recherche bien au fond les conséquences de l'éducation Religieuse l'on s'aperçoit qu'elle ne produit qu'un résultat: C'est d'assouplir, c'est d'amadouer, c'est de rendre servile le Pauvre, le Déshérité de la Fortune pour qu'il soit mis, sans méchanceté, sans méfiance et sans amertume, au Service des Grands de ce Monde, au service des Détenteurs de la Fortune qui l'exploitent, le tondent, puis le jettent à la rue lorsqu'il ne peut plus leur être utile.

Et c'est cette abnégation, c'est cette soumission passive aux Grands qui a été considérée comme un progrès de la Civilisation. C'est parce que le Déshérité de la Fortune est devenu plus doux, plus assoupli, plus servile sous la Foi Religieuse par les rêves Idéaux dans l'au-delà, que la Foi Religieuse lui fait apparaître, et c'est parce qu'il se laisse bêtement tondre, sans amertume, par les Grands de la Terre, au lieu de haïr ses oppresseurs et de se venger d'eux que l'on a vu dans les principes Religieux des Causes de civilisation.

Toutes les Religions sans exception sont ainsi à des degrés différents, les complices des Crimes des Grands de la Terre sur les Déshérités.

Une pareille morale ne peut être que pernicieuse.

Les éducateurs du jeune homme et de la jeune fille font donc ressortir qu'il existe une morale plus élevée, plus pure, plus saine que la morale religieuse: c'est la Morale Rationnelle basée sur le développement et la culture de la Conscience par la Logique, la Raison et l'Equité qui sont autant de sens que l'Homme possède naturellement et qui se révèlent en lui dès qu'il atteint l'âge de Raison.

Et la Société a pour Devoir d'exiger ensuite que ces Principes de Logique, de Raison et d'Equité qui donnent naissance aux Droits et Devoirs de l'Homme et de la Société soient appliqués dans tous les actes de la vie de l'Homme, à peine de Déchéance.

Seule, en effet, l'application effective des Droits et Devoirs de l'Homme et de la Société peut faire de l'Etre humain un être réellement honnête, au vrai sens du mot.

Il ne 'suffit pas, en effet, d'édicter et de codifier des Principes s'il ne restent que dans le domaine théorique; il faut obligatoirement les appliquer et les faire appliquer pratiquement, sans quoi ils ne sont que vils mensonges et dénotent l'hypocrisie de leurs auteurs et ainsi, ils augmentent encore le crime de ceux qui les ont rédigés et de ceux qui les enseignent et qui savent qu'ils ne sont point appliqués.

C'est ainsi que les Républiques et certaines Démocraties bourgeoises qui inscrivent au frontispice de leurs monuments publics les devises: de Justice, de Liberté, d'Egalité, de Fraternité, d'Equité, de Solidarité, ne sont que des Républiques et des Démocraties de faux et d'hypocrites Bourgeois, parce qu'ils mettent de fort belles enseignes et étiquettes à vertus souveraines sur des flacons vides ou remplis d'eaux pestilentielles.

C'est ainsi que la plupart des principes Religieux sont excellents, mais ils reçoivent pratiquement de telles triturations que l'on peut dire qu'ils restent dans le Domaine Théorique tout comme les principes Idéaux des Républiques et des Démocraties bourgeoises.

Aux Crimes de ces Républiques, de ces Démocraties bourgeoises et de ces Religions, viennent encore s'ajouter les circonstances aggravantes de la fausseeté, de l'hypocrisie et de la lâcheté, par l'emploi des étiquettes mensongères et des interprétations judaïques.

Mais si les Religions sont inefficaces à forger des consciences humaines parfaitement honnêtes, du moins pourraient-elles continuer à être enseignées si elles ne constituaient un Danger Social, et une cause de haine et de discorde entre Hommes, au même titre que le sont les frontières économiques, les races perpétuées et les langues diversifiées.

Les Religions créent entre Hommes des frontières, plus dangereuses encore que celles que créent les races et les langues.

Un Juif ne se considère pas de la même essence qu'un slave, parce que de Religion différente. Un Juif et un Slave se haïssent au suprême degré.

Un Mahométan dit: « Ce chien de Chrétien » pour exprimer son suprême mépris, tant sa haine du Chrétien est grande.

Pourquoi?

Il n'en sait rien. Il ne l'a peut-être jamais vu ce « chrétien ». Celui-ci ne lui a fait aucun mal. Mais il le hait ce Chrétien parce que sa Religion, à lui Mahométan, n'est pas la même que la sienne, tout simplement.

Un Chrétien, un bon Chrétien surtout, hait instinctivement le Juif. Un bon Chrétien préférerait se séparer de tous les siens et vivre seul désormais sur terre que de consentir au mariage de sa Fille avec un Juif, si convenable soit-il, à tous points de vue.

Ainsi il n'est pas douteux que les Religions créent des enclaves, des cloisons étanches et des haines instinctives entre Hommes.

Dans une Société Idéale ces enclaves et ces haines doivent disparaître. Les Hommes doivent apprendre à s'aimer et non à se haïr.

Les Religions créant inévitablement ces divisions et ces haines doivent donc disparaître.

Toutefois cette disparition doit se faire en tenant compte que la conscience humaine ne se transforme pas instantanément comme sous l'effet d'une baguette magique, simplement parce que la Société Nouvelle inscrit des Principes Idéaux dans sa Constitution. Il faut se rendre compte que la plupart de ceux qui ont reçu des Principes Moraux Religieux mourront avec la conviction qu'ils sont les seuls vrais.

Il s'ensuit qu'il est nécessaire de prévoir une période transitoire de 50 ans, pendant laquelle certaines tolérances seront permises, à la Génération ancienne, dans l'exercice de sa Foi Religieuse.

Pendant la période de 50 ans:

Les lieux actuellement à l'usage de l'exercice des cultes resteront ouverts aux Croyants qui y viendront prier ou faire leurs dévotions.

Ces prières et ces dévotions ne pourront être qu'individuelles et silencieuses. Les croyants adresseront directement leurs prières à la Divinité.

Les prières collectives, les chants religieux et les musiques religieuses sont interdits, même dans les lieux cultuels.

Nul n'a le droit, dans les édifices religieux d'y prendre la parole, ni d'y officier, ni d'y faire figure de Représentant de Dieu, sous une forme quelconque, ni d'y organiser quoi que ce soit qui puisse exalter collectivement la Foi des Croyants.

Toutes manifestations religieuses collectives, publiques ou privées sont interdites en quelque lieu que ce soit.

L'es manifestations religieuses individuelles ne sont permises que dans les lieux cultuels et chez soi.

L'entretien des édifices Religieux se fera aux frais des Nations.

Les insignes religieux ne sont permis: 1° que dans les lieux cultuels; 2° ou chez soi, dans une chapelle ardente, ou dans sa propre chambre, mais non dans les autres pièces de la maison où sont appelées à séjourner des personnes étrangères: 3° ou encore sur les tombes des cimetières.

Chacun est libre chez soi, dans la chapelle aménagée, ou dans sa propre chambre de se livrer individuellement, (sans pouvoir y inviter son personnel et les membres de sa famille et notamment ses enfants), à tous exercices religieux, pourvu que ces exercices libres ne se produisent jamais collectivement, même en famille.

Toutes associations et tous groupements religieux sont formellement interdits.

Nul ne pourra à l'avenir s'exercer à une propagande religieuse quelconque par la parole, par l'écrit ou par tous autres moyens quelconques, notamment par l'envoi de brochures, de journaux et de livres périodiques ou autres.

Seuls les libraires et les éditeurs de livres religieux non périodiques pourront vendre individuellement à chaque croyant les livres religieux énonçant les préceptes du Créateur d'une Religion et l'interprétation de ces préceptes par ses Disciples, ses Apôtres et ses Prophètes.

Le croyant qui désire s'instruire sur les préceptes de sa religion n'a donc qu'un moyen à sa disposition : acheter lui-même directement le livre religieux qu'il désire chez le libraire ou chez l'éditeur.

Aucune caisse ni organisation quelconque ne peut se créer pour mettre à la disposition des croyants des brochures, des journaux et des livres pérodiques ou non périodiques, gratuitement ou non.

Le père et la mère ne peuvent, sous aucun prétexte, enseigner leur religion à leurs Enfants pendant le temps où ils sont près d'eux, ni les faire assister à aucun service religieux, ni leur faire des lectures religieuses, sinon ils se verraient condamnés à ne plus pouvoir recevoir leurs enfants chez eux et même à être déclarés Déchus.

Les Enfants pourront se procurer ces lectures Religieuses lorsqu'ils seront à même de juger toutes les Religions par l'historique qui leur en sera fait et ils pourront, sans empêchement, embrasser une de ces Religions à leur sortie de l'Ecole si telle est leur intention même après la période transitoire de 50 ans.

Mais pendant qu'ils sont à l'Ecole, c'est-à-dire pendant que leur conscience est encore en état de développement et de culture, leur esprit ne peut être faussé par des théories de demi-morale religieuse.

Les Représentants des cultes sont employés par la Société Mondiale et par les Nations à donner l'instruction (mais non l'éducation) aux jeunes gens. Ils sont rétribués en tenant compte de leurs fonctions religieuses anciennes. Ils seront dans tous les cas traités aussi bien que leurs nouveaux confrères laïques. Ils seront disséminés dans les diverses écoles, de manière à ne pouvoir former de groupement trop important de professeurs d'une même confession religieuse ancienne. Ils ne pourront diriger une école que lorsque la Société sera assurée de leur loyalisme à l'égard du Haut Idéal Nouveau de la Société Mondiale.

Ceux ayant atteint l'âge de la Retraite recevront une retraite comme les autres hommes et en rapport avec leurs fonctions religieuses anciennes.

Après la période transitoire de 50 ans :

Les Croyants ne pourront plus se livrer à des exercices religieux que chez soi.

Les Edifices cultuels seront désaffectés et les Nations en disposeront au profit de la Collectivité.

Les Cimetières et leurs tombes ne porteront plus d'insignes Religieux.

Il n'y sera plus enterré d'Etres humains. Après une nouvelle période de 50 ans toutes les tombes seront désaffectées.

Après la mort, les Etres humains seront incinérés.

Leurs cendres resteront pendant 50 ans dans une urne close.

Les urnes seront rangées dans les cimetières.

Après 50 ans les cendres seront réunies dans une fosse commune, hermétiquement close et imperméable, une fois par année au cours d'une cérémonie publique consacrée à la Gloire des Morts, et au cours de laquelle des Discours seront prononcés.

Les urnes d'une même famille seront groupées si les intéressés le demandent.

Ces mesures sont dictées par des considérations générales d'hygiène rationnelle.

Toutes contraventions aux prescriptions et défenses énoncées au présent titre donneront lieu contre les délinquants à la déclaration de la Déchéance du 1er au 5e Degré, suivant la gravité du cas et à la confiscation de tout ou partie du Capital laissé en leur possession pendant la période transitoire.

TITRE VI

LANGUE MONDIALE

Art. 46.

Les divers Peuples de la Terre parlent un tel nombre de langues distinctes et le temps à consacrer pour apprendre chacune d'elles est si grand qu'il est impossible à l'Homme de les apprendre toutes.

En outre, la diversité des langages entre Peuples crée des cloisons étanches qui rendent ces Peuples inaccessibles les uns les autres et qui constituent le plus grand obstacle au Progrès et à la Civilisation.

Il y a donc intérêt pour les Peuples à créer une Langue universelle unique, appelée « Langue Mondiale », qui deviendra, après la période transitoire de 50 ans, le seul langage permis aux Peuples de la Terre, adhérents au présent Pacte.

Les Principes fondamentaux sur lesquels devra être édifiée cette Langue Mondiale sont les suivants:

Art. 47.

Il sera créé par les soins des Nations contractantes, dans un délai maximum de cinq ans, à compter du jour de l'entrée en vigueur du présent pacte, et en conformité des principes établis sous ce Titre, une langue unique universelle qui deviendra la langue officielle obligatoire dans chacun des Etats contractants et dans ceux qui adhéreront ensuite au présent Pacte et qui sera enseignée comme il va être dit dans l'ordre progressif suivant. Cette langue universelle prendra le nom de « Langue Mondiale ».

Art. 48.

Dans un délai de 5 ans, à compter du jour de l'entrée en vigueur du présent pacte, la Langue Mondiale devra obligatoirement être enseignée dans toutes les écoles concurremment, avec la langue maternelle.

L'instruction de chaque Elève devra être poussée parallèlement dans les deux langues, (maternelle et mondiale), au même degré de perfectionnement.

Art. 49.

Dans un délai de 15 ans, ne pourront tenir boutique et faire
le commerce, ou être employés dans un Etablissement de Commerce ou dans un Service public quelconque, ou être éligibles
à une assemblée publique que les personnes qui seront détentrices d'un certificat d'aptitude de la Langue Mondiale.

Art. 50.

Dans un délai de 50 ans, il ne pourra plus être enseigné dans
les écoles que la Langue Mondiale, à l'exclusion de toutes
autres.

Toutes les Langues Maternelles deviendront dès lors langues mortes.

L'étude des langues mortes, dialectes, patois ne sera plus permise qu'à titre exceptionnel pour certaines hautes études intellectuelles.

Art. 51.

A partir dudit délai de 50 ans, la Langue Mondiale deviendra la langue officielle des pays contractants. Elle sera
obligatoire pour tous. Les Nations seront tenues de la faire
enseigner à tous gratuitement. Nul ne pourra quitter l'école
avant d'avoir obtenu son certificat d'aptitude. Il ne pourra
être parlé ni écrit publiquement qu'en Langue Mondiale. Les
parents ne devront parler et apprendre à leurs Enfants que la
Langue Mondiale. La langue maternelle ne pourra être parlée
aux Enfants, même au foyer ou dans le home.

Art. 52.

La Langue Mondiale sera créée par une Commission internationale composée de Représentants de toutes les Nations du
Monde; lesquels Représentants devront connaître au moins 3
langues étrangères à leur langue maternelle.

L'ensemble des Nations parlant une même langue auront
droit à 6 Représentants. Elles se répartiront ces Représentants
suivant leur population.

Si l'ensemble des Nations parlant une même langue comprend moins de 30 millions d'habitants, elles nomment un
Représentant pour 5 millions d'habitants.

La Commission ainsi nommée pourra elle-même désigner
des Représentants aux Nations non contractantes, si ces Nations
emploient une Langue Maternelle non représentée et ce, afin
que toutes les langues soient bien représentées à la Commission.

Art. 53.

Un certificat d'aptitude sera délivré à ceux qui parleront et écriront couramment la Langue Mondiale.

La capacité exigée correspondra en France :

Au brevet simple pendant les 50 années de transition.

Et au brevet supérieur après cette période.

Art. 54.

La Commission créatrice de la Langue Mondiale continuera à siéger après la création de cette Langue sous la Haute Direction du Président de la République Mondiale.

Elle aura tous pouvoirs pour surveiller dans les différentes Nations, l'exécution des présentes prescriptions, pour établir les règles d'enseignement de la Langue Mondiale, pour réglementer les examens et pour déterminer les conditions de délivrance des certificats d'aptitude.

Elle statuera sur les sanctions à prendre.

Art. 55.

La Commission de la Langue Mondiale devra obligatoirement observer les principes suivants pour la création de la Langue Mondiale. Elle ne pourra s'écarter de ces principes sous quelque prétexte que ce soit. Elle pourra en formuler d'autres auxquels seront astreints ses membres et les Sous-Commissions qu'elle formera pourvu qu'ils ne soient pas contraires aux principes ci-après :

1. La Langue Mondiale sera créée en empruntant à chaque langue vivante ou morte et même aux dialectes et patois, ce que ces langues et ces dialectes et patois ont de supérieur aux autres langues.

2. Elle sera aussi « *simple* », « *claire* » et « *élégante* » que possible dans le style, l'écriture, la conversation et la prononciation.

3. La construction des syllabes, des mots et des phrases devra également être ordonnée avec la recherche la plus minutieuse et la plus parfaite que possible, de ces trois qualités réunies : « *la simplicité* », « *la clarté* », « *l'élégance* ».

4. De même chaque mot ou racine de mot à adopter sera choisi, de préférence, dans la langue qui réunira le mieux ces trois conditions pour le mot à choisir.

5. Les mots d'une même famille devront autant que possible posséder la même racine.

6. Chaque émission de voix ou « son » différent sera re-

présenté par une seule lettre, ou par une seule lettre accompagnée d'un signe, mais jamais par la réunion de deux lettres perdant chacune leur propre « son » pour en prendre un autre comme il existe dans la Langue Française dans les syllabes: *an, in, on, eu, en, ai, oi, ou, œu, au, un, im.*

7. Deux lettres différentes ne pourront jamais se prononcer de même comme il existe dans la Langue Française avec les lettres: *C, Ç, S* et *T* ; *i* et *y* ; *g* et *j* ; *c, q* et *k.*

8. Dans l'alphabet de la Langue Mondiale, les lettres de même consonance seront donc exclues, ou leur ancienne consonance dans la Langue Maternelle sera modifiée dans la Langue Mondiale si elles y sont introduites.

9. La même lettre, ou la même lettre accompagnée d'un, même signe, devra toujours être prononcée de la même façon exactement et sous la même intonation ou consonance de voix, quel que soit son emplacement dans les mots ou dans les syllabes.

10. Les intonations ou consonances différentes qu'une lettre serait appelée à prendre dans les mots, ou suivant sa position dans les mots ou dans les syllabes, devront toujours s'énoncer dans l'écriture par un signe accompagnant la lettre, afin que la lettre seule soit toujours prononcée avec la même consonance et que la lettre accompagnée d'un même signe soit prononcée avec une autre consonance toujours la même également.

11. La Langue Mondiale doit être écrite telle qu'on la prononce de vive voix.

En conséquence:

Dans la syllabe, dans le mot et dans la phrase, aucune lettre, ou lettre accompagnée d'un signe, ne pourra être écrite si elle n'est pas distinctement prononcée en parole par une émission de voix. C'est ainsi que l'*h* aspiré employé dans la Langue Française ne pourrait être employé dans la Langue Mondiale.

Toute émission de voix par la parole devra être figurée dans l'écrit par une lettre ou par une lettre accompagnée d'un signe.

Deux mêmes lettres ne peuvent se suivre si elles ne sont pas prononcées deux fois par deux émissions de voix successives.

La consonne est toujours prononcée, par une même émission de voix, avec la voyelle qui la suit.

La voyelle qui commence un mot est toujours prononcée seule.

La consonne qui suit la voyelle est toujours prononcée seule, si elle n'est pas suivie d'une autre voyelle, et elle se prononce légèrement ainsi placée, soit dans le corps d'un mot soit à la fin d'un mot.

Lorsque deux consonnes se suivent, la première est toujours prononcée légèrement et la seconde plus fortement, en liaison avec la voyelle qui suit.

Les lettres qui, hors les cas ci-dessus sont appelées à être prononcées tantôt légèrement et tantôt avec accentuation, c'est-à-dire fortement, devront être accompagnées d'un signe dans la prononciation accentuée. Exemple : un monôme.

Les signes de ponctuation ne se prononcent pas.

12. Les choses sans sexe s'écriront sans genre. (Dire un mur, une table, un abricot, une pêche, n'a pas de raison d'être. Pourquoi mur et abricot sont-ils masculin; table et pêche féminin? Cela ne se conçoit pas). La Commission devra donc créer des articles et des adjectifs neutres appelés à être employés pour précéder ces mots.

13. Les Etres et les choses ayant un Sexe s'exprimeront par la racine d'un mot et des finales toujours les mêmes pour tous les mots, mais qui varieront suivant ce que l'on veut exprimer:

La racine de ces mots sera toujours suivie d'une finale uniforme pour exprimer que l'on entend désigner la généralité de l'espèce.

Deux finales distinctes, toujours les mêmes et s'appliquant à tous les mots ayant un genre, seront adoptées pour exprimer le sexe mâle et le sexe femelle.

D'autres finales exprimeront que l'on entend désigner le père et la mère.

D'autres finales exprimeront que l'on entend désigner les enfants de l'un et de l'autre sexe.

Enfin d'autres finales exprimeront que l'on entend désigner de petits êtres de l'espèce.

L'exemple suivant permet de juger de la simplicité et de la clarté qui apparaît dans le langage.

En supposant que la racine du mot « *om* » soit employée par la Commission de la Langue Mondiale pour énoncer l'espèce humaine et en admettant qu'elle adopte les finales ci-après, on écrirait :

ome pour désigner la généralité de l'espèce humaine ; (Les *ome* sont frères)).

omô pour désigner l'homme; (Voici un omô).

oma pour désigner la femme; (Voici une oma.)

omôs pour désigner le père; (Voici son omôs.)

omas pour désigner la mère; (Voici son omas.)

omis pour désigner le fils; (Voici son omis.)

omise pour désigner la fille; (Voici son omise.)

omèt pour désigner un petit garçon; (Voici un joli omèt.)

omète pour désigner une petite fillette; (Voici une jolie omète.)

14. Il sera créé le plus possible de finales, ou de préfixes, donnant à la généralité des mots toujours la même signification dans la limite où l'élégance de la langue n'en souffrira pas.

15. Un article uniforme sera adopté pour exprimer le pluriel des mots, à moins que l'on découvre un préfixe uniforme convenant mieux.

16. Aucun mot ne pourra avoir deux significations; en conséquence, la Commission de la Langue Mondiale devra s'attacher à trouver dans les langues vivantes ou mortes, ou à la rigueur dans les dialectes et patois, des expressions qui permettront de définir sous des noms différents, la pensée exacte que l'écrivain veut exprimer avec toutes les variantes, les gammes et les nuances de la pensée. A défaut elle devra créer de nouveaux mots. (on ne devra pas pouvoir dire par exemple: « oh que ce fruit est *bon* », à côté de: « oh que vous êtes *bon*, Monsieur »).

L'ensemble des langues permettra d'ailleurs de trouver assez de mots pour que chacun d'eux ait son sens propre.

17. Deux mots différents ne pourront avoir la même signification; en conséquence la Commission de la Langue Mondiale devra, — si elle adopte toute une série de mots d'une ou de plusieurs langues maternelles ayant la même signification, — donner à chacun d'eux une signification différente dans la Langue Mondiale, ou bien établir entre eux des gammes et des nuances parfaitement distinctes.

18. Les expressions admises dans certaines Langues au sens figuré ne seront pas maintenues dans la Langue Mondiale, sinon cette tolérance équivaudrait à permettre de donner à un mot plusieurs significations; en conséquence la Commission de la Langue Mondiale devra rechercher dans les diverses Langues des mots distincts qui définiront ce que l'écrivain le plus consommé veut exprimer. Ici encore la réunion des Langues sera d'un puissant secours pour trouver un ensemble de mots qui exprimeront nettement toutes les gammes et toutes les nuances de la pensée.

19. Les règles de la grammaire de la Langue Mondiale ne devront comporter aucune exception à ces règles.

ART. 56.

Les Commissaires de la Langue Mondiale, en prenant leur fonction, devront se tracer pour règle et adopter pour principe absolu que le but à atteindre est de créer une Langue Nouvelle aussi parfaite que possible. En conséquence, ils devront écrémer et adopter dans chaque Langue existante ce que cette Langue a de supérieur aux autres Langues.

En prenant leur fonction, ils exclueront de leur cœur l'amour-propre National et leurs préférences Nationales qui auraient pour conséquence de favoriser un apport inconsidéré et non justifié de leur Langue Maternelle dans la Langue Mondiale. Et ils en feront le serment.

Ils devront rechercher dans de nouvelles formules, la méthode parfaite, si aucune Langue ne peut, sur certains points, donner entière satisfaction.

Les Commissaires ne devront se déclarer satisfaits que lorsqu'ils auront créé, en tous points, une Langue parfaite; de laquelle on puisse dire: qu'il est impossible de faire mieux et de créer une langue plus simple, plus claire, plus élégante, dans le style et l'écriture; aussi bien que dans la prononciation et la conversation.

Art. 57.

La Commission de la Langue Mondiale sera maintenue perpétuellement et siégera en permanence, suivant un programme qu'elle se tracera en vue de tenir à jour la grammaire et le dictionnaire de la Langue Mondiale et d'y apporter toutes modifications et améliorations utiles que les temps nouveaux et l'usage de la langue rendront nécessaires.

Ses membres pourront être relevés de leurs fonctions tous les 5 ans par leurs Gouvernements respectifs. Ils seront remplacés en cas de décès ou lorsqu'ils atteindront l'âge de la retraite.

Art. 58.

La Commission de la Langue Mondiale aura à sa disposition un personnel de diction qui sera chargé, sous sa direction, de rechercher la diction la plus parfaite et la plus élégante et de l'adopter.

Art. 59.

Ce personnel composé d'orateurs et de professeurs de diction dresseront et formeront eux-mêmes des professeurs généraux de diction pour enseigner la diction dans les diverses Nations. Et ces professeurs généraux de diction enseigneront à leur tour la diction à tous les professeurs de l'enseignement de la Langue Mondiale dans chaque Nation.

Art. 60.

Pour faciliter la diffusion uniforme de la diction de la Langue Mondiale, il ne sera délivré de diplôme de diction — donnant le droit d'enseigner la diction — qu'aux Professeurs ayant atteint la perfection même de diction.

Et dans chaque Nation les 2/3 des professeurs de diction seront pris dans les diverses Nationalités étrangères.

En outre ces professeurs changeront chaque année de chaire. On obtiendra ainsi le maximum de chance de ne pas créer dans chaque Nation une diction différente, propre à la Nation.

La Commission de la Langue Mondiale pourra mettre en pratique tous autres moyens qui lui permettront d'obtenir une diffusion universelle de diction uniforme et parfaite.

Art. 61.

La Commission de la Langue Mondiale établira en outre les règles de détail auxquelles les Nations et les particuliers devront se soumettre pour l'application pratique de la Langue Mondiale.

Elle notifiera à la Société des Nations les sanctions qu'elle croira devoir prescrire contre les Nations qui ne se conformeront pas à ces règles ou qui ne feront pas exécuter ses sanctions.

Elle prendra des sanctions directes au nom du Pouvoir Exécutif de la Société des Nations contre les Régions, les Communes et les particuliers qui contreviendraient aux règles établies par elle.

Art. 62.

La Commission de la Langue Mondiale aura dans chaque Nation un personnel d'Inspecteurs à sa disposition en nombre suffisant pour assurer la stricte exécution de ses prescriptions.

Art. 63.

Les sanctions contre les particuliers qui ne se conformeront pas aux règles établies par le présent titre et par les règles qui seront établies par la Commission de la Langue Mondiale pourront être prononcées jusqu'à la Déchéance au 5e Degré.

Art. 64.

Les Professeurs d'enseignement et de diction de la Langue Mondiale seront rétribués par les Nations.

Les Professeurs généraux de diction de la Langue Mondiale ainsi que les Inspecteurs et les membres de la Commission de la Langue Mondiale seront rémunérés par la Société des Nations.

ART. 65.

Les Pouvoirs Publics qui feraient obstacle à la diffusion de la Langue Mondiale ou qui ne mettraient pas toute leur bonne volonté pour en assurer l'application et pour arriver à ce qu'elle remplace les langues maternelles dans le délai indiqué par le présent Titre, seront révoqués et poursuivis pour être condamnés à la Déchéance jusqu'au 5e Degré, suivant la gravité du cas.

TITRE VII

SYSTÈME MÉTRIQUE ET DÉCIMAL ARITHMÉTIQUE, ETALONS DE POIDS, MESURES ET MONNAIES

Art. 66.

Institution d'un système métrique décimal Mondial s'appliquant à l'arithmétique aux poids et mesures et aux Monnaies.

Dès l'instant que les Peuples adoptent la même langue, ils doivent, — par déduction et pour des raisons analogues, — adopter la même méthode rationnelle universelle de compter, de nombrer et les mêmes unités et étalons de poids, de mesures et de monnaie.

Une méthode rationnelle parfaite à tous points de vue et qui a fait ses preuves a été créée par la Révolution Française de 1789.

Cette méthode est adoptée par la Société des Nations.

Le Système métrique et décimal, s'appliquant aux règles de l'arithmétique, aux poids et mesures et aux monnaies et les étalons de monnaie et de poids et mesures créés par la Révolution Française de 1789 seront obligatoirement appliqués, à l'exclusion de tous autres, par les Nations contractantes et par les Nations adhérant au présent pacte, dans un délai de cinq ans, à compter du jour de l'adhésion.

Les méthodes anciennes de compter et de nombrer et les anciens poids, mesures et monnaies sont prohibées dans toutes les Nations à partir de la même date.

Nul ne pourra s'exprimer, ni écrire, ni passer de marché, ni vendre, ni acheter, ni exposer en vente, une marchandise quelconque qu'en indiquant et en utilisant des poids, des mesures et des prix et monnaies conformes au Système métrique et décimal créé par la Révolution Française de 1789 et adopté par la Société Mondiale, à peine d'amendes variant de 1.000 fr. à 10.000 fr. et suivant:

1° l'importance de l'entreprise qui se trouvera en faute;

2° le nombre et la gravité des récidives et selon que l'on constatera ou non l'intention évidente de la part du délinquant de ne pas vouloir se conformer aux présentes prescriptions.

A défaut de payer l'amende, la déchéance du 1er au 3e degré sera prononcée.

Les noms des unités et des fractions de poids, de mesures et de monnaie qui devront être employés, sont ceux que la Commission de la Langue Mondiale adoptera.

Heure mondiale

à cadran

de 3o heures.

La montre indique :

11 heures 18 minutes

86 secondes.

Le jour est divisé en 3o heures, l'heure en 3o minutes et la minute en 100 secondes.
Le jour est sectionné en 3 parties de chacune 10 heures.

TITRE VIII

CALENDRIER MONDIAL

Art. 67.

Calendrier Mondial
Année — Mois — Jour — Heure — Minute.

Pour les mêmes raisons que celles énoncées aux Titres VI et VII précédents, les Nations contractantes et la Société des Nations adoptent un calendrier rationnel universel unique.

Elles ne peuvent adopter un calendrier en usage, parce que tous les calendriers, adoptés par les Nations, sont basés sur des faits religieux différents et parce que aucun n'est rationnel,

Une méthode qui paraît rationnelle est celle qui consiste à tabler sur un point de départ nouveau; à combiner d'une part, le système métrique et décimal avec la révolution de la terre autour du soleil en 365 jours 1/4 environ, ainsi que la révolution de la terre sur elle-même en un jour et à tenir compte, d'autre part, des nécessités de l'organisation du travail social, combinées avec les forces physiques de l'Homme et le plus grand rendement que peuvent produire ces forces, sans fatiguer l'Homme.

Cette méthode conduit aux règles suivantes, adoptées par les Nations et par la Société Mondiale.

1º Le Nombre des années commencera à courir le lendemain du jour anniversaire de la Constitution de la Société Mondiale.

2º Le nombre des années, avant cette date, se comptera en remontant et l'année indiquée s'écrira en faisant précéder le nombre ou le millésime de l'année du signe: plus (+).

3º L'année sera de 365 jours avec année bissextile tous les 4 ans et ladite année bissextile sera supprimée tous les 128 ans.

4º L'année sera divisée:

a) En 10 mois consécutifs de travail de 30 jours chacun; entrecoupés de: 1 jour de repos obligatoire tous les 5 jours: les 5, 10, 15, 20, 25 et 30 de chaque mois; ou bien, suivant les nécessités professionnelles et corporatives, de: 2 jours de repos obligatoire tous les 10 jours: les 9 et 10, les 19 et 20 et les 29 et 30 de chaque mois. Ces jours de repos pourront toutefois être répartis à tour de rôle dans les établissements qui ne peuvent fermer leurs portes, notamment ceux qui marchent sans arrêt jour et nuit; ce qui est le cas de tous les établissements qui emploient des machines.

b) En 2 mois consécutifs de vacances de chacun 30 jours, obligatoirement consacrés à 30 jours de voyages d'études et à 30 jours de voyages d'agrément ou de vacances. Toutefois ces 60 jours de vacances consécutives pourront être donnés à tour de rôle, dans les établissements qui n'ont pas de morte saison et qui ne peuvent fermer leurs portes. Les 30 jours de voyages d'études s'organisent toujours collectivement entre membres d'une même corporation, soit par Groupements Communaux, soit par groupements du personnel d'un même Etablissement, soit par groupement de membres d'un même syndicat professionnel. Chaque intéressé choisit le groupement qu'il préfère en tenant compte de ce principe que ces voyages doivent s'appliquer aux études scientifiques générales, économiques et professionnelles, et surtout aux études intéressant la profession des intéressés.

c) Et en une demi-semaine de 5 jours fériés. (Ces jours fériés seront au nombre de 6, au cours des années bissextiles).

5° Le dernier de ces 5 jours fériés (ou des 6 jours fériés, lorsque l'année sera bissextile), sera la veille du jour anniversaire de la Société Mondiale.

Le lendemain du jour anniversaire commencera donc par un jour de travail, en reconnaissance du principe fondamental nécessairement admis par toute Société Idéale que seul le Travail de l'Homme permet de lui créer du Bonheur sur Terre.

6° Le premier jour de l'année sera donc le lendemain du jour anniversaire de la signature du pacte de constitution de la Société des Nations, entre les premières Nations adhérentes. Et il serait désirable que l'on fît coïncider ce jour anniversaire avec le 21 septembre, veille du jour où commence l'automne. Les vacances coïncideraient ainsi avec la saison des grandes chaleurs, qui est bien la saison toute indiquée d'une fin d'année. Et la reprise du travail coïnciderait avec la saison douce et vivifiante des premières fraîcheurs de l'automne.

7° Les 30 jours du mois seront numérotés de un à trente et comprendront 3 semaines de 10 jours.

8° La demi-semaine fériée de 5 jours (ou de six jours pour les années bissextiles) sera numérotée de 1 à 5 ou à 6 et sera consacrée à des réjouissances et à des jeux publics organisés

par la Société des Nations, par les Nations, par les Régions,
par les Communes ou même encore par les collectivités organisées.

9° La journée sera divisée en 30 heures égales. Elle court
de minuit à minuit.

10° L'heure sera divisée en 30 minutes égales.

11° La minute sera divisée en 100 secondes égales.

12° La journée sera donc divisée en $30 \times 30 \times 100 = 90.000$
secondes, au lieu de l'ancienne division de la journée en
86.400 secondes égales.

13° La Commission de la Langue Mondiale indiquera les
noms à donner aux différents mois de l'année et aux différents jours de la semaine.

Art. 68.

Les cadrans des horloges, pendules, montres, chronomè-
tres et autres instruments indicateurs de l'heure, publics et
privés, seront obligatoirement ainsi divisés à partir du 1er jour
de la 3e année Mondiale.

Art. 69.

Sur quels principes reposent ces divisions horaires ?

Nombreux sont les Hommes qui ont cru trouver la pa-
nacée de l'Idéal social dans la diminution progressive des
heures de Travail.

Cette thèse part d'un principe faux.

Ce n'est pas par en bas que doit se faire l'Egalité des
Hommes ; c'est par en Haut.

Ce n'est pas dans la Pauvreté que les Hommes doivent
rechercher l'Egalité, c'est dans la Richesse ; parce que c'est
dans la Richesse que se trouve le plus parfait Bonheur.

Or dans une Société Idéale seul le Travail de l'Homme
peut créer la Richesse et le Bonheur.

Nous savons en effet que les Richesses Naturelles sont
immenses et inépuisables.

Mais nous savons aussi, que ces Richesses créées par la Nature n'existent en quelque sorte qu'à l'état de potentiel, c'est-
à-dire dans un état non assimilable par l'Homme ; et ce, aussi
longtemps que son travail et son intelligence n'interviennent
pas pour les travailler et les assimiler à ses besoins.

Les Richesses Naturelles à l'état de potentiel, c'est-à-dire
à l'état : de matières premières, de terres culturales, d'intelligence et de dons individuels professionnels, ne peuvent donner
du Bonheur à l'Homme que s'il travaille ces Richesses et

s'il leur fait rendre des revenus, à l'aide de ses forces physiques et de son cerveau.

C'est donc le Travail manuel et le travail intellectuel de l'Homme combinés qui, seuls, peuvent donner du Bonheur à l'Homme et le rendre heureux.

Et c'est par le plus grand Travail manuel et intellectuel, possibles à l'Homme, que celui-ci peut parvenir, dans un minimum de temps, à faire exécuter, par la machine et par les forces physiques et chimiques Naturelles, concentrées en ses mains, les durs travaux qui le fatiguent.

Quelle doit donc être la limite du Travail maximum?

La Logique, la Raison et l'Expérience répondent que le Travail quotidien de l'Homme doit être fixé au nombre maximum d'heures pendant lesquelles l'Homme travaille sans fatigue et le travail doit cesser à la minute même où ses forces physiques et intellectuelles commencent à s'épuiser par un trop long travail.

Or la presque unanimité des Hommes est d'accord pour dire que l'Homme peut, sans se fatiguer, travailler 8 heures; à condition cependant qu'il se repose 8 heures, qu'il dorme 8 heures par jour, qu'il se repose, en outre, 2 jours tous les 10 jours, et qu'il prenne chaque année, 30 jours consécutifs de vacances, pendant lesquelles il se repose à la fois le corps et l'esprit.

Ces trois 8 de l'heure ancienne, correspondent aux trois 10 du cadran Mondial.

Au-dessus de 8 heures (heure ancienne) et de 10 heures (heure Mondiale) par jour de travail effectif et consciencieusement effectué, l'Homme se fatigue et perd ses forces. Il s'épuise avant son heure.

Or la Société, aussi bien que l'Homme, a intérêt à ce que ce dernier conserve son maximum de forces physiques et de puissance intellectuelle, le plus longtemps possible.

L'Homme doit donc rechercher, dans une Société Idéale, à atteindre le maximum de Bonheur possible. Et il ne peut atteindre ce résultat qu'en travaillant le plus possible, soit dès le début de la Société Nouvelle, soit dans l'avenir.

Et lorsque par le fait de la diffusion et de l'application des sciences et des machines, le nombre d'Hommes nécessaires à la production aura diminué, ces Hommes disponibles devront être affectés à produire un surcroît de bien-être, de plaisirs, de réjouissances et de Bonheur, afin que l'Homme, de siècle en siècle, soit de plus en plus heureux et s'élève, à chaque siècle, d'un échelon vers le Bonheur Idéal, jamais complet, jamais atteint.

Et avant de rechercher à atteindre le plus grand bonheur dans la production des plaisirs variés, l'homme aura pour Devoir de supprimer le travail manuel de la femme en dehors de son ménage d'intérieur, parce que la Femme n'est pas organisée pour le Travail Corporel.

L'Homme devra donc avant de songer à diminuer les heures de travail, produire suffisamment pour donner à toutes les Femmes une rétribution égale au salaire minimum de base.

De même il devra abaisser l'âge de la retraite pour la vieillesse.

On sent bien, d'autre part, que si un jour l'Homme s'estimant assez heureux, diminuait ses heures de travail et recherchait, dans la paresse, l'Idéal de Bonheur, l'arrêt dans les conquêtes du Progrès et de la Science ne manquerait pas de se produire et le bien-être de l'Homme ne tarderait pas à diminuer; au lieu d'augmenter, toujours, jusqu'à l'Infini.

Et que les Hommes des siècles futurs se méfient bien de ce mauvais penchant qui pourrait, — instinctivement et bêtement comme le sont tous les mauvais instincts naturels, — les conduire vers la paresse; car il en est du Travail (et comme contre-partie de la paresse) comme de l'Egalité et de la Justice.

Nous avons démontré que si l'on ne veut pas chercher la Justice et l'Egalité dans l'Idéal parfait, on divise les Hommes qui, ne pouvant s'entendre dans l'Idéal, se dispersent de tous côtés dans des à peu près de Justice et d'Egalité, et en arrivent ainsi à s'entre-déchirer.

Le jour où les Hommes cesseraient de s'entendre économiquement sur la base d'*un Parfait Idéal de Bonheur toujours plus haut perfectible, par un Travail toujours Maximum*, n'ayant de limites que leurs forces; le jour où ils rechercheraient dans *la paresse* et dans le *moindre travail leur Idéal de Bonheur*, ce jour-là, les Hommes cesseraient de s'entendre et le Nouvel Edifice Social craquerait, se fêlerait et s'écroulerait aussi lamentablement que l'Edifice Social Bourgeois; parce que ce serait entre Hommes, la course à la paresse, la surenchère à la paresse et, pour y parvenir plus vite, l'enseignement de la paresse aux jeunes générations. On proposerait d'abord 7 heures de travail, puis 6 heures, puis 5 heures, puis 4 heures. Mais les plus paresseux voudraient s'en tenir à 3 heures, à 2 heures, ou même à 1 heure de travail par jour. Et les fainéants diraient même qu'ils ne doivent pas travailler du tout et que les autres Hommes doivent les nourrir et les entretenir parce que la Nature Injuste les a faits moins solides que les autres.

Non ce n'est point là ce qui constitue des Principes Idéaux d'Egalité, dans le Bonheur le plus grand possible.

L'Education économique de l'Homme dans la Société Mondiale, devra au contraire faire ressortir aux Jeunes Générations d'Hommes qu'elles doivent en tout temps, à travers tous les siècles, travailler 8 heures par jour (heure ancienne), ou 10 heures par jour (heure Mondiale) parce que l'Homme ne se fatigue pas à faire un tel travail et que c'est en faisant un *Travail Maximum* (qui n'a de limite que les forces humaines), qu'il obtiendra *le plus grand Bonheur*, par l'utilisation de ses forces et par le développement rapide des Sciences et du Progrès. C'est alors que l'Homme ne travaillera plus en fait. Il surveillera une machine qui, pendant 8 heures par jour travaillera pour lui et lui permettra de vivre dans l'aisance d'un millionnaire.

C'est à quoi aboutira l'apogée d'un travail continu de 8 heures par jour.

Quelques exceptions, très rares, pourront être apportées à cette règle, après expériences et après avis de docteurs et de professeurs de cultures des forces physiques de l'Homme; mais il n'y a pas de doute que plus les progrès de la science seront grands et plus ces exceptions devront être rares, parce que plus la science fera de progrès et plus la machine travaillera pour l'Homme.

En principe donc on ne devra pas travailler moins d'heures par jour dans un travail pénible, on devra employer à ce travail pénible les hommes les plus robustes qui, tout en travaillant le même nombre d'heures par jour, que les autres hommes affectés à un travail plus léger, peineront relativement moins même que ces derniers.

C'est pourquoi il était nécessaire, dès la formation de la Société Mondiale Nouvelle, de bien caractériser l'importance du principe fondamental qui consiste à obtenir *Le Bonheur le plus grand* par un *Maximum de Travail uniforme;* ce qui s'obtient par la division de la journée en trois parties égales: un tiers pour le travail; un tiers pour le repos; un tiers pour le sommeil.

Il y avait intérêt à muer ce principe éternellement en divisant de même en trois parties les cadrans horaires qui seront ainsi obligatoirement maintenus à travers les siècles comme le sont les Principes des Droits de l'Homme et de la Société, dont ils ne sont, en quelque sorte, que la conséquence pratique d'application; et parce que ces principes ressortent des règles de la Logique et de la Raison qui sont les seules régulatrices de la Société Mondiale.

Le Principe du *Bonheur Idéal* par le *Maximum de Travail*, possible à l'Homme, se manifestera donc sur les cadrans ho-

raires par le Symbole des trois 10, éternellement applicable
dans le Travail de l'Homme.

Toutefois, cette règle immuable ne devra pas être appliquée à la Femme parce que la Femme n'a pas été constituée
par la Nature pour le travail.

La Société aura donc pour Devoir de faire cesser le travail
de la Femme dès que la production sera suffisante et que les
constructions à l'usage de l'Habitation seront achevées.

La Société aura alors pour devoir de rémunérer la Femme,
en général, sur le Tarif du salaire minimum de base.

Il semble que cet événement doive coïncider avec la fin
de la période transitoire de 50 ans, au plus tard.

Graphique
d'une Ville de la Société Future.

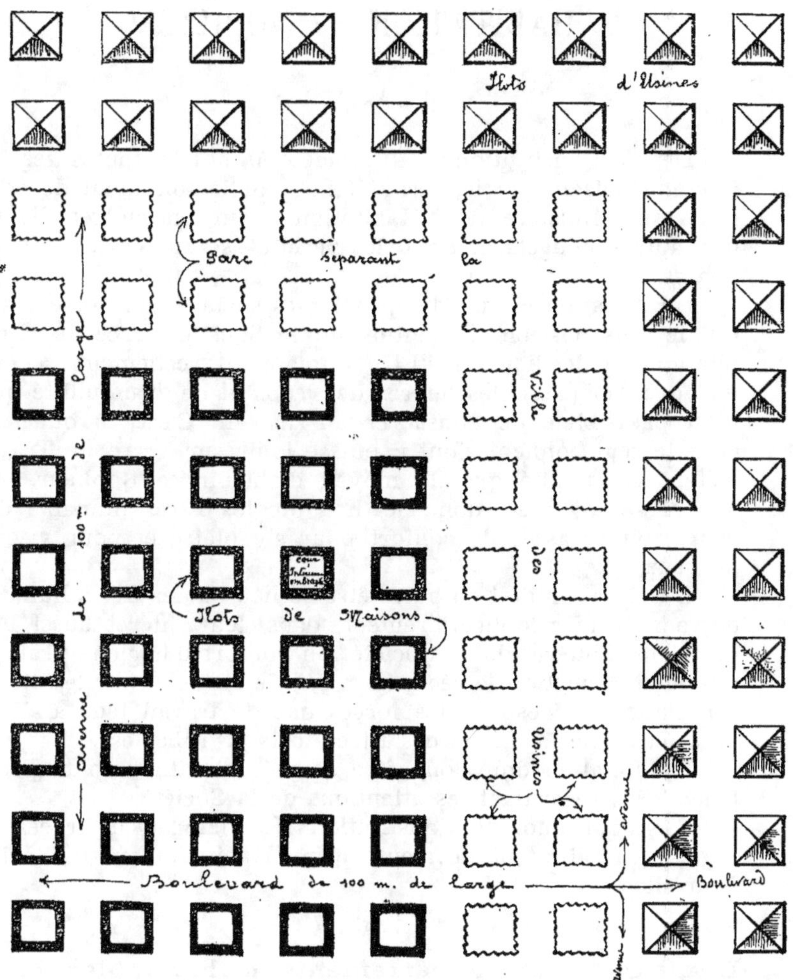

Les Usines sont séparées des Maisons par un Parc. Les Avenues et Boulevards sont perpendiculaires et ont 100 mètres de large. Les Maisons forment un carré de 130 mètres de côté et une cour intérieure ombragée de 100 mètres de côté.

TITRE IX

HABITATION. — MOBILIER

Art. 70.

Dès la Constitution de la Société Mondiale, toutes les Nations en faisant partie, seront tenues obligatoirement de constituer un Ministère de l'Habitation ayant un budget distinct des autres budgets et dont les recettes seront égales aux dépenses.

L'Habitation est un des problèmes sociaux qui doivent attirer le plus possible l'attention de la Société, parce que l'Habitation est le lieu où l'Etre humain vit réellement, se crée un foyer, et passe les heures de repos et de tranquillité qu'il n'est pas obligé de consacrer au travail. C'est là où il se crée le seul bonheur dont il puisse jouir sur Terre; le Travail n'étant, en réalité que le moyen d'obtenir ce Bonheur.

L'Habitation est donc le lieu où les Etres humains doivent trouver assez de confort pour s'y plaire et pour y vivre heureux.

L'Habitation doit en outre être le lieu où les Etres humains doivent trouver obligatoirement, dans leur intérêt aussi bien que dans l'intérêt de la Société, un confort d'hygiène pratique qui leur permette: de récupérer, par le repos et par les études reposantes de l'esprit, les forces que le travail leur a absorbées; et de ne faire que des Etres forts et robustes.

L'Habitation doit donc être soignée et attirer tout spécialement les regards et les attentions de la Société.

C'est pourquoi la Constitution Mondiale devait tracer les règles générales qui devaient régir l'Habitation de la Société Nouvelle.

Art. 71.

Immeubles et appartements « habitables ». — Immeubles et appartements « d'habitation médiocre ». — Immeubles « insalubres ».

Aussitôt après la mise en vigueur du présent pacte, chaque Nation sera tenue de procéder obligatoirement à la vérification de l'état des immeubles d'habitation construits et des appartements affectés à l'habitation.

Il ne sera pas fait état des vastes châteaux privés qui seront transformés en Edifices scolaires et Hospitaliers, en attendant la construction scientifique et rationnelle d'autres Edifices.

Il sera fait des autres immeubles trois classifications:

1º La première comprendra les immeubles « habitables » avec spécification du nombre d'appartements « habitables » pour couples et de logements « habitables » pour célibataires dont dispose chaque immeuble. Les appartements pour couples devront comporter: quatre à six pièces principales. Les logements pour célibataires devront comporter: deux à trois pièces principales. Une spécification des réfections à faire pour rendre les appartements « habitables » sera annexée à l'expertise de chaque immeuble.

2º La deuxième comprendra les immeubles « d'habitation médiocre ». Ces immeubles seront ceux qui ne comportent pas tout à fait toutes les conditions d'hygiène désirables, mais qui peuvent cependant être habités sans trop de dangers pour la santé des occupants. Le nombre d'appartements et de logements dont dispose chaque immeuble sera spécifié. Une spécification sera faite des réfections exigées pour que l'immeuble puisse être utilisé malgré ses défectuosités. Le nombre de ces immeubles sera en rapport avec les nécessités immédiates de la population de chaque Ville ou Commune.

3º Le troisième comprendra les maisons « insalubres ».

Avant de procéder à l'expertise et à la classification des immeubles d'habitation construits, il sera dressé par les soins d'une commission compétente un statut des conditions d'hygiène, d'air et de lumière exigées pour la première et la deuxième catégorie, afin qu'il y ait coordination et régularité dans les décisions des experts.

Tous les immeubles de la 3ᵉ catégorie reconnus « insalubres » devront être démolis immédiatement jusqu'au sol par les soins des propriétaires, sans se préoccuper s'il existe ou n'existe pas dans la commune d'appartements « habitables », ou « d'habitation médiocre » en suffisante qualité. Les décombres devront être transportés dans les lieux assignés par les services de l'Habitation. A défaut par les propriétaires de s'exécuter, la démolition est faite aux frais de ces derniers et le terrain est exproprié au profit de l'Habitation.

Si les immeubles « habitables » ou « d'habitation médiocre » ne forment pas un nombre suffisant d'appartements et de logements pour loger tous les habitants d'une Ville ou d'une Commune il sera d'urgence procédé à la réfection, à la transformation et à la division, en appartements de 4 à 6 pièces, des hôtels particuliers et des maisons comportant des appartements trop spacieux. Les propriétaires feront faire eux-mêmes ces travaux, s'ils le désirent, suivant les plans des experts de l'Habitation. Ces travaux seront faits de telle sorte que les choses puissent facilement être remises en état.

Nul ne pourra posséder deux habitations jusqu'à ce que tout le monde soit logé dans des « maisons habitables ».

L'on verra que, d'autre part, la construction de maisons d'habitation nouvelles sera entreprise, immédiatement aussi, par le service de l'Habitation, afin que cet état de choses provisoire cesse le plus rapidement possible.

Au fur et à mesure que les constructions de maisons d'habitation se feront, les plus mauvaises maisons « d'habitation médiocre » seront déclarées insalubres les premières et elles seront démolies de suite.

Lorsque toutes les maisons « d'habitation médiocre » seront ainsi démolies, après logement de leurs locataires dans les appartements des maisons neuves, il sera procédé à l'évacuation des vastes appartements divisés et ensuite à l'évacuation des hôtels particuliers qui seront rendus à leurs propriétaires.

Les propriétaires qui ne feraient pas exécuter de suite les réparations prescrites par les experts, seraient expropriés de suite de leurs immeubles.

Les propriétaires possesseurs d'immeubles « d'habitation médiocre, mais seulement après réfection » qui ne feraient pas, de suite, les réparations prescrites, seraient expropriés pour la valeur du terrain seulement.

Les expropriations se feront pour la valeur en capital des immeubles, telle qu'elle figure aux registres de l'impôt.

Cette valeur en capital *sera inscrite aux registres de l'impôt.* après expertise contradictoire qui portera sur le terrain seulement pour les immeubles « d'habitation médiocre » ou « d'habitation insalubre ». Elle portera, en ce qui concerne les immeubles « habitables » d'une part sur la valeur du terrain telle qu'elle résulte des ventes effectuées, dans l'îlot expertisé, au cours des 5 dernières années et d'autre part en tenant compte de la configuration plus ou moins régulière ou difforme du terrain, de l'ancienneté de la construction et de sa valeur effective.

Quels que soient les résultats de l'expertise, la valeur d'un immeuble d'habitation ne pourra être fixée à un prix supérieur au revenu net de l'immeuble capitalisé à 6 %. Le revenu net sera celui fixé par la moyenne des locations des cinq der-

nières années, sous déduction de toutes les charges de l'immeuble, y compris une prévision pour réparations d'entretien
de l'immeuble et pour pertes par suite de vacances de loyers.

Cette valeur ne pourra non plus être supérieure au prix
d'achat de l'immeuble si celui-ci n'a pas subi, depuis l'achat,
des agrandissements et des améliorations susceptibles d'augmenter sa valeur.

Enfin le prix de l'expropriation ne peut excéder en aucun cas l'évaluation servant de base à la perception de l'impôt.

Art. 72.

Régime de l'Habitation.

Un nouveau Régime de l'Habitation sera institué dans chaque Nation contractante, un an après la constitution de la
Société Mondiale.

Tous les contribuables, quelle que soit l'importance de
leurs gains, salaires et revenus divers annuels, verseront aux
recettes de ce budget le 1/5 de leurs revenus globaux annuels,
tel que leur montant figure au registre de l'Impôt.

Pour simplifier la perception, l'employeur retiendra à son
personnel salarié le 1/5 du salaire qu'il versera chaque mois
à la Caisse Nationale de l'Habitation.

Les non-salariés et les salariés qui posséderont d'autres
revenus que leurs salaires verseront ou compléteront ce 1/5
en deux fois au cours des 5e et 10e mois de l'année.

Pendant la période transitoire de 50 ans, les propriétaires
toucheront à cette caisse le montant des loyers de leurs maisons dont la Nation sera le Principal Locataire.

Le montant des loyers sera fixé sur la moyenne payée par
les locataires au cours des 5 dernières années; et ils ne pourront être augmentés pendant la période transitoire de 50 ans.

Les dépenses de ce budget comprendront donc:

1o Les frais de réparation et d'entretien des immeubles
d'habitation dont la Nation est propriétaire.

2o Les loyers qui, pendant la période transitoire de 50 ans,
sont versés aux propriétaires d'immeubles affectés à l'Habitation.

3o Une prime annuelle d'amortissement en 50 ans du Capital
nécessaire pour reconstruire modernement pendant cette période, toutes les maisons d'habitation de la Nation.

Art. 73.

Constructions nouvelles.

Au cours de la première année de la Constitution de la Société Mondiale, tout l'effort que pourra faire le Service de l'Habitation de chaque Nation devra porter: 1º sur la réfection et la mise en état des maisons et des appartements et logements qui peuvent être utilisés pour l'habitation; 2º ét sur la division des hôtels particuliers et des appartements trop spacieux, afin que tout le monde soit logé à peu près convenablement dès le début.

Dès la 2e année de la Constitution de la Société Mondiale, il sera construit chaque année dans toutes les Villes et Communes de chaque Nation, un îlot d'immeubles, sur des terrains vacants d'abord, sur les quartiers comptant de nombreuses maisons insalubres démolies ensuite et enfin sur l'ancien emplacement de la Ville si cet emplacement est compris dans le plan de construction d'ensemble.

Quoi qu'il en soit, lorsqu'un îlot de maisons neuves sera construit, toutes les maisons anciennes situées dans l'îlot seront rasées, sauf les monuments historiques qui pourront être conservés s'ils ne sont pas une gêne et si leur valeur historique est grande.

Les Villes de plus de 5.000 habitants seront toutes construites d'après les principes suivants:

Un plan d'ensemble sera fait, prévoyant un agrandissement constant de la ville pendant plusieurs siècles.

Les Villes se construiront en deux agglomérations, bien distinctes et nettement séparées l'une de l'autre; l'une comprendra les immeubles d'habitation et l'autre les usines.

Les usines qui dégageraient des odeurs, ou qui seraient un danger, ou qui seraient susceptibles d'incommoder la population, seront construites loin des centres d'habitation et loin des autres usines. Leurs défectuosités devront être atténuées autant que la science peut le permettre.

Les deux agglomérations de chaque ville (habitations et usines), seront séparées par un vaste jardin ombragé.

Elles auront la forme d'un carré ou d'un rectangle. Les agrandissements de chacune de ces deux agglomérations se feront respectivement par deux des côtés contigus du carré ou du rectangle.

Chacune de ces agglomérations sera desservie par des boulevards parallèles entre eux et par des avenues parallèles entre

elles, et perpendiculaires aux boulevards et ayant uniformément 100 mètres de large les uns et les autres.

Les boulevards et les avenues qui commenceront dans l'ag-
glomération de l'habitation se prolongeront dans l'agglomé-
ration des usines en droite ligne.

Un îlot de maisons d'habitation ou d'usines sera construit
entre deux boulevards et deux avenues. Chacun de ces îlots
aura la forme d'un carré.

Un jardin de 100 mètres de côté, planté d'arbres, sera
aménagé au milieu de chaque îlot d'immeubles construit par
l'Habitation.

Les boulevards et les avenues seront plantés de 4 rangées
d'arbres.

Les maisons devront toutes comporter, à leur façade, à
hauteur du 1er étage, une marquise vitrée de 5 mètres de large
dont l'extrémité sera remontée légèrement vers le ciel.

Au milieu de la chaussée, monté sur un châssis supporté
par des colonnes prenant assises sur les boulevards et avenues,
sera installé à la hauteur du 1er étage un trottoir roulant à
double sens, auquel on accédera par un escalier roulant élé-
vateur.

La chaussée des boulevards et des avenues sera réservée exclusivement aux piétons.

Les boulevards et les avenues comprendront en outre trois
étages de sous-sol sur toute leur longueur et leur largeur.

Le premier étage de sous-sol sera réservé aux voitures.

Le deuxième étage sera réservé aux chemins de fer, aux
métropolitains et aux tramways à même voie ferrée. Une voie
de stoppage sera aménagée à droite et à gauche le long des
trottoirs. A certaines heures de la nuit ces voies sont utilisées
pour la livraison des marchandises venant directement des
gares et transportées jusqu'à destination sur les wagons mêmes
qui les ont véhiculées depuis la ferme ou l'usine de production. Le deuxième étage de sous-sol des avenues passe sous
celui des boulevards afin qu'aucune ligne ne puisse se croiser
au même niveau.

Le troisième étage comporte un tunnel de la largeur des
boulevards et avenues où sont aménagées et réparties en un
ordre parfait toutes les canalisations d'égouts, d'eau, de gaz,
d'électricité, d'air comprimé, etc., nécessaires aux immeubles.
Toutes ces canalisations sont à découvert afin qu'elles puissent être réparées sans rien démolir.

Ces étages sont aérés par ventilateurs à fonctionnement
continu et à air chauffé à une température constamment uniforme. On y accède au moyen d'ascenseurs et d'escaliers roulants.

Les Maisons de chaque îlot d'immeubles comprennent : vingt étages de chacun 4 mètres de haut, un rez-de-chaussée de 6 mètres de haut et trois étages de sous-sol de chacun 6 mètres de haut, correspondant aux étages des Boulevards et des avenues. Les avenues comprennent un double étage de 12 mètres pour permettre aux lignes ferrées de ne pas se croiser au même niveau.

Les égoûts d'une Ville ou d'une Commune aboutissent tous à une usine de trituration et de transformation en produits chimiques à l'usage d'engrais agricoles des détritus, immondices et déchets de la Ville.

Les eaux des égoûts ne seront renflouées vers les rivières qu'après avoir été épurées par évaporation ou autrement.

Les maisons ont une profondeur de 15 mètres entre Boulevards et jardins. Les sous-sols sont affectés à l'usage de magasins de dépôts divers.

Les appartements sont desservis par des ascenseurs et des monte-charges qui descendent jusqu'aux sous-sols.

Ils sont composés d'un nombre égal de pièces prenant jour en façade sur le boulevard ou sur l'avenue et derrière sur le jardin central.

Chaque appartement a une capacité cubique utile de 1.200 mètres.

Chaque appartement comprend : antichambre composée d'un couloir de 4 mètres environ, au milieu, desservant les pièces à droite et à gauche d'environ 5 mètres de côté; lesquelles pièces se composent de: salle à manger; salon; cabinet de travail; trois chambres ayant chacune un vaste cabinet de toilette; salle de bains agencée de douches et de tous procédés thérapeutiques d'hygiène moderne; cuisine attenant: 1º à un garde-manger aménagé d'un frigorifique; 2º à une pièce noire à l'usage de cave maintenue à une température uniforme par le refroidissement de l'air ambiant; 3º Et à un magasin de dépôt desservi par le monte-charge.

Chaque appartement comporte le confort le plus moderne et notamment: éclairage et chauffage électriques; aération automatique par l'apport d'air chauffé ou refroidi à la température désirée et par le rejet de l'air vicié; prises d'énergies électriques pour machines d'appartement autorisées et sans bruit; eau chaude; eau froide; gaz; téléphone; tube-poste-pneumatique, permettant la réception et l'envoi rapide des lettres; tube-colis-pneumatique relié à toutes les maisons d'échange des deux carrefours les plus voisins.

Les tubes-colis-pneumatiques sont d'un diamètre d'un mètre. Ils permettent, à l'aide du téléphone, de faire approvisionner l'appartement de toutes denrées alimentaires sans avoir à se déplacer.

Les logements pour célibataires sont composés de trois pièces principales. Ils occupent les étages supérieurs et comportent le confort le plus moderne également.

Les usines possèdent deux étages de sous-sols correspondant aux deux étages de sous-sols des boulevards et avenues. Les wagons sont donc chargés et déchargés dans l'usine même et l'administration des transports doit piloter ou renflouer les wagons de l'usine ou jusqu'à l'usine.

Les usines sont reliées entre elles par le sous-sol lorsque le même Etablissement industriel occupe plusieurs îlots d'immeubles séparés par des boulevards et des avenues.

ART. 74.

Maisons de Campagne Nouvelles.

Dans les Communes rurales, de même que dans les Villes d'une population inférieure à 5.000 habitants, le principe de: « A chacun sa maison » sera appliqué.

Ce principe serait celui idéal si la population terrestre était répartie sur le Globe par petits villages.

Mais la population s'étant agglomérée dans les centres commerçants et industriels, il était nécessaire d'agglomérer le plus possible de population dans un même quartier, afin d'éviter les pertes de temps pour les voyages de l'usine à l'habitation et inversement ou de l'habitation aux maisons de Consommation.

Les moyens de transports et les moyens faciles d'échange qui étaient le principal problème à résoudre dans les grandes agglomérations ne pouvaient être construits d'une manière peu onéreuse qu'à la condition de réunir dans de vastes immeubles une population très dense, qui dispose cependant de conditions d'hygiène les plus parfaites.

Ce sont ces considérations qui ont prévalu pour établir les règles de l'article précédent.

En ce qui concerne les maisons de Campagne, la Société insistera moins sur les moyens de transports, tout en donnant à la maison de Campagne les mêmes commodités et le même confortable qu'à la Ville.

Chaque village sera desservi soit par une voie ferrée, soit par un tramway, soit par une ligne d'autobus, soit par tous autres moyens plus modernes au moins six fois par jour.

Les Maisons pour couples comportent chacune une capacité cubique utile de 1.200 mètres. Elles sont entourées en outre d'un jardin de 1.000 mètres. Les Maisons peuvent être isolées ou être jumelées par deux ou par quatre. Elles sont construites solidement en pierres de taille pour leur permettre de résister plusieurs siècles aux intempéries.

Les jardins sont clôturés par une grille en façade et par des murs de 3 m. sur les côtés.

Les maisons sont groupées en îlots composés d'un certain nombre de maisons, toutes desservies en façade par une rue de 25 mètres de large au moins.

Les villages sont construits, autant que possible, en carré, sinon en rectangle, en face des constructions agricoles, desquelles elles ne sont séparées que par une rue afin que celles-ci soient aussi voisines que possible des habitations de leurs travailleurs.

Au centre du village ou à chaque carrefour, s'il y a lieu, sont construites les maisons d'échange auxquelles le village s'approvisionne.

Au centre du village est également installé un établissement de réjouissances (théâtre, cinéma, salle des fêtes et autres).

Chaque locataire entretient son jardin convenablement.

Il peut en toute liberté le transformer en parc, en parterres de fleurs, en jardin d'agrément, en jardin fruitier, en jardin potager ou en prairie.

Mais il ne pourrait le laisser en friches sans s'exposer à une amende qui pourrait atteindre 1.000 fr. chaque année.

Des maisons spéciales sont construites pour plusieurs célibataires, disposant de chacun un logement.

La voie ferrée, s'il en existe une, dessert directement toutes les exploitations agricoles et les maisons d'échange et d'expédition des denrées.

Les wagons sont pilotés et renfloués par les soins de l'administration des transports de l'exploitation agricole ou jusqu'à elle.

Art. 75.

Mobilier.

Les appartements et logements urbains ainsi que les maisons de campagne sont confortablement meublés par les soins du service de l'Habitation, de telle sorte que les locataires n'ont pas à acheter de meubles lorsqu'ils n'en ont pas ou lorsqu'ils désirent se mettre en ménage.

Les locataires n'achètent que le linge et les objets périssables par l'usage qui leur sont nécessaires.

Un nettoyage par le vide, suivi de désinfection, est fait chaque année par les soins du service de l'Habitation à l'époque des vacances des locataires.

Les meubles sont réparés, entretenus et changés contre d'autres par le service de l'Habitation lorsqu'ils sont usagés.

Art. 76.

Réfection des appartements.

Les appartements, logements ou maisons occupés par les contribuables sont réfectionnés obligatoirement tous les 10 ans par les services de l'Habitation.

Les peintures sont refaites et les appartements, logements et maisons sont revus et réparés dans leurs plus petits détails.

En cas d'urgence, les réparations doivent être effectuées au fur et à mesure que les besoins s'en font sentir.

Art. 77.

Constructions d'Hôtels et d'immeubles d'agrément.

Après reconstruction totale de tous les immeubles à usage de l'habitation, le service de l'Habitation construira des hôtels et immeubles d'agrément sur les hautes montagnes, sur le bord des lacs, sur les plages, dans les forêts ou dans les vertes campagnes, afin que les habitants de chaque Nation puissent passer agréablement leurs vacances et changer d'air dans les climats qui conviennent le mieux à la restauration de leur santé.

Art. 78.

Loyer après reconstruction totale
et amortissement du coût des constructions.

Aussitôt que l'amortissement sera effectué du coût de toutes les constructions d'habitation et d'agrément, le loyer sera supprimé.

Les frais d'entretien des immeubles et des meubles seront alors très réduits et seront supportés par la Nation.

Cette diminution des charges des contribuables, du fait de la suppression du loyer, augmentera dans de notables proportions le bien-être de tous.

TITRE X

ASSURANCES MÉDICALES — RETRAITES

Art. 79.

Dès la Constitution de la Société Mondiale, il est formé, dans chaque Nation, obligatoirement, un Ministère des Assurances Médicales et des Retraites.

Tous les Contribuables, quels que soient leurs salaires, gains et revenus annuels, versent chaque année, en deux fois, au cours des 5e et 10e mois, aux recettes du budget de ce Ministère, le 1/10e de leurs revenus globaux, tels qu'ils ressortent des registres de l'impôt.

Les recettes de ce budget nécessaires pour couvrir les dépenses sont complétées au moyen de l'impôt, s'il y a lieu.

S'il y a excédent de recettes, celles-ci sont portées en report aux recettes du budget de l'année suivante.

Les dépenses de ce budget comprennent:

1o La retraite de vieillesse versée à toute personne ayant atteint l'âge de 60 ans révolus et fixée au taux du salaire de base qui est de 20 francs par jour, sous retenue :

    a) du loyer d'habitation, s'élevant à 2/10 ....   2/10

    b) de la contribution aux recettes du présent budget, s'élevant à 1/10 ....   1/10

    c) de l'impôt sur les revenus, lequel ne peut être supérieur à 1/10 du revenu pour un revenu inférieur à 10.000 fr. 1/10

                Total maximum des prélèvements.........   4/10

2o Pareille retraite, versée aux infirmes incapables d'aucun travail.

3o Pareille retraite versée aux femmes ayant donné le jour à 4 enfants au moins, même avant l'âge fixé pour la retraite.

Avec possibilité pour chaque Nation d'abaisser ce nombre d'enfants, sans pouvoir l'élever.

4o Les émoluments versés, en conformité du Titre V:

    a) Aux Femmes en état de maternité, de six mois au moins;

    b) Et à celles élevant un ou plusieurs enfants de moins de 3 ans.

5o Les frais généraux d'un service médical gratuit pour tous.

Les Docteurs assurant ce service sont rétribués de telle sorte que leurs appointements soient en rapport et en décroissance avec le nombre de malades et le nombre des décès annuels, dans la population confiée à leurs soins.

Chaque service comprenant une circonscription médicale est assuré par trois Docteurs, parmi lesquels la population choisit le praticien qui lui convient le mieux. Il est en outre tenu compte de cette clientèle pour la fixation des rémunérations des trois Docteurs.

Conséquemment: Moins le pourcentage de malades et de décès annuels est élevé dans une circonscription médicale et plus le consortium des trois Docteurs touche un complément de rémunération élevé. Et ce complément de rémunération est réparti entre eux, suivant le nombre des visites faites aux malades soignés par eux dans l'année. Donc plus un Docteur est demandé plus il est payé.

Par malades l'on entend ceux seulement qui sont dans une incapacité de travail. Et par visites l'on entend celles faites, aussi bien aux malades continuant leurs travaux qu'à ceux qui sont dans une incapacité de travail.

6º Et les primes d'amortissement en 50 ans des capitaux nécessaires pour construire les établissements publics médicaux nécessaires aux malades, et les Etablissements publics d'hospitalisation des vieillards, des infirmes, des malades et autres.

Les vieillards, les infirmes, les malades et autres, hospitalisés dans les Etablissements publics versent leur retraite ou le salaire de base auquel ils ont droit à la Caisse de cet Etablissement.

Les infirmes aptes à faire certains travaux sont occupés dans des établissements spéciaux où des travaux leur sont réservés suivant la nature de leurs infirmités.

Ces travaux doivent être tels, pour chaque nature d'infirmité, que les facultés anéanties chez l'infirme, n'aient pas besoin d'intervenir pour l'exécution du travail.

La rémunération des infirmes est la même que celle des Hommes valides dont le salaire minimum de base est fixé à 20 francs par jour.

L'infirme est donc rémunéré suivant son travail et cette rémunération est touchée intégralement par lui, sous retenue d'une somme forfaitaire payée chaque mois à l'Etablissement hospitalier, pour subvenir à sa nourriture et à son entretien.

Les soins médicaux donnés à l'infirme sont gratuits.

De même est gratuitement mis à la disposition des infirmes, un personnel spécial, dont les soins sont adéquats aux nécessités d'aide et d'assistance que créent les infirmités de chacun d'eux.

TITRE XI

ASSURANCES CONTRE TOUS RISQUES

Art. 80.

Pendant la période transitoire de 50 ans, toutes personnes ou Sociétés qui détiendront de tous tiers quelconques (ne serait-ce que pendant un jour) des marchandises, des denrées et objets quelconques, non payés comptant à la réception, où qui devront des capitaux à des tiers, seront tenues obligatoirement de s'assurer, à l'avance, contre le risque de déconfiture pour une somme annuelle équivalente à la valeur maximum de l'ensemble des capitaux et des marchandises, denrées et objets quelconques ainsi détenus pendant le plus grand flux des dettes de l'année.

Les assurances pourront cependant être faites mois par mois si le débiteur peut indiquer au juste par avance ce qu'il devra au maximum chaque mois à des tiers.

L'assurance doit toujours porter, pour le mois, sur le maximum de crédit du mois, ce maximum de Crédit ne durerait-il qu'un jour.

Les primes à payer sont fixées, d'après les pertes Nationales probables dans chaque catégorie assurée, de manière que l'Assurance Nationale couvre ses frais et débours, sans autre bénéfice qu'une réserve à constituer pour subvenir à toutes éventualités.

Le montant de ces primes d'assurances sera affecté à désintéresser les créanciers des personnes en état de déconfiture, pour tout ce qui leur est dû sans exception.

L'assurance contre la déconfiture est une institution Nationale.

Les banques qui consentiront des ouvertures de Crédit ou qui feront des prêts à des tiers devront signifier ces ouvertures de Crédit et ces prêts à l'Assurance Nationale pour être effectivement couvertes en cas de déconfiture du débiteur.

Tous commerçants, industriels, producteurs et personnes quelconques recevant des marchandises, denrées et objets impayés doivent obligatoirement tenir à jour un registre indiquant, dès la réception: d'une part, la date d'entrée de toutes les marchandises, denrées et objets reçus, et d'autre part, dans une colonne en face de la réception, la date des payements. La balance des comptes devra être établie tous les mois et les excédents portés au compte du mois suivant; de telle sorte que cette balance indique à chaque mois les sommes dont l'intéressé reste débiteur.

Ce registre devra être présenté à toute réquisition aux agents de l'Assurance Nationale. Un modèle unique du registre, dûment paraphé, sera mis à la disposition des intéressés.

Toute écriture irrégulière passée avec l'intention évidente de diminuer la prime à payer, de même que toutes omissions dénotant par leur importance ou par leur fréquence la même intention, entraîneront la déchéance au 5e Degré et la confiscation de tous les capitaux du délinquant. L'intention de fraude sera présumée chaque fois qu'il y aura omission ou écriture irrégulière. L'intéressé devra faire la preuve du contraire.

Les particuliers, les membres des Conseils d'administration de Sociétés, les gérants de Sociétés et tous autres débiteurs de capitaux ou réceptionnaires de marchandises impayées qui ne se seraient pas ainsi assurés d'avance, seront condamnés à la Déchéance au 5e Degré et à la confiscation de leurs capitaux.

L'Assurance Nationale a pour Devoir de payer toutes les dettes de ses Nationaux en déconfiture, qu'ils soient ou non assurés.

La Nation a en conséquence le droit de prendre contre ceux qui ne s'assurent pas, ou qui dissimulent, ou qui faussent leurs écritures, en vue de ne pas payer les primes d'assurances, les mesures de rigueur les plus grandes, parce que la Nation est tenue de désintéresser en leur lieu et place leurs créanciers. Ces derniers sont en droit de faire confiance à leurs débiteurs puisqu'ils les croient assurés contre les risques de déconfiture. Mais si les débiteurs ne se sont pas assurés c'est qu'ils sont malhonnêtes. La Société a donc pour devoir de les punir.

Toutes mesures d'investigation et tous moyens de contrôle sont conférés aux agents de l'Assurance Nationale; lesquels, peuvent notamment se faire représenter tous livres de caisse et de comptabilité.

En cas de déconfiture non couverte par une assurance, la Caisse d'Assurance Nationale paie intégralement les sommes dues par le débiteur, comme si ce dernier était assuré et ce, dans le délai de 15 jours d'une notification de payer faite à la fois à l'intéressé et à la Caisse de l'Assurance Nationale du domicile commercial de l'intéressé.

En sorte que les Producteurs, les Commerçants et les Industriels qui expédient des marchandises, payables à terme, à d'autres commerçants ou industriels ne risquent pas d'être entraînés eux-mêmes dans une déconfiture par la faute d'un autre ni de perdre quoi que ce soit.

Ils savent qu'ils seront toujours payés.

Les Banquiers qui font des avances à des Commerçants, Industriels et Producteurs peuvent donc les aider sans risques dans l'extension de leurs entreprises. Ces derniers sont d'autre part moins craintifs. Et il en ressort une extension considérable des moyens de production et d'échange. Les prêteurs d'argent sont toutefois tenus de notifier leurs avances à l'Assurance Nationale.

Les Régions, les Communes et les Organes publics qui se livrent à des entreprises de production et d'échange sont tenus, de même que les particuliers, à s'assurer pour le montant des capitaux dont ils sont débiteurs à un titre quelconque. Et la tenue par eux du registre d'entrée des marchandises impayées et des capitaux dus est également de rigueur.

Afin que les Producteurs, les Industriels, les Commerçants, les Administrateurs et Gérants de sociétés privées et les Représentants des Administrations et des Organes publics ne se lancent pas eux-mêmes ou ne lancent pas les Administrations dont ils ont la charge dans des entreprises inconsidérées, seront déclarés Déchus libres à vie toutes personnes mises deux fois en déconfiture soit personnellement, soit comme administrateurs de société en déconfiture, soit comme Présidents ou Vice-Présidents d'un organe public en déconfiture pendant leur gestion.

Ces Déchus libres sont ainsi mis hors d'état de pouvoir diriger aucun Etablissement particulier quelconque ni aucune Administration ni Organe public ; leur incapacité ayant été démontrée par ces deux échecs successifs.

Ils ne pourront plus occuper à l'avenir que des situations de salariés.

La situation des Déchus libres serait aggravée s'il était démontré qu'ils n'ont pas payé les primes d'assurance qui leur incombaient. Dans ce cas la Déchéance serait prononcée jusqu'au 5e Degré s'il y avait fraude voulue.

En outre tous détenteurs à un titre quelconque d'une partie des Richesses Naturelles, de Capitaux mobiliers ou immobiliers de quelque nature qu'ils soient, de marchandises, denrées et de toutes choses périssables risquant l'incendie, les explosions par le gaz ou autres explosifs, les naufrages, les inondations, la gelée, la grêle, et, en général, toute perte quelconque, seront tenus de les assurer contre ces risques, même si ces choses sont payées afin que les détenteurs ne deviennent pas subitement une charge publique et puissent se relever et rendre à la Nation les capitaux dont ils ont la charge.

L'Assurance Nationale assure donc contre tous les risques quelconques de pertes, notamment : les pertes par l'incendie, l'explosion, les naufrages, les inondations, les accidents de toutes sortes ; les pertes d'animaux par accident, fléau, maladies ou autrement ; les pertes par la grêle, la gelée, les insectes, les maladies, l'orage ; les pertes par transports et enfin tous risques et pertes quelconques.

Les Régions, les Communes, et les Organes publics doivent obligatoirement s'assurer contre tous ces risques.

L'Assurance Nationale comprend également une branche d'assurance sur la vie humaine au profit du contractant et de sa femme ou de sa compagne seulement.

Cette institution est créée pour permettre aux Hommes qui préféreraient se priver de certaines choses de luxe pour augmenter leur retraite à 60 ans, de le faire en toute liberté, sans pour celà constituer de capital.

Les barèmes des primes sont établis par des Commissions compétentes de techniciens et sont révisés tous les 5 ans.

Après la période transitoire de 50 ans l'assurance: Vie Humaine continuera comme par le passé et chaque citoyen aura ainsi la faculté d'augmenter sa retraite au moyen de ses économies ou d'en faire profiter sa femme ou sa compagne.

Toutefois les versements faits pendant la période transitoire de 50 ans n'ont pas d'effet après cette période.

Il n'est question ici, il va de soi, que de rentes viagères payables mensuellement, ou annuellement la vie durant des assurés, mais non de capitaux payables une fois pour toutes aux assurés. Une assurance de cette nature est formellement interdite.

TITRE XII

FINANCES — BANQUES — MONNAIE

Art. 81.

Finances et Banques pendant et après la période transitoire de 50 ans.

Pendant la période transitoire de 50 ans, aucune Banque ni aucun Particulier ne pourra consentir des avances ou ouvertures de crédit, ni prêter des capitaux qu'à des personnes ou Sociétés employant ces capitaux dans le périmètre du territoire National ou Colonial, à moins qu'ils y soient spécialement autorisés par le Gouvernement National duquel ressort le prêteur.

Bien que chaque Banque conserve son autonomie, l'ensemble des Banques d'une même Nation forme un Consortium sous la Direction de la Banque Nationale, laquelle concentre obligatoirement tous les Dépôts de fonds et tous les Capitaux dont disposent ces Banques.

Tous les Capitaux ainsi concentrés sont mis à la disposition des Particuliers et Etablissements privés de la Nation et de ses Colonies et sont répartis, d'après avis des pouvoirs publics Nationaux, suivant les besoins et conformément aux lois et aux prescriptions du Président de la République Nationale entre les différents crédits ci-après.

Toutefois, les Particuliers et les Etablissements privés pourront se faire ouvrir des crédits de Banque pouvant atteindre cinq fois au maximum les capitaux mis par eux dans leur entreprise.

Ce maximum ne pourra être dépassé en aucun cas, tous prêteurs réunis.

Chaque Nation crée obligatoirement sous la forme qui lui convient le mieux :

1º Un Crédit Commercial ;

2º Un Crédit Industriel ;

3º Un Crédit Agricole ;

4º Et un Crédit Colonial, comportant autant de sections qu'il existe, dans la Nation, de Crédits énoncés § 1 à 3.

Bien que des Banques Nationales spéciales soient obligatoirement instituées par chaque Nation pour organiser et assurer la vulgarisation de ces Crédits dans le périmètre du territoire National et Colonial, toutes les banques publiques et privées Nationales devront obligatoirement disposer d'un rayon spécial pour chacun de ces crédits; et, en outre, d'un rayon chargé de recevoir les dépôts de fonds des clients.

Il est formellement interdit aux particuliers de faire des prêts quelconques sous quelque forme que ce soit, autrement que par des dépôts en Banque qui peuvent être retirés à la volonté du Déposant.

Les fonds de dépôt devront obligatoirement et uniformément produire intérêt à 4 % par an, cinq jours après leur dépôt et jusqu'au 5e jour qui précédera leur retrait, quelle que soit la durée du dépôt.

Ces banques prêtent à leur tour les fonds ainsi déposés aux différents producteurs et elles facilitent d'autant plus volontiers l'extension des affaires de leurs clients, qu'elles ne risquent pas les pertes puisqu'elles sont couvertes par les assurances obligatoires stipulées au Titre XI.

La Société Mondiale, les Nations, les Colonies, les Régions, les Communes et les Organes collectifs publics ne peuvent contracter des emprunts productifs d'intérêts autres que 0 fr. 50 % pour couvrir les frais.

Lorsque la Société Mondiale, les Nations, les Colonies, les Régions, les Communes et les Organes collectifs publics ont besoin de capitaux pour couvrir les frais de leurs entreprises, il est procédé, par les soins de la Société Mondiale ou de la Nation qui a besoin de ces fonds, à une émission de Monnaie pour somme suffisante à ses besoins.

La Nation consent ensuite des prêts aux Régions, aux Colonies, aux Communes et aux Organes collectifs publics, moyennant paiement d'une Commission bancaire de 0 fr. 50 % par an pour couvrir les frais d'emprunt.

Ces prêts ainsi consentis doivent obligatoirement être amortis en 20 ans maximum. Tout autre mode d'emprunt est interdit. Au fur et à mesure des amortissements la monnaie émise sera retirée de la circulation.

Nul à l'avenir ne pourra emprunter ni prêter de l'argent autrement que par des prêts amortissables en une période de 20 ans, maximum, par 20 annuités égales.

Seuls les Dépôts faits aux Banques sont exceptés de cette règle immuable.

L'amortissement commencera 5 ans après l'émission au maximum chaque fois que des travaux entrepris ne donneront leur plein de résultats que 5 ans plus tard. Ce point de départ peut être plus court.

La Société Mondiale a pour devoir de surveiller que chaque Nation n'émette que la quantité de Monnaie que celle-ci est à même d'amortir en 20 ans, par le retrait annuel d'un vingtième du montant de l'émission et ce, obligatoirement.

La Société Mondiale sera tenue d'amortir ses émissions de Monnaie de la même manière.

Cette Monnaie, ainsi mise en circulation, loin d'encombrer le marché et de faire baisser le Crédit National, aidera au contraire considérablement à développer la prospérité Nationale, parce que cette Monnaie aussitôt en mains du public sera infailliblement versée par ses détenteurs en dépôt dans les banques, en raison de l'intérêt à 4 % dont ces dépôts sont productifs.

Et les banques dépositaires de cette Monnaie s'empresseront d'offrir ces dépôts aux particuliers et établissements privés, agricoles, industriels et commerciaux, qui, à l'aide de cet appoint, développeront et étendront leurs entreprises.

Les prêts privés ainsi faits par les Banques sont consentis aux conditions uniformes suivantes:

1o Intérêt du capital prêté à 4.50 % par an;

2o Prime d'assurance variable d'après les barêmes d'assurance, et portée ici pour mémoire à 0.50 %;

3o Prime d'amortissement en 20 ans du Capital prêté. Ladite prime comprenant 20 annuités égales composées chaque année d'une fraction du Capital amorti d'après des barêmes de capitalisation à 4 %.

De nouveaux prêts et ouvertures de Crédit aux particuliers ne pourront être consentis que lorsque les anciens prêts et ouvertures de Crédits seront remboursés, mais il est possible de rembourser un prêt ancien avec les fonds d'un prêt nouveau plus élevé.

Mais par le fait de trop grosses émissions successives de Monnaie il pourrait se produire que les banques publiques et privées soient encombrées de Dépôts de fonds.

Le Moment serait alors venu, pour la Nation, d'intervenir et de permettre le placement de capitaux à l'étranger entre les mains de particuliers qui ne recevraient pas satisfaction dans leur Nation.

Les prêts ainsi faits à l'Etranger seront également amortissables en 20 ans, au maximum. Ils pourront être productifs d'intérêts jusqu'à 6 % par an.

La prime d'assurance sera double en ce cas.

Les Banques Mondiale ou Nationales qui ont pour mission

d'émettre la Monnaie d'échange ne peuvent être que publiques. Aucun intérêt privé ne peut entrer dans leur composition.

Ce sont ces Banques (c'est-à-dire la Société) qui émettent la Monnaie d'Echange pour somme suffisante pour couvrir les avances de Capitaux dont la Nation ou la Société Mondiale ont besoin.

Mais il va de soi qu'il est nécessaire que la dette s'amortisse rapidement.

L'amortissement en 20 ans correspondant à 5 % du Capital, est tout indiqué logiquement.

Logiquement il est inadmissible qu'une Nation adopte un autre mode financier, et que notamment une Nation emprunte à des banquiers, ses ressortissants et charge ces derniers d'émettre de la Monnaie pour la lui emprunter ensuite avec intérêts.

C'est cependant ce que font à peu près toutes les Sociétés Bourgeoises.

La France notamment autorise la Banque de France, Société privée, à imprimer des Milliards de billets de Banque ne reposant sur aucune garantie. L'imprimerie de ces milliards de francs coûte à peine quelques centaines de francs.

Et l'on assiste à ce spectacle lamentable de voir le Gouvernement Français emprunter lui-même à la Banque de France ces mêmes billets, — imprimés sous son autorisation pour quelques centaines de francs, — et payer l'intérêt à 5 %.

Un gouvernement de Fous ne ferait pas mieux.

Avoir le pouvoir le plus grand qui comporte celui de battre Monnaie, Etre plus riche que tous les riches réunis, et charger ceux-ci de fabriquer du papier Monnaie pour le leur emprunter et leur en payer l'intérêt, voilà qui n'est pas banal.

Mais cela s'explique, rassurez-vous. En régime capitaliste les fous ne sont pas aussi fous que le vain Mortel pense. La bourgeoisie ne crée pas de gouvernement dans l'intérêt de ses ressortissants en général. Tout ce qu'elle crée, tout ce qu'elle fait est conçu dans l'intérêt des plus riches. Toutes ses institutions tendent à ce but: enrichir ses grands Riches plus et mieux encore.

La bourgeoisie est donc logique en procédant ainsi. Elle crée une institution dénommée: Banque de France dans l'unique but d'enrichir plus encore les Grands Riches qui la composent.

Les buts de la Société Idéale Nouvelle étant contraires, seule la Société, propriétaire des Richesses Naturelles, devait émettre la Monnaie d'échange nécessaire à ses entreprises.

Mais elle se devait d'éteindre sa dette en 20 ans, ce qui constitue sa solvabilité. Quant aux garanties elles sont considéra-bles, puisqu'elles reposent sur toutes les Richesses Nationales réunies.

Les banques qui prêteront comme il vient d'être dit, des sommes à leurs clients Nationaux, Coloniaux et Etrangers le feront sous leur responsabilité, bien qu'elles soient couvertes par les assurances en cas de perte et de déconfiture du débiteur.

Toutefois cette responsabilité sera limitée aux obligations suivantes imposées aux prêteurs:

1º Le montant des ouvertures de Crédit consenties pour l'extension d'une entreprise sera versé au fur et à mesure que les travaux seront exécutés ou que les marchandises et les matériaux seront livrés.

2º Une surveillance sera exercée pour que les sommes prêtées soient bien affectées à l'objet auquel elles étaient destinées, à moins que le débiteur n'offre, par ailleurs, une garantie suffisante.

3º En outre le banquier devra s'assurer avant de prêter que l'entreprise donne, ou qu'elle paraît devoir donner, des résultats heureux avec l'apport des capitaux prêtés.

4º Si l'affaire est malheureuse et si le débiteur tombe en déconfiture, l'assurance paie les dettes de ce dernier en capital et intérêts, mais le banquier doit faire au préalable rétablissement, à l'actif de la faillite, des commissions de banque qu'il a touchées du débiteur, sans que l'on puisse remonter à plus de 10 ans.

Après échéance de la période transitoire de 50 ans, les banques privées n'auront plus de raison d'être. Elles seront supprimées et leur personnel sera judicieusement réparti dans les différentes organisations économiques et sociales que comporte la Nouvelle Société.

Ce personnel disponible contribuera ainsi à améliorer la production nationale et mondiale ou bien, si cette production est suffisante, à tous points de vue, il contribuera à augmenter le bien-être général, en grossissant le nombre de ceux qui seront employés à produire les choses d'agrément et de plaisir.

Après échéance de la période transitoire de 50 ans, toutes les Richesses Nationales feront retour à la Nation, franches et libres de dettes et charges.

Toutes les dettes quelconques dues à des particuliers ou à des établissements privés se trouvent donc éteintes automatiquement par le seul fait de l'échéance de cette période transitoire.

De même s'éteignent automatiquement les Dettes publiques à cette date.

Les emprunts publics à la Banque Nationale continuent à fonctionner comme par le passé après cette période, au moyen des émissions nouvelles de Monnaie Nationale.

Et la Banque Nationale continue à émettre la Monnaie nécessaire pour faire à la Nation, aux Régions, aux Colonies, aux Communes et aux Organes collectifs publics, les avances dont ils peuvent avoir besoin pour développer leurs entreprises.

Le montant de ces prêts sera toujours remboursé en 20 annuités égales et sans intérêt.

En fait dès que la Société entrera dans la Période Nouvelle, faisant suite à la Période transitoire de 50 ans, tout le Capital Social, toutes les Richesses Naturelles appartiendront en toute propriété à la Société Mondiale ou à la Nation qui n'auront plus de dettes.

Et cette dernière administrera ces Richesses Naturelles soit par ses propres administrations, soit par les administrations Régionales, Coloniales et Communales, soit par les Organes collectifs publics.

Si alors le progrès avait atteint son apogée, la Société Mondiale et la Nation n'auraient qu'à payer le travailleur au moyen d'une Monnaie d'échange.

Et toute cette monnaie rentrerait à Nouveau dans les Caisses de la Société quand les Travailleurs transformés en Consommateurs achèteraient à la Société ce qui est nécessaire à leur existence.

Mais ce n'est pas tout, il faudra dès le lendemain, suivre les bonds du progrès. Il faudra faire plus grand encore, transformer ou construire de plus vastes usines, construire de nouveaux modes de transports, etc., etc.

Il faudra des avances aux organes qui les exécuteront en attendant que ces organes aient amorti ce capital avec les produits qu'ils donneront.

Ce sont ces avances qui devront être amorties en 20 ans.

On pourrait chaque année au fur et à mesure que se produisent ces augmentations et ces améliorations des Richesses Nationales, les amortir par des surtaxes sur les produits de consommation ; mais le système serait mauvais, parce que le coût de la vie s'en ressentirait par des soubresauts successifs et irréguliers.

Ces augmentations des Richesses Nationales qui constitueront des Dépenses exceptionnelles, ne seront jamais régulières en effet.

En amortissant automatiquement ces dépenses exceptionnelles en 20 ans on obtient donc les meilleurs résultats de stabilité des cours, des objets et produits de consommation.

Art. 82.

Type de monnaie
pendant la période transitoire de 50 ans.

Un type unique universel de Monnaie, basé sur le système métrique et décimal est seul admis dans toutes les Nations.

Ce type de Monnaie comporte une mince feuille métallique; de la forme d'une carte de visite; de dimension variant avec la valeur de l'unité de Monnaie; flexible sous la pression exercée aux extrémités ; revenant à sa position normale plate dès que la pression cesse; cassant net sur toute la largeur sous une pression trop forte ; et imprimée ou gravée de savants coloris pour en éviter la contrefaçon.

Les dimensions des différentes unités de Monnaie sont combinées avec l'épaisseur toujours très mince pour que d'importantes sommes puissent tenir facilement dans un petit et mince portefeuille de poche.

Ce type de monnaie est tiré:

1º A l'effigie de la Société Mondiale, pour les Monnaies d'échange entre Nations;

2º A l'effigie de chaque Nation pour les échanges entre ressortissants de chaque Nation.

Les Monnaies Nationales ont obligatoirement cours, pour la valeur qu'elles indiquent, dans le périmètre territorial de la Nation et de ses Colonies.

La Monnaie Mondiale a cours obligatoirement pour la valeur qu'elle indique, pour les échanges internationaux. Elle ne peut être employée que pour ces échanges. Elle n'a pas cours pour les échanges entre ressortissants d'une même Nation.

Elle s'échange seulement contre les Monnaies Nationales, toujours au pair ou contre des marchandises provenant d'une Nationalité différente de l'acheteur; mais jamais pour solder des marchandises échangées entre mêmes Nationaux.

La Monnaie Mondiale change tous les 5 ans d'effigie, afin d'éviter les accaparements. La Monnaie ancienne est retirée de la circulation et seules les Banques qui font le change international peuvent changer l'ancienne Monnaie contre la Nouvelle. Les Particuliers reçoivent en échange de la Monnaie Nationale.

L'échange de Monnaies Nationales contre la Monnaie Mondiale se fait obligatoirement toujours au pair, sans qu'il puisse être perçu, par qui que ce soit, de droit de change.

La Monnaie trouée, cassée ou détériorée n'a plus cours. Elle peut cependant être remboursée par la Banque Nationale (ou par la Banque Mondiale s'il s'agit de Monnaie Mondiale), sur la présentation de tous les morceaux essentiels.

Les étalons de Monnaie sont les suivants :

Cinq centimes	0.05
Dix centimes	0.10
Vingt centimes	0.20
Cinquante centimes	0.50
Un franc	1. »
Deux francs	2. »
Cinq francs	5. »
Dix francs	10. »
Vingt francs	20. »
Cinquante francs	50. »
Cent francs	100. »
Deux cents francs	200. »
Cinq cents francs	500. »
Mille francs	1.000. »
Deux mille francs	2.000. »
Cinq mille francs	5.000. »
Dix mille francs	10.000. »
Vingt mille francs	20.000. »
Cinquante mille francs	50.000. »
Cent mille francs	100.000. »
Deux cent mille francs	200.000. »

Art. 83.

Monnaie après la période transitoire de 50 ans.

Après échéance de la période transitoire de 50 ans, la Monnaie ancienne n'a plus cours. Elle est échangée, à concurrence de 5.000 francs seulement par personne âgée de 20 ans au moins, contre pareille somme en Monnaie Nouvelle. Le surplus de l'ancienne Monnaie entre les mains des particuliers est périmé.

La Nouvelle Monnaie est du même type que l'ancienne. Seuls l'effigie et le millésime sont changés.

Elle a cours pendant six années, du 1er jour de la 1re année quinquennale nouvelle au dernier jour de la dernière année quinquennale nouvelle.

En sorte qu'au cours des années quinquennales (5, 10, 15, 20, etc.) deux effigies de Monnaies sont en cours.

Afin qu'il n'y ait aucune confusion possible entre la Monnaie ancienne et la Nouvelle Monnaie, celle-ci sera toujours de couleur nettement différente de l'ancienne et les angles seront taillés différemment.

Aussitôt la période quinquennale terminée, l'ancienne monnaie n'a plus cours. Elle n'est pas non plus reprise par la Banque Nationale.

Le millésime des deux années extrêmes quinquennales entre lesquelles la Monnaie a cours est imprimé en très gros caractères. Exemple: 50—55, ou 55—60, ou 60—65, etc.

Il est formellement interdit de prêter avec ou sans intérêts de la monnaie à qui que ce soit.

La déchéance au 3e degré sera prononcée contre les prêteurs sans préjudice des amendes qui pourraient être infligées.

La Monnaie ne peut être que représentative du travail. Elle sera affectée uniquement à procurer du bien-être à ceux qui auront produit du travail à la Société ou à ceux dont l'état de santé, de faiblesse ou de vieillesse ne permet pas de produire.

Toute affectation de la Monnaie à une autre destination sera réprimée par l'application de la déchéance au 3e degré.

L'Etre humain est sujet souvent à des niaiseries si déconcertantes que l'on pouvait craindre de voir, par snobisme, par faste, par vanité et par orgueil, développer l'amour inconsidéré du port des joyaux et reconstituer ainsi des richesses fictives par le goût de l'exhibition de parures sans utilité effective.

La Société avait pour devoir de couper dans sa racine ce vice des Etres humains, au même titre qu'elle a pour devoir de préserver les Hommes, des choses nuisibles à leur santé; car l'Homme se prive de choses qui lui sont réellement utiles le jour où, par snobisme, imitant les fous, il exhibe tout une bimbelotterie inutile à laquelle il donne une valeur toute conventionnelle et toute fictive, qu'il paie très cher, au lieu de se procurer des choses utiles à la vie normale d'un Etre sain.

En conséquence, le port d'objets non utiles aux Etres humains et que ceux-ci seraient tentés de porter parce qu'ils croient devoir leur donner une valeur conventionnelle fictive importante, est prohibé.

Les objets de ce genre qui se trouveraient entre les mains de particuliers à l'expiration de la période transitoire de 50 ans seront retirés par la Nation et exposés dans les musées, à titre de souvenirs historiques et comme étude des mœurs aux divers âges.

Rentrent dans cette catégorie d'objets: les perles fines, les diamants, les pierres dites précieuses, le tout monté ou non sur bijoux, les bijoux de toutes sortes et tous autres objets quelconques considérés comme possédant une valeur conventionnelle, toute fictive en réalité. A plus forte raison, seront de même considérés, les faux bijoux et les bibelots.

Des défenses analogues pourront s'étendre à tous objets quelconques auxquels les particuliers pourraient s'attacher par la suite.

La Société Mondiale pourra toujours, si elle le juge utile, supprimer les Monnaies Nationales et adopter un type unique de Monnaie Mondiale ayant cours dans toutes les Nations; auquel cas la Monnaie Mondiale consacrée au change entre Nations n'aurait plus sa raison d'être et serait supprimée.

Toutefois la Monnaie Unique Mondiale ne pourra être adoptée par la Société des Nations qu'après la période transitoire de 50 ans.

Jusqu'à ce que la Monnaie Mondiale unique soit établie, il existera nécessairement des dettes de Nation à Nation ou de Nation à Société Mondiale, du fait que certaines Nations exporteront moins de marchandises qu'elles n'en importent.

La Société Mondiale sera tenue dans ce cas d'établir tous les dix ans, obligatoirement, pour chaque Nation son compte Débiteur résultant de l'excédent des importations sur les exportations.

La Nation débitrice sera obligatoirement tenue d'amortir sa Dette en 20 ans, au moyen de 20 annuités égales comprenant le capital et l'intérêt à 4 %. Ces 20 annuités seront obligatoirement payées en denrées, marchandises, ou matières premières, commandées à la Nation débitrice spécialement pour l'extinction de la dette ; seul moyen effectif et rationnel de libération entre Nations.

Les Monnaies Nationales doivent être préférées à la Monnaie Mondiale unique parce que, par ce moyen, chaque Nation (ou future Nation Coloniale) sera ainsi tenue obligatoirement à s'ingénier à produire chez elle tout ce qui lui est matériellement possible de produire et ainsi, d'arriver à équilibrer ses importations avec ses exportations, qu'elles soient industrielles ou agricoles.

La Monnaie Mondiale n'atteindrait pas ce but et pourrait créer des Nations pauvres et d'autres riches; des Nations Industrielles et d'autres agricoles, ce qui n'est pas à désirer.

D'autre part les Nations peu industrieuses et nonchalantes

s'habitueraient fort à l'habitude prise de faire venir des Nations voisines les choses et objets compliqués ou exigeant
quelque effort de production sans rendre l'équivalent.

Il s'ensuivrait que ces Nations ne se maintiendraient pas
au niveau du Progrès.

Mais si au contraire ces Nations sont tenues de combler
le déficit de leurs Exportations sur leurs Importations, elles
feront diligence.

La Monnaie d'Echange Nationale est donc préférable à la
Monnaie Mondiale.

TITRE XIII

INVENTIONS

Art. 84.

Ministère des Inventions — Inventeurs
Vulgarisation des Inventions

Il sera constitué obligatoirement dans chaque Nation un Ministère des Inventions.

En raison de l'Importance Capitale des Inventions dans une Société bien organisée, le budget de ce Ministère sera obligatoirement d'au moins 1/5 du budget général de chaque Nation. (Le budget de l'Habitation et celui Médical et des Retraites, ne seront pas considérés comme faisant partie du budget général d'une Nation et non plus les budgets de production et d'échanges commerciaux.)

Il sera créé dans chaque Nation une « Maison Nationale des Inventions », comprenant :

1o Une Maison d'exposition et de démonstration des Inventions ;

2o Et des Etablissements de Construction, de fabrication et d'application pratique des Inventions.

Toutes les branches de l'Industrie, du Commerce, de l'Agriculture, des Monnaies, de l'Habitation, de l'Aérostation, des Mines, des Forces Motrices, des Transports, de la Médecine, de la Chirurgie, de la Pharmacie, de la Chimie, des Lettres, des Arts et des Sciences en général, auront, dans cette Maison Nationale des Inventions, une place réservée, suivant leur importance et suivant les réalisations éventuelles probables que de récentes découvertes permettent d'escompter dans un avenir prochain.

Lorsqu'une invention nouvelle semblera devoir donner d'heureux résultats pratiques, si elle était poussée à fond, elle sera poursuivie sans relâche ni arrêt, même si des sommes considérables doivent être dépensées à cet effet, jusqu'à ce que les inventeurs semblent avoir atteint le summum de perfectibilité possible.

C'est ainsi notamment que la navigation aérienne doit être

poussée à fond, jusqu'à ce qu'elle puisse être pratiquement utilisée, parce que les premières expériences démontrent qu'elle
peut être praticable.

C'est ainsi notamment qu'après des expériences pratiques
de télégraphie sans fil à grande distance, au moyen de l'envoi
de forces électriques se répandant dans les airs en ondes sphé-
riques, on a été amené à découvrir que de pareilles forces
électriques peuvent être envoyées d'un point à un autre, en colonnes électriques dirigées en droite ligne, encore à ce jour
mal canalisées. Ces premières expériences permettent néanmoins
de se rendre compte qu'il sera possible de transmettre un jour,
en droite ligne, sans fils, en colonnes électriques, des Forces
électriques considérables d'un point à un autre à de grandes
distances, avec peu de perte de courant. Et il est permis de
soupçonner, dès à présent, que si l'on parvenait à bien capter
et canaliser d'énormes forces électriques à grande distance, l'on
pourrait non seulement faire l'économie de câbles transmet-
teurs de l'électricité, mais encore supprimer les voies ferrées
et utiliser ces colonnes électriques aériennes sans fil pour faire
circuler le long de ces colonnes des transports aériens peu
coûteux qui ne seraient pas sujets aux intempéries comme le sont
les aéronefs et qui permettraient de parcourir des distances
considérables en peu de temps. C'est ainsi qu'il paraîtrait possible de faire le voyage autour de la Terre en moins de 24 heures. Et toutes ces considérations sont de nature à motiver des
dépenses considérables en vue d'orienter dans cette voie
les recherches des Inventeurs.

L'invention peut porter sur une partie seulement d'une
chose (machine, instrument, outil, produit, procédé, etc.)

Une des branches les plus importantes des Inventions comporte la prospection du sous-sol qui permet de découvrir dans
ses flancs les minerais et les produits utiles aux besoins de
l'Homme.

L'Invention donne à celui qui en est l'auteur le titre d'Inventeur temporaire qu'il conserve pendant la durée nécessaire
pour construire l'objet inventé. Cette durée est fixée par le
Jury.

L'Inventeur temporaire est invité par le Jury à faire construire ou fabriquer sous sa direction l'objet de son invention
dans l'Etablissement National des Inventions et aux frais de
cet Etablissement et à faire ensuite devant le Jury les démonstrations pratiques de l'efficacité de sa découverte.

En cas d'échec évident, l'Inventeur temporaire reprend son
ancien emploi qui doit lui être obligatoirement réservé par
l'employeur public ou privé.

11

L'Inventeur peut être invité à ne faire construire ou fabriquer qu'une réduction de l'Invention, si cette réduction est suffisamment démonstrative et si l'Invention de grandeur naturelle est trop onéreuse, mais dans tous les cas l'Invention doit passer par le crible de la pratique pour que l'on puisse constater sa valeur indiscutablement.

Si l'Invention donne les résultats attendus, l'auteur reçoit le titre d'Inventeur.

Le titre d'Inventeur est décerné pour deux ans, cinq ans ou 10 ans, au maximum, suivant l'importance de l'Invention.

Si, pendant la période accordée, l'Inventeur n'invente plus rien, son titre s'annule à expiration. Il n'a plus que le droit de se dire: Ancien Inventeur. L'Inventeur temporaire ne peut se faire qualifier ni d'Inventeur ni d'Inventeur temporaire, ni d'ancien Inventeur temporaire, aussitôt que son invention est définitivement rejetée. Il a le titre d'Inventeur temporaire pendant que dure l'exécution pratique de son invention.

Au cours de la période transitoire de 50 ans et pendant la durée de leur titre, l'Inventeur et l'Inventeur temporaire touchent:

1º Une rémunération mensuelle égale à trois fois le salaire minimum de base établi par la Législation Mondiale du Travail comme il est dit au Titre XIV.

2º Une rémunération mensuelle exceptionnelle temporaire ou viagère en rapport avec l'importance de la découverte et conséquemment du service rendu à la Société. L'Inventeur temporaire touche cette dernière rémunération dès que son Invention est adoptée. Il ne touche pas cette rémunération lorsque son Invention est rejetée définitivement.

Si l'Invention a des conséquences considérables et présente des avantages énormes pour la Société; ou si, pour arriver à atteindre son but, l'Inventeur a risqué sa vie ou a épargné la vie et les souffrances à de nombreux Etres humains, il peut bénéficier de primes viagères spéciales, annoncées généralement d'avance par les Jurys, les primes viagères attirent ainsi plus particulièrement l'attention des Inventeurs sur les problèmes que la Société a le plus grand et le plus urgent besoin de voir solutionner.

L'importance de ces primes viagères n'est pas limitée. Elle est laissée à la libre appréciation du Président de la République Mondiale, du Président de la République Nationale, des Ministres des Inventions, des Assemblées Mondiale et Nationales et des Jurys. L'Inventeur peut reporter sur la tête de son épouse ou de sa compagne la moitié de la prime viagère.

Le Président de la République Mondiale ainsi que l'Assemblée Législative Mondiale peuvent imposer des primes viagères pour certaines Inventions, pourvu que ces primes s'appliquent à toutes les Nations et soient proportionnelles aux budgets des Inventions de chacune d'elles.

Certains problèmes, tels que :

La lutte contre la tuberculose; l'entérite; l'avarie et les innombrables maladies des Etres humains et des animaux domestiques; la Navigation aérienne dans ses applications pratiques; le transport sans fil de l'énergie électrique par colonnes aériennes à grande distance; les transports aériens à grande distance le long de ces colonnes d'énergie électrique; la recherche de la captation de l'électricité contenue dans les airs; la captation de l'azote de l'air et ses applications pratiques, notamment pour son emploi en engrais agricoles; la captation des engrais contenus dans l'eau des fleuves, de la mer et dans les eaux d'égoûts des Villes et Villages ruraux et leur utilisation pratique pour l'agriculture; la production des engrais chimiques agricoles à bon marché : la fertilisation artificielle des terres arides et des sables, notamment par l'intensification du travail microbien naturel ou artificiel; la captation de l'oxygène de l'air à prix réduit; la recherche de la production de la chaleur à bon marché par l'électricité, par la captation des rayons solaires ou par la combinaison de l'électricité et de l'oxygène de l'air ; le problème pratique de la grande navigation interfluviable accessible aux grands vaisseaux maritimes; le problème de l'irrigation des terres agricoles rationnellement combinée avec l'utilisation des chutes d'eaux pour production de forces motrices, etc., etc.

Forment une énonciation très sommaire des innombrables problèmes que la Société a le plus grand intérêt à voir résoudre le plus rapidement possible et dont l'importance motive des offres de primes importantes aux Inventeurs qui feront des recherches utiles pour solutionner ces questions dans les meilleures conditions de réalisation possibles.

En dehors de ces cas exceptionnellement importants, les primes devront consister en une rétribution mensuelle et toujours temporaire, dont l'importance et la durée sera en rapport avec l'importance de l'invention et par conséquent avec le service rendu à la Société.

Lorsque les Inventeurs atteindront l'âge de 60 ans, c'est-à-dire l'âge de la retraite, la récapitulation de l'ensemble de leurs inventions sera faite et une rente unique annuelle et viagère sera liquidée à une somme en rapport avec l'ensemble des découvertes et inventions faites par eux.

De même à l'âge de 60 ans, tous les Elus et Représentants

du Peuple verront leur retraite liquidée en une pension annuelle et viagère en rapport avec les services rendus à la Société.

Les économistes et les législateurs sociologues ne sont en fait que des Inventeurs qui ont d'autant plus de mérites que leurs travaux économiques et sociaux ont profité au bien-être public.

Pendant la durée de leur titre, l'Inventeur et l'Inventeur temporaire ont le droit de faire dresser par le personnel compétent de l'Etablissement National des Inventions mis à leur disposition et aux frais de cet Etablissement tous dessins, plans et devis et de faire exécuter l'objet de leurs découvertes tel qu'ils le conçoivent et sans qu'ils aient besoin d'autorisations spéciales à cet effet.

La Maison des Inventions est la leur et le personnel de cette Maison doit être aux ordres des Inventeurs. Ce personnel doit être toujours en suffisante quantité pour que satisfaction soit donnée aux Inventeurs, sans retard.

Un personnel spécial de praticiens de talent, d'ingénieurs et de chimistes de grand mérite, d'artistes, de chefs de laboratoires, de mécaniciens, d'ouvriers d'art et d'employés de choix, recrutés parmi les plus grandes compétences de chaque Nation, exécute les ordres des Inventeurs.

Ce personnel touche :

1º Une rémunération mensuelle égale à environ 2 fois le salaire minimum de base établi par la Législation Mondiale du Travail. (Titre XIV) et suivant les capacités de chacun.

2º Et une prime sur les objets et produits confectionnés par lui, d'autant plus élevée que l'ouvrage est plus inédit, plus difficultueux à résoudre et plus artistiquement exécuté.

Cette prime est décernée par le Jury, à la demande de l'Inventeur ou de l'Inventeur temporaire, lorsque ceux-ci auront été satisfaits du travail effectué.

Aussitôt qu'un Inventeur a ainsi fait exécuter l'objet de son invention, soit en grandeur naturelle, soit en réduction, il en démontre l'efficacité au Jury qui rejette ou admet l'Invention.

Lorsqu'une Invention aura été reconnue comme telle par le Jury compétent, il brevètera provisoirement l'invention, fera examiner l'Invention par d'autres Jurys compétents pour examiner toutes les parties accessoires de l'Invention, afin de s'assurer que toutes ces parties comportent bien les perfectionnements les plus parfaits des découvertes connues.

Dans le cas où l'Inventeur aurait appliqué à son Invention quelque partie du mécanisme moins perfectionné que d'autres inventions connues, l'Inventeur sera invité à apporter à son invention les améliorations de détail que son œuvre peut et doit comporter.

L'Inventeur peut toujours charger un ou plusieurs ingénieurs ou chimistes compétents de la direction des travaux de construction de son invention s'il n'a pas lui-même la compétence nécessaire.

Et ce n'est que lorsque l'objet inventé renferme dans son ensemble comme dans ses détails les perfectionnements les plus complets connus, que le Jury initial brevète définitivement l'Invention, après autorisation du Jury Mondial.

L'Inventeur dont le titre viendrait à expiration en cours d'exécution de ces travaux obtient une prorogation suffisante pour parachever son œuvre ainsi modifiée.

En cas d'admission définitive de l'Invention, la Maison Nationale des Inventions est tenue obligatoirement de faire exécuter gratuitement autant de spécimens (d'après nature si la dépense n'est pas trop élevée ou en réduction de l'Invention dans le cas contraire) qu'il existe de Nations, auxquelles ils sont remis, plus un spécimen pour la Société Mondiale.

Chaque Maison Nationale des Inventions est tenue obligatoirement d'exposer ce spécimen à la meilleure place dans le rayon d'exposition auquel se rapporte l'Invention. La Société Mondiale en fait de même.

Pour la diffusion rapide et pratique des Inventions il est créé des phases de progrès scientifique d'une durée de 5 ans, correspondant aux années quinquennales 5, 10, 15, 20, etc.

Dès qu'une période quinquennale de progrès scientifique est échue, nul ne peut plus, dans le monde entier, construire ni fabriquer que les inventions les plus perfectionnées, chacune dans leur espèce alors connues. Et cette fabrication ne peut durer que cinq ans, à moins que l'invention fabriquée n'ait pas été améliorée par une invention nouvelle plus parfaite, pendant la nouvelle période quinquennale de progrès scientifique.

Toutes les machines et outils devront obligatoirement être amortis et remplacés par les établissements industriels, agricoles et autres au moins tous les 15 ans.

Toutefois cette dernière obligation ne s'appliquera pas pendant la période transitoire de 50 ans aux Colonies où aux Nations dont les progrès économiques sont peu développés et ne comportent pas de personnel instruit suffisant pour utiliser exclusivement les machines et outils modernes.

A ces Colonies et à ces Nations économiquement arriérées, les Nations civilisées et au niveau du progrès moderne, seront tenues de rétrocéder à vil prix, pendant ladite période de 50 ans, toutes leurs machines et tous leurs outils réformés utilisables par l'entremise de la Société Mondiale qui les distribuera aux mêmes prix.

Les Nations qui ont des Colonies passeront ces machines et outils à leurs Colonies aux mêmes avantages de prix.

C'est ainsi que les anciennes locomotives à vapeur seront expédiées, ainsi que les anciennes voies ferrées par les Nations qui électrifieront leurs réseaux ferrés.

On verra au titre de l'Organisation industrielle et agricole que des commandes en série en rapport avec les besoins Nationaux, Régionaux et Coloniaux seront toujours faites par les organismes Nationaux, Régionaux et Coloniaux toutes les fois qu'il y aura intérêt à fabriquer en série une Invention quelconque : auquel cas les commandes sont faites pour 5 ans et sont réparties entre les diverses usines Nationales au prorata de leur importance et suivant les engagements que chacune d'elles est décidée à prendre pendant cette période.

Les Etablissements publics ou privés du Monde entier qui fabriquent ou utilisent ainsi les plus perfectionnées des Inventions versent à la Maison Nationale des Inventions qui en est l'auteur un droit fixe de 5 % sur les prix de vente de l'objet inventé.

Ce droit peut être divisé entre plusieurs Nations par les soins des Jurys Mondiaux si les Inventeurs de plusieurs Nations ont contribué au perfectionnement de l'objet inventé et ce, en proportion des perfectionnements apportés par les inventeurs de chaque Nation et en tenant compte des frais faits par la Nation qui a construit les spécimens gratuits remis aux Nations.

Ce droit augmente les recettes de la Maison Nationale des Inventions et représente la contre-partie de ses dépenses et notamment de la rémunération des inventeurs qui est assurée par les Nations.

Le titre d'Inventeur est, après celui de Président de Nation, de Ministre et de Membre de l'Assemblée Mondiale, le titre le plus élevé de la Société Nouvelle.

L'Inventeur est universellement un des personnages les plus respectés ; le corps des Inventeurs étant celui qui rend le plus de services à la Société.

Une offense faite à un Inventeur, surtout dans l'exercice de ses fonctions est punie avec une très grande rigueur, et les personnes qui se refuseraient de donner les renseignements qui lui sont nécessaires et qui empêcheraient l'Inventeur de mener à bien ses recherches, études et observations pourraient être l'objet de poursuites atteignant jusqu'à la fermeture de l'Etablissement privé dans lequel il se proposait de faire ces recherches et études. La peine pourrait atteindre la révocation des chefs responsables s'il s'agissait d'un établissement public.

L'Inventeur a non seulement le droit d'étudier les différents appareils, machines, outils, procédés, produits, etc., exposés ou mis en usage dans les Etablissements publics, mais encore de faire pareilles études dans les Etablissements privés du monde entier, même si l'Inventeur est de Nationalité différente.

La Carte de l'Inventeur est suffisante pour lui permettre de s'introduire dans tous Etablissements de production et d'observer la fabrication dans tous ses détails, quelle que soit la nature de cette fabrication.

En principe rien ne doit être caché à un inventeur, qui étudie une fabrication ou un problème quelconque, même les « tours de mains ».

Ces Etablissements, s'il y a lieu, sont tenus de faire, en présence de l'Inventeur toutes démonstrations et expériences utiles et, s'il le demande, il doit être mis à sa disposition tous bureaux, salles de dessins, salles d'expériences, laboratoires et ateliers dont il pourrait avoir besoin.

Le Public a accès dans les Maisons Nationales d'exposition et de démonstration des Inventions et il peut se faire faire toutes démonstrations pratiques pouvant l'intéresser.

L'exposition est permanente.

Les démonstrations pratiques peuvent être faites périodiquement, huit jours au moins tous les mois; auquel cas elles sont annoncées d'avance; sinon elles sont permanentes.

Tout industriel du monde entier a le droit de fabriquer et de vendre l'objet d'une invention quelconque pourvu qu'il paie à la Nation, auteur de l'Invention, le droit de 5 % sur le prix de vente de l'objet inventé.

Lorsque l'Invention consiste en procédés dont le « tour de main » à une certaine importance, l'Inventeur, ou un employé, dressé par lui, est appelé à faire des expériences pratiques en présence de ceux qui désirent utiliser le procédé.

Dans le Stand de chaque Invention, exposée dans les Maisons Nationales des Inventions, se trouve un catalogue qui en énonce les avantages officiellement constatés par le Jury.

Ces avantages peuvent être comparés à d'autres Inventions analogues et lorsque plusieurs Inventions (dans les produits pharmaceutiques et chimiques notamment) offrent des avantages divers pour une même chose, ces distinctions et avantages sont nettement définis officiellement par les jurys afin que les intéressés puissent juger en connaissance de cause et que les charlatans ne puissent donner à leurs produits que les dons réels qu'ils possèdent et qui ont été officiellement reconnus par les Jurys.

Toutes les maisons qui fabriquent une Invention sont énoncées dans un album déposé au stand d'exposition.

Chacune de ces maisons fait connaître dans cet album ses prix et ses conditions de fabrication et de vente, en sorte que tout intéressé qui visite le stand sait immédiatement à qui s'adresser pour faire ses commandes et connaît les conditions de vente.

L'Invention la plus perfectionnée dans chaque catégorie occupe le stand d'honneur de cette catégorie.

Aucune réclame ne peut être faite qui renferme autre chose que les constatations officielles faites sur l'Invention par le Jury. Ces constatations peuvent être renouvelées et modifiées périodiquement sur la demande des fabricants et des Inventeurs.

En pratique, l'inventeur ou le fabricant propose au Jury un texte vantant l'Invention et faisant ressortir ses avantages. Le Jury supprime ou modifie certaines parties de ce texte, suivant les constatations qu'il fait.

Les produits pharmaceutiques, notamment ceux guérisseurs de toutes maladies, ne pourront être mis en vente que s'ils ont de réelles qualités s'appliquant bien aux maladies énoncées et s'ils ne sont pas distancés par d'autres produits plus efficaces; et ce, en vertu de ce principe que ne peuvent être fabriqués et vendus, après chaque période quinquennale, que les inventions les meilleures dans chaque catégorie.

Il en est de même pour toutes inventions quelconques.

Les chirurgiens, les médecins et les pharmaciens reçoivent chaque année des opuscules qui leur permettent de suivre les progrès réalisés par leur science et de connaître les vertus des nouveaux produits inventés ainsi que des nouvelles méthodes chirurgicales, médicales et pharmaceutiques dont les jurys ont reconnu les bienfaits après expérimentations successives.

Tous les 10 ans ils sont tenus de renouveler entièrement leurs livres de sciences et de les échanger contre des éditions nouvelles, à jour des Inventions et des découvertes nouvelles. Ces nouvelles éditions sont en outre tenues à jour, année par année, au moyen d'opuscules qui leur sont adressés chaque année.

Les produits de consommation et tous autres produits destinés à être absorbés par l'Homme ne pourront être mis en vente qu'avec l'indication de l'origine, s'ils sont naturels et, dans le cas contraire, qu'avec l'énonciation des produits et le pourcentage des produits divers rentrant dans leur composition.

Les produits pharmacéutiques, en outre du pourcentage de leur composition chimique, doivent obligatoirement être recouverts d'une étiquette ou enveloppe indiquant leurs vertus officiellement reconnues.

Les produits nuisibles à la santé et ceux qui ne sont d'aucune utilité effective reconnue ne peuvent être mis en vente.

Des peines sévères, pouvant atteindre la dégradation jusqu'au 10e degré, peuvent être prononcées contre les contrevenants.

Les élèves des écoles ainsi que les travailleurs sont tenus chaque année de consacrer 5 jours au moins à des visites à la section de la Maison Nationale d'Exposition des Inventions et du champ d'Expériences pratiques afférents à leur profession.

L'organisation d'un tour de rôle est faite pour éviter l'encombrement.

Art. 85.

Prospection du sous-sol

Les recherches pour découvrir la composition du sous-sol font partie des Inventions.

Ces recherches sont confiées à des commissions compétentes composées de plusieurs membres sous la direction d'un chef.

Un matériel et un personnel adéquats sont mis à la disposition de ces commissions.

La compétence des membres de ces commissions est jugée par les travaux qui ont été publiés par chacun d'eux, par leur science acquise ou par les expériences pratiques auxquelles ils se sont livrés.

Chacune de ces Commissions fait ses recherches là où elle le juge à propos; la science de ses membres étant le guide naturel le plus sûr qui puisse leur permettre de choisir les points où il semble que leurs investigations et leurs prospections doivent donner des résultats satisfaisants.

Lorsque des prospections auront donné des résultats probants dans une Région explorée, la Commission qui en sera l'auteur sera chargée de reconnaître tout le sous-sol de la Région explorée, dans ses détails par des moyens efficaces qui seront mis à sa disposition.

Ces commissions recevront des rémunérations et des primes comme pour les autres Inventions, en rapport avec l'importance de leurs découvertes et de la science déployée par chacun de leurs membres au cours des entreprises et des travaux effectués et en rapport avec les services ainsi rendus à la Société.

Les Commissions qui ne donnent aucun résultat pendant un temps donné peuvent être dissoutes, remaniées ou soumises à la direction d'autres chefs.

Celles donnant les meilleurs résultats se verront confier de nouveaux secteurs et seront chargées de diriger d'autres commissions ou seront invitées à se subdiviser en plusieurs commissions dirigées par un de leurs membres avec appoint d'un personnel nouveau.

Lorsque les parties du territoire National et Colonial jugées contenir un sous-sol riche auront été explorées et prospectées, les prospections seront continuées sur tout le territoire à raison de une prospection au moins par 100 kilomètres carrés afin que tout le sous-sol National et Colonial soit connu.

Et une carte sera dressée du sous-sol géologique jusqu'à une profondeur d'au moins mille mètres prospectés ou reconnus.

ART. 86.

Composition des Jurys.

Tous les jurys sont composés de personnalités choisies parmi les plus compétentes de la Nation, dans chaque branche.

Peuvent notamment faire partie des Jurys, les Inventeurs qui auront à leur actif trois inventions ou qui détiendront leur titre depuis 10 ans au moins et qui n'auront pas d'invention à soumettre dans la branche où ils figurent comme Jurés.

Pendant la période transitoire de 50 ans, la rétribution des jurés sera de 4 fois le salaire minimum de base établi par la Législation du travail.

Lorsque les Jurys Nationaux compétents ont admis une invention, celle-ci doit, en dernier ressort, passer devant un Jury Mondial qui vérifie si l'Invention présente bien toutes les qualités requises par la Constitution Mondiale pour être considérée comme telle.

Le Jury Mondial vérifie notamment s'il n'existe pas, déjà, des inventions de même nature aussi parfaites que celle soumise au Jury et si, dans ses détails, l'invention ne comporte pas des parties moins perfectionnées que ce qui est connu;

Le Jury Mondial délivre alors ou ne délivre pas le permis

de Breveter l'Invention, lequel est obligatoire pour que les Jurys Nationaux puissent breveter.

S'il refuse ce permis, il en indique les motifs.

La Société Mondiale reçoit également un spécimen de toutes les inventions.

Elle catalogue les Inventions du Monde entier.

Le Jury Mondial est constitué par les soins de la Société Mondiale au moyen des personnages compétents mis à sa disposition par les différentes Nations.

Art. 87.

Après la période transitoire de 50 ans.

Après la période transitoire de 50 ans, le régime des Inventions reste le même qu'avant cette période.

Toutefois, la rémunération des Inventeurs et Jurés pourra être modifiée de même que pourront être modifiés les salaires et les rémunérations, suivant les résultats obtenus par les expériences faites au cours de cette période transitoire par les différents organes collectifs publics qui auront dérogé aux règles générales de l'organisation du travail, établies par le présent pacte et par les barèmes des salaires, et qui auront pu prouver que l'on peut se rapprocher d'une égalité plus grande des salaires et des rémunérations, sans nuire à l'intensité de la production, ni au progrès des sciences.

Mais aucune modification aux règles régissant les salaires et les rémunérations établies par le présent pacte ne pourra être apportée, autant que cette preuve n'aura pas été faite pratiquement sur une grande échelle par les organes collectifs publics.

TITRE XIV

LÉGISLATION ET ORGANISATION DU TRAVAIL ET DES ORGANES DE PRODUCTION ET D'ÉCHANGE PUBLICS ET PRIVÉS

Art. 88.

Législation et organisation du Travail.

La Société dispose, en toute propriété, du Capital social.

Celà implique pour elle le Devoir de répartir le travail judicieusement afin que l'Homme en général puisse produire le plus possible et retirer du Capital social la plus grande somme de jouissance possible, avec le moindre effort physique humain.

L'Homme reçoit de la Société une rémunération rationnelle de son travail, en vertu de trois principes fondamentaux indissolublement liés et combinés, qui forment la charte de la Législation du Travail.

Ces trois principes fondamentaux sont les suivants:

« *A chacun suivant ses besoins, par privilège.* »

« *A chacun suivant ses efforts.* »

« *Et à chacun suivant les efforts de l'organe de production et d'échange auquel il collabore; lesquels efforts ne sont que le produit des efforts de tous ses membres, collectivement.* »

De ces principes fondamentaux découlent ceux suivants qui en sont la conséquence logique.

1. L'Homme a droit au travail, pour lui permettre de tirer parti de sa part des revenus du Capital social.

La mendicité et les pourboires sont formellement interdits. Pourront être déclarés déchus jusqu'au 3e degré aussi bien ceux qui donnent que ceux qui reçoivent.

2. La Société a pour devoir de répartir ce travail de telle sorte qu'il ne puisse se produire de chômage, sinon l'Homme ne pourrait tirer parti de la part des revenus sociaux, à laquelle il a droit. A défaut d'accomplir ce devoir, la Société devra rémunérer le chômeur; ce qu'elle doit éviter parce que, par le

chômage, elle prive les Hommes d'un revenu qu'elle laisse perdre. Les administrateurs responsables qui laisseraient se produire un chômage anormal, du fait d'une mauvaise gestion, seraient rendus responsables et ils encourraient des peines, pouvant atteindre jusqu'à la Déchéance au 2e degré.

3. La Société doit en tout premier lieu mettre à leur place dans des professions appropriées, les invalides, les infirmes et les faibles des deux sexes et ensuite réserver aux Femmes les places les plus faciles.

La Société a, en outre, pour Devoir de répartir le travail, suivant les facultés et les dons naturels, intellectuels et professionnels de chacun, afin de retirer du capital social, le plus de revenus possibles, dans l'intérêt des Hommes. Ce sont donc les Hommes qui se montreront les plus habiles à effectuer un travail qui seront préférés à tous autres dans le choix des travailleurs et des techniciens employés à ce travail.

4. La rémunération du travail de l'Homme doit comporter un minimum de salaire égal à ses besoins et ce, par privilège; ce qui motive l'établissement d'un salaire minimum de base fixé provisoirement à 20 francs et une limite maximum aux salaires des chefs et des travailleurs employés à des professions complexes. Le salaire minimum de base ne pourra être abaissé, mais il pourra être élevé par la suite à un chiffre supérieur, pourvu que cette augmentation soit universellement appliquée à toutes les Nations dépendant de la Société Mondiale. Les barèmes de rémunération devront obligatoirement être les mêmes dans toutes les Nations.

Mais pourquoi, dira-t-on, fixer le salaire minimum de base à 20 francs plutôt qu'à 10 fr. ou à 50 fr.?

A vrai dire, que l'on fixe le SALAIRE MINIMUM DE BASE à 10 fr., à 20 fr., ou 50 fr., le résultat sera le même, car *si la proportion est établie pour la rémunération de ceux qui bénéficieront des tarifs du* SALAIRE DE BASE, il est évident que le prix de vente de tous les objets de consommation atteignant un prix déterminé, avec le salaire minimum de base à 10 fr., sera double si ce salaire est fixé à 20 francs et sera 5 fois plus élevé s'il est fixé à 50 francs.

Si le chiffre de 20 francs a été choisi c'est parce qu'il répond mieux que tout autre à une moyenne normale qui permette à la fois de ne pas trop encombrer les poches de monnaie et d'offrir une marge suffisante pour tarifier tous les produits.

Le montant plus ou moins élevé du salaire minimum de base ne joue donc aucune influence sur les problèmes économiques. Il peut être augmenté à volonté ou, ce qui serait préférable, laissé à 20 fr.

Tout le problème économique à résoudre tient dans cette

formule : *Chercher par tous les moyens à faire baisser le prix de revient de chaque objet de production et de chaque denrée de consommation tout en laissant indéfiniment stable le salaire.* On obtiendra ce résultat par l'emploi en grand du machinisme, par les engrais chimiques, par la fabrication en série et surtout par les inventions de machines à grand rendement.

5. Cette rémunération sera en outre en rapport avec les efforts de l'Homme, c'est-à-dire avec la somme de travail produite par lui et avec les services qu'il rend à la Société par la quantité, la qualité et la valeur de son travail. Il est évident que si l'Homme était rémunéré de même, qu'il travaille peu ou beaucoup et qu'il produise peu ou beaucoup, ce serait illogique et injuste. Et cette injustice ne tarderait pas à produire une diminution notable de la production dont l'ensemble des Hommes souffrirait. Tout en étant assuré d'un minimum de salaire, l'Homme devait donc, dans une Société bien organisée, être rémunéré suivant ses efforts parce que plus l'Homme produit individuellement, plus le profit est grand pour la Collectivité. L'Homme ne pourra donc en aucun cas être rémunéré à tant par jour, par mois ou par an. Il ne pourra être rémunéré qu'aux pièces ou à façon et suivant la qualité du travail, ou suivant le rendement de l'équipe ou de l'organe desquels il dépend. D'une manière générale, il sera rémunéré suivant les services rendus par lui à la Société et de telle sorte que la Société profite au même titre que lui du produit de son travail. En général, la plupart des cas se régleront ainsi. Le salaire de base correspondra à un travail donné. Tout le surplus du travail effectué au cours des 8 heures de travail réglementaire par jour, de même que la qualité supérieure du travail, donneront lieu à une rétribution supplémentaire qui sera de 1/2 de la valeur du Travail effectué; l'autre moité devant bénéficier à la Société.

6. L'Homme doit en outre être intéressé à la bonne marche de l'organisme de production ou d'échange auquel il collabore, et en conséquence aux bénéfices produits par cet organe. Chacun sait combien l'organisation d'un Etablissement joue un grand rôle sur les résultats de ses bénéfices ou pour mieux dire sur le montant de sa production. Tel Etablissement bien administré, bien ordonné, répartissant judicieusement le travail, donne d'excellents résultats, alors que tel autre occupé à faire le même travail se ruine. Il faut donc que chaque travailleur, chaque employé dépendant d'un Etablissement public ait intérêt à ce que cet Etablissement donne d'excellents résultats. Ces bons résultats peuvent s'annoncer par des bénéfices, par une surproduction ou par tous autres indi-

ces. Dans un service de santé les bons résultats de l'administration médicale se traduiront par une baisse de la mortalité et du nombre des malades. L'on ne peut donc établir de règle rigide, car, dans ce cas, le personnel du service de santé devra être d'autant plus rémunéré que la mortalité sera moins grande et que le nombre des malades sera infime. Les bénéfices ou économies réalisés dans un service de santé sont très secondaires et parfois nuisibles. On n'aura donc à en tenir compte qu'accessoirement dans la rémunération du personnel médical. Il suffit que le principe soit établi que dans la rémunération de l'Homme rentreront en ligne de compte les résultats principaux obtenus vers le but idéal auquel doit tendre l'Etablissement dans lequel l'Homme travaille. Et sa rétribution sera d'autant plus affectée, en cas de mauvaise administration, qu'il a un grade plus élevé et qu'il collaborera plus directement à la Direction administrative de l'organe où il travaille.

Le Travailleur situé au bas de l'Echelle sociale, sera donc rémunéré surtout suivant son effort individuel et fort peu suivant les bénéfices ou sur les résultats heureux ou non obtenus par l'établissement auquel il collabore.

Au contraire plus le grade sera élevé et plus les résultats heureux ou non, obtenus par l'établissement joueront un rôle important dans la rémunération du chef, mais il faudra tenir compte que les résultats généraux seront toujours heureux, dans une bonne administration, si au bas de l'échelle l'on a bien travaillé. Donc, quoi qu'il en soit, dans tous les cas, une somme devra être mise chaque année à la disposition du personnel de toutes les administrations et de tous les organes publics, et sera répartie entre ce personnel, suivant les efforts de chacun.

Cette somme variera suivant que les buts principaux auxquels doivent tendre ces administrations et organes publics ont été ou non atteints pendant l'année.

Lorsque les buts principaux atteints se révéleront par des bénéfices, ce sont ces bénéfices qui seront répartis entre le personnel comme il a été dit.

Lorsque les buts à atteindre seront révélés par d'autres facteurs, ce sont ces facteurs qui entreront en ligne de compte pour l'évaluation de la prime.

Enfin si aucun facteur précis, appréciable à distance, ne peut révéler les efforts d'un organisme de production ou d'échange, une somme annuelle sera attribuée ou votée au profit du personnel intéressé. Cette somme sera d'autant plus élevée que les buts auront été atteints entièrement.

La fixation de cette somme pourra être automatique, comme

dans les services de santé qui sont rémunérés d'après la mortalité et la maladie.

Elle sera dans les autres cas fixée par ceux qui ont le plus direct intérêt à ce que le service en cause fonctionne bien. C'est ainsi que les consommateurs peuvent être appelés à fixer cette somme au profit des établissements voisins dont ils sont ou seraient les clients s'ils étaient bien servis, etc., etc.

7. L'Homme valide étant, pour la Société, son principal Capital Social, — puisque sans lui, sans son intervention, rien dans la Nature n'est assimilable à l'Homme, — la Société a pour devoir de maintenir l'Homme valide et robuste aussi longtemps que possible.

C'est ainsi que la Société doit veiller à ce que l'Homme ne travaille pas plus de 8 heures par jour (ancienne heure) ou 10 heures (heure mondiale). Et elle doit s'assurer qu'il consacre: 10 heures au repos ou à des études intellectuelles et professionnelles reposantes pour l'esprit; et enfin 10 heures au sommeil (heure mondiale).

La Société doit s'assurer en outre que l'Homme jouit d'un repos d'un jour tous les 5 jours, ou de 2 jours tous les dix jours et 65 jours de vacances annuelles qu'il consacre:

a) à raison de 30 jours au moins à des études intellectuelles et professionnelles faites au cours de voyages corporatifs organisés en commun;

b) à raison de 30 jours à des vacances et à des voyages d'agrément qu'il peut combiner avec les voyages d'études.

c) et à 5 jours de fêtes consacrées aux réjouissances organisées par la Société pendant les 5 jours précédant le jour anniversaire de l'institution de la Société Mondiale.

Il était nécessaire que l'Homme entrecoupe tous les 5 ou 10 jours, ses journées de travail par des journées de repos, parce qu'il est étonné que l'Homme se fatigue autant à travailler, sans arrêts périodiques, que de travailler trop longuement au cours d'une même journée.

Il a été démontré, en maintes occasions, dans tous les pays du Globe terrestre, qu'une collectivité d'Hommes travaillant toute l'année 12 heures par jour (heure ancienne), sans aucun repos pendant l'année, fait, en cours d'année, moins de travail qu'une même collectivité travaillant 8 heures par jour (heure ancienne) et profitant d'un repos hebdomadaire.

. En outre, si le Bourgeois est égoïste lorsqu'il s'agit de ses intérêts, on ne lui contestera pas l'intelligence qu'il déploie lorsqu'il s'agit de lui et des siens. Or chaque année il n'est pas un Bourgeois qui ne s'alloue de un à deux mois de vacances pour se reposer le corps et l'esprit. Et il a raison, car l'Homme a besoin de se reposer l'esprit aussi bien que le corps et de ne pas toujours tendre ses nerfs vers un seul sujet. C'est pour-quoi l'exemple du Bourgeois, très logique en la circonstance, sera suivi dans la Société Nouvelle ; avec cette différence que, sur les 2 mois de vacances qui sont allouées à tous les travailleurs, ceux-ci en consacreront la moitié à des voyages d'étu-des intellectuelles et professionnelles qui leur reposeront le corps et l'esprit en même temps qu'ils les instruiront.

8. La Société ne peut et ne doit réduire les 10 heures par jour assignées au travail (heure mondiale) sauf pour les travaux exceptionnels continus qui épuiseraient l'Homme, s'il travaillait pendant une telle durée. Ces travaux sont d'ailleurs fort rares et les progrès de la science en réduiront encore le nombre.

Même lorsque la Société — après plusieurs siècles de bonne organisation rationnelle — aura permis aux Hommes de jouir d'une somme considérable de bien-être, le travail devra être maintenu à 10 heures par jour (heure mondiale) parce que l'Homme qui ne travaille pas — autant qu'il le peut — jusqu'à la limite de ses forces, dégénère, s'adonne aux vices et a, dès lors, tendance à ne plus être à même de juger et apprécier sainement les principes des Droits et Devoirs de l'Homme et de la Société.

Il faut en outre que l'Homme se rende compte que plus il travaillera, dans la mesure de ses forces, et plus il en bé-néficiera, non seulement par le surcroît de bien-être qu'il se procurera, mais aussi et surtout parce que, en travaillant beau-coup, il permettra à une légion d'inventeurs de se consacrer au progrès de la science qui lui permettront de plus en plus de faire travailler la machine en son lieu et place.

Moins l'Homme travaillera d'heures par jour et plus il sera tenu de faire de lourds travaux matériels parce que si les Hommes travaillent peu d'heures par jour, ils ne pour-ront fabriquer les machines qui leur sont nécessaires et parce qui en travaillant moins d'heures par jour il existera un nombre moins grand d'inventeurs de disponibles pour étudier les grands problèmes scientifiques qui doivent faire peu à peu de l'Homme un cerveau, faisant mouvoir, de son siège, les ficelles du Travail Matériel. Si donc l'Homme ne travaillait que juste ce qui est nécessaire pour ses besoins, il ne progres-serait jamais et, dans plusieurs siècles, il ferait les mêmes lourds travaux qu'il faisait jadis. En travaillant au maximum, l'Homme au contraire arrive à fabriquer des machines qui seront de plus en plus perfectionnées et qui le dispenseront un jour de tout travail matériel pénible.

9. On a vu que l'impôt et le loyer sont payés suivant les revenus de chacun. Mais lorsque par paresse, mauvais vouloir ou mauvais esprit l'Homme ne fera qu'un travail minime, n'atteignant pas le salaire minimum de base, l'impôt, le loyer et, en général, les charges publiques, seront calculés sur le salaire minimum de base, et seront prélevés par l'employeur sur le produit du travail de l'intéressé quelle que soit sa rémunération, même s'il n'a fait qu'un travail n'atteignant pas le salaire minimum de base.

10. Nul ne pourra occuper plus d'un domestique attaché à sa personne.

Il va de soi que cette prohibition doit être de rigueur dans une Société bien organisée, car si chacun était libre d'employer d'innombrables domestiques attachés à sa personne, ces gens ne produiraient plus rien à la Société et deviendraient des Etres inutiles ou plutôt utiles seulement à un seul. Mais il est nécessaire cependant que des personnes s'occupent du travail matériel pendant que d'autres s'occupent du travail intellectuel. Le domestique est donc nécessaire.

Si grands que soient les services intellectuels rendus par un Homme, il ne pourra occuper qu'un seul domestique attaché à sa personne. Sa femme pouvant en occuper un autre, ce sont deux domestiques qui pourront être mis à la disposition d'un couple. Celà est amplement suffisant. Et cet état de choses obligera à abandonner le faste inutile que certaines maisons étalaient par snobisme, par amour de paraître et d'éblouir et jamais par nécessité.

Un couple n'a pas besoin de plus de deux domestiques attachés à la personne. La logique conclut dans ce sens, sans conteste.

11. Dans les hôtels-restaurants il ne pourra être occupé un personnel total, direction comprise, supérieur au tiers du nombre moyen journalier des voyageurs couchant et prenant leurs repas à l'Hôtel. Une personne habitant l'Hôtel à demeure ne peut avoir de Domestique attaché à sa personne.

12. Pendant la période transitoire de 50 ans, des salaires de base pourront être établis pour chaque profession et chaque travail sur un chiffre plus élevé que le salaire minimum de base fixé provisoirement à 20 francs. Plus la profession et le travail à entreprendre seront pénibles ou exigeront une somme de connaissances, de savoir, d'habileté professionnelle ou d'intelligence, plus le *salaire de base* sera élevé.

Le *salaire minimum de base* est la représentation de ce qui est nécessaire à l'Homme pour vivre.

Le *salaire de base* d'une profession est la représentation

.à la fois de ce qui est nécessaire à l'homme pour vivre, ʲde l'éffort et de la science qu'il doit employer pour faire .un tra‑ vail plus difficile que la normale.

Le *salaire minimum de base* est celui nécessaire à la vie. Il d'oit être attribué à toutes les professions ordinaires ne de‑ mandant pas de capacités spéciales. La rémunération de ces professions ordinaires, toujours basée sur un travail aux pièces ou à forfait ou sur un travail déterminé ou délimité, doit être établie de telle sorte que tous les Hommes valides d'une même profession puissent gagner au moins le salaire mini‑ mum de base en travaillant convenablement pendant 10 heures par jour (heure mondiale).

La rémunération des travailleurs occupés à des profes‑ sions plus complexes qui motiveront l'application d'un *salaire de base* plus élevé que le *salaire minimum de base* devra être établie aux pièces ou à forfait, ou sur un travail déterminé ou délimité, de telle sorte que les travailleurs de ces profes‑ sions, valides, puissent gagner, par jour de 10 heures de tra‑ vail (heure mondiale) au moins le *salaire de base*.

Il sera établi un *salaire de base* pour chaque profession complexe et pour chaque grade professionnel.

C'est toujours le *salaire minimum de base* ou le *salaire de base* qui serviront de base pour le calcul des prix aux pièces et à forfait et des rémunérations en général.

La fixation des *salaires minimum de base* et des *salaires de base* est laissée, pendant la période transitoire de 50 ans, à la libre appréciation des assemblées Législatives Nationales et Mondiales, sur les propositions des syndicats corporatifs.

13. Après la période transitoire de 50 ans, les *salaires minimum de base* des professions ordinaires et les *salaires de base* des professions complexes et des chefs, continueront à être établis par lesdites Assemblées sur les propositions des syndicats corporatifs.

Toutefois les trois quarts au moins des travailleurs des deux sexes devront être rémunérés dans chaque Nation d'après les barèmes établis sur le *salaire minimum de base* ; et un quart des travailleurs au maximum, — y compris les chefs de tou‑ tes catégories, — seront rémunérés d'après les barèmes établis sur les *salaires de base*, applicables aux professions complexes et aux gradés de toutes les professions.

Quoi qu'il en soit, en aucun cas la totalité des rémunérations établies dans une Nation sur le *salaire de base* ne pourra être supérieure à la totalité des rémunérations établies dans la même Nation sur le *salaire minimum de base*.

Si donc dans une Nation l'ensemble des rémunérations

payées aux travailleurs bénéficiant des tarifs du *salaire minimum de base* atteignent le chiffre total de 100 milliards, l'ensemble des rémunérations de ceux des travailleurs et des chefs de toutes professions qui bénéficient des tarifs du *salaire de base* ne pourront être supérieures à 100 milliards annuellement. Et le nombre des bénéficiaires de ces derniers tarifs ne pourra être supérieur à un quart de l'ensemble des travailleurs.

Art. 89.

Législation et Organisation des organes de production et d'échange publics et privés.

Afin de mieux s'inspirer des principes qui vont suivre, il est bon de rappeler les principes essentiels qui, sous le Titre II, régissent la Législation et l'administration publique en général.

Ces principes généraux sont ainsi résumés:

1. Tous les Organes administratifs Mondiaux, Nationaux, Régionaux, Communaux et Collectifs publics sont autonomes et sont administrés du haut en bas de l'échelle administrative suivant les mêmes lois et les mêmes règles.

2. L'administration supérieure n'intervient pour s'immiscer dans le pouvoir administratif subalterne que lorsque l'administration de l'organe inférieur donne des résultats passifs accusés par les bilans annuels.

3. L'administration supérieure a néanmoins pour devoir de donner des conseils par la voie directe, — ou par la voie indirecte de ses Inspecteurs, — et d'inviter l'administration de l'organe inférieur à étudier certains organes administratifs modèles, lorsque les Inspecteurs constateront des fautes commises par l'administration inférieure. Mais là s'arrête l'intervention de l'administration supérieure.

4. L'administration supérieure pourrait toutefois prendre contre l'administration inférieure des mesures d'extrême rigueur pouvant atteindre la révocation et même la déchéance des chefs responsables, lorsque l'administration inférieure n'aura pas tenu compte des principes établis au titre des Inventions, aux termes desquels tous les établissements publics ou privés sont tenus de n'acheter et construire, au cours d'une période quinquennale nouvelle, que les inventions les plus perfectionnées du monde entier, découvertes et mises au point au cours de la période quinquennale qui vient d'échoir, et de renouveler leur matériel et leurs machines et outils tous les 15 ans. L'inapplication de cette règle entraînerait, — en outre de la déchéance, — la confiscation totale des capitaux détenus pendant la période

transitoire de 50 ans, par un particulier qui aurait persisté à utiliser de vieilles machines et outils.

5. Dans la Société Mondiale, les Nations, les Régions, les Colonies, les Communes et les Organes Collectifs publics, le pouvoir administratif est détenu par le Président et ses Ministres ou ses Vice-Présidents et par les Ministres ad hoc ou Vice-Présidents ad hoc.

6. Le Contrôle administratif est exercé par l'Assemblée correspondant à ces diverses administrations.

En fait les événements se déroulent ainsi:

1. Le Président élu, ses Ministres ou Vice-Présidents, les Ministres *ad hoc* ou les Vice-Présidents *ad hoc* et les Assemblées élues rentrent en fonction le premier jour de la période quinquennale nouvelle.

2. Le Président, d'accord avec ses Ministres ou Vice-Présidents responsables, choisit les chefs de services et les techniciens principaux des rouages essentiels de son administration, ou de l'organe Collectif public.

3. Il prend contact avec les différents Conseils syndicaux compétents, composés des représentants de tous les syndicats corporatifs (patrons techniciens et ouvriers, chefs et travailleurs), dont l'élection a lieu chaque année et qui sont ses conseillers légaux. Les pouvoirs publics, les différentes administrations, les organes collectifs publics, ainsi que les Assemblées élues doivent obligatoirement consulter et demander leur avis avant de prendre une décision, de légiférer ou d'entreprendre quoi que ce soit de nouveau en dehors de la gestion normale.

4. Il leur demande avis sur les avant-projets de travaux qu'il veut entreprendre et qu'il leur soumet, ainsi que sur les avant-projets de lois relatifs à ces travaux.

5. Il dépose ses projets définitifs sur le bureau de la Commission sénatoriale compétente, après avoir obtenu ces avis. Et les 5 syndicats compétents donnent leurs avis écrits et verbaux et, s'il y a lieu, soumettent leurs contre-projets à cette Commission. Il y a lieu de remarquer que les 5 syndicats compétents sont ceux de chaque branche corporative intéressant la même branche de budget en discussion.

Toutes les branches syndicales corporatives sont donc appelées à tour de rôle à émettre leur avis lors de la discussion du budget qui intéresse leur corporation.

Les 5 syndicats de chaque branche corporative comprennent: 1o des chefs d'entreprises, patrons et chefs de services, 2o des techniciens, 3o des chefs d'équipes, contremaîtres et chefs de rayons, 4o des ouvriers rémunérés au tarif du salaire de base, et 5º des ouvriers rémunérés au tarif du salaire minimum de base.

Le syndicat des consommateurs donne de même son avis et participe à la discussion des lois et des projets de travaux.

6. La Commission sénatoriale compétente rapporte le projet gouvernemental, l'amende ou en propose un autre après avoir entendu le gouvernement et les représentants des syndicats compétents. Elle dépose son projet sur le bureau de l'Assemblée et y joint les projets du Président et des syndicats compétents, à moins qu'il y ait accord entre eux.

7. L'Assemblée Législative discute les projets ainsi déposés en présence et après avoir entendu les membres du gouvernement, de la Commission sénatoriale compétente et des représentants des 5 syndicats compétents qui tous assistent aux débats et ont le droit d'y prendre part ainsi que les membres de l'assemblée élue.

8. L'Assemblée adopte en 3e lecture un texte définitif.

9. Le Président peut ne tenir compte en aucune manière du texte adopté si le projet déposé par lui et son texte définitif est conforme à son programme officiel d'élection.

10. Le Projet de l'Assemblée a force de loi et doit être exécuté dans tous les autres cas.

Il en est de même pour tous projets de lois et de travaux quelconques.

11. L'assemblée peut, sur l'initiative de ses membres, proposer des projets qui doivent être d'office renvoyés aux Commissions sénatoriales compétentes et lui revenir avec l'avis de ces commissions et des syndicats qui discutent leur point de vue devant l'Assemblée Législative.

Des projets peuvent d'autre part être proposés sur l'initiative des syndicats compétents ou des membres des Commissions Sénatoriales compétentes. La procédure est, en ces cas, la même.

12. Le Président fait voter par l'Assemblée Législative les budgets au moins un an à l'avance pour permettre aux différents services de faire leurs commandes en temps voulu.

13. Lorsque l'assemblée n'a pas voté le budget à la fin de l'année, chaque membre de l'assemblée et les membres du gouvernement paient une amende spécifiée à la fin du Titre II.

Les commandes doivent être à pied d'œuvre au moins un mois avant que l'on ait besoin de s'en servir ainsi qu'il est dit au Titre II final.

14. Lorsque l'assemblée refuse les Crédits ou les modifie, le Président peut passer outre si les Crédits par lui demandés figurent à son programme officiel d'élection.

15. Dans le cas contraire il dissoud l'assemblée et fixe la date des Nouvelles élections.

16. Le Président pose à nouveau sa candidature en n'omettant pas, cette fois, d'inscrire dans son programme officiel d'élection un état des recettes et des dépenses tel qu'il les désire pour faire aboutir son programme; moyennant lequel projet financier il pourra passer outre si l'assemblée nouvelle, comme la précédente, accepte le programme du Président par le fait de sa réélection, mais n'entend pas voter le projet financier tel que le propose le Président; ce qui peut arriver notamment dans le cas où le Président, élu seulement au 3e tour de scrutin à la majorité relative, ne peut compter dans l'assemblée sur une majorité absolue partageant toutes ses vues.

17. Afin de faciliter dans la plus large mesure possible les consultations syndicales corporatives, il sera procédé, chaque année, au cours du dernier mois, à l'élection de tous les bureaux syndicaux.

18. Les syndicats se formeront à la base dans chaque Etablissement public ou privé, par branches corporatives distinctes. Ces branches nommeront chacune leur bureau. L'ensemble de ces bureaux formera le bureau Syndical de l'Etablissement corporatif.

19. Chaque branche corporative des différents Etablissements existants dans une Commune formera un syndicat distinct. Les diverses branches corporatives se fédéreront par Commune et formeront la Fédération Syndicale Communale.

20. Ces mêmes branches corporatives formeront chacune un syndicat régional. Et l'ensemble de ces syndicats Régionaux se fédéreront par Région.

21. Ces mêmes branches corporatives formeront chacune un Syndicat National. Et l'ensemble des Syndicats Nationaux se confédéreront dans chaque Nation.

22. Enfin les mêmes branches corporatives formeront chacune un Syndicat Mondial. Et l'ensemble des Syndicats Mondiaux se confédéreront Internationalement au siège de la Société des Nations.

23. Dans chaque profession les travailleurs seront tenus de se syndiquer entre eux en deux syndicats distincts: le syndicat des ouvriers bénéficiant du *salaire de base* et le syndicat des ouvriers ayant droit au *salaire minimum de base*; les contremaîtres, les chefs d'équipe, les chefs de rayons seront tenus de se syndiquer entre eux et par corporation; les techniciens se syndiqueront entre eux, et enfin les chefs d'entre-

prises, chefs de services et chefs de maison ou établissements aux divers degrés de l'échelle sociale seront également tenus de se syndiquer entre eux. Et tous ces syndicats devront de même se fédérer et confédérer par Etablissement, Commune, Région, Nation et Société Mondiale, afin que les avis autorisés des uns et des autres puissent être donnés toutes les fois qu'ils seront sollicités et qu'un projet de loi, de travaux ou de rémunération des travailleurs sera déposé sur le bureau des Assemblées Législatives et administratives ou corporatives.

Une cotisation obligatoire sera fixée législativement et des amendes pourront être encourues par les syndiqués qui manqueront à un trop grand nombre de réunions.

24. Ce sont dans ces divers bureaux syndicaux que les Présidents feront obligatoirement le choix de leurs Ministres et Vice-Présidents et des techniciens ou chefs de services qui ne se trouveraient pas en nombre suffisant dans les administrations publiques et dans les recrues annuelles sortant des écoles techniques.

25. Il sera procédé, de même qu'il vient d'être dit, pour établir à chaque période quinquennale, le barème nouveau des salaires minimum de base, des salaires de base et des rémunérations de chaque travailleur.

Six mois avant la fin de la période quinquennale, tous les syndicats d'organes de production ou d'échange établiront leur projet et feront, dans un rapport, valoir leurs arguments. Cinq mois avant la fin de cette période, les syndicats communaux discuteront de la question, proposeront leur projet et feront un rapport qu'ils soumettront de suite à l'assemblée Communale qui établira un contre-projet. Quatre mois avant la fin de cette période, ce sera au tour des syndicats Régionaux à établir leur projet, à faire rapport et à le soumettre à l'assemblée Régionale, qui présentera un contre-projet. Trois mois avant la fin de cette période, ce sera au tour des syndicats Nationaux à établir leur projet, à faire rapport et à le soumettre à l'assemblée Nationale. Et enfin deux mois avant la fin de cette période les syndicats Mondiaux établiront à leur tour leur projet et feront rapport à l'assemblée Mondiale qui établira définitivement le barème de rémunération international des travailleurs ainsi que les salaires minimum de base et les salaires de base. De même sera adopté pour chaque corporation un système distinct de répartition des bénéfices ou un système de fixation et de répartition des sommes en tenant lieu.

26. Tous les 5 ans, la révision des barèmes de rémunération du travail aura lieu en suivant la même procédure.

27. Nul, dès lors, n'a plus le droit d'employer de salarié, à d'autres conditions que celles énoncées par les barèmes; même s'il y a accord entre l'employeur et l'employé.

28. Toute infraction à ces règles et à ces lois entraîne la déchéance libre du Délinquant et le retrait des capitaux dont il dispose.

La Déchéance à plusieurs degrés peut être prononcée dans les cas graves.

29. L'autonomie est la règle de chaque administration et même pour chaque subdivision administrative.

Dès l'instant qu'un chef est désigné pour un groupement de travailleurs ou d'employés, l'administration de ce chef est autonome, si petit que soit le groupement.

Et l'autonomie implique pour le chef la responsabilité effective, même s'il ne s'agit que d'un chef d'équipe, d'un contremaître ou d'un chef de rayon. L'autonomie et la responsabilité entraînent le droit et le Devoir, de la part du chef, de prendre les initiatives les plus étendues et les plus hardies.

Ces initiatives ont pour vaste champ tout ce que l'intelligence de l'Homme peut concevoir de bien et d'heureux en faveur de l'entreprise.

Et elles n'ont de limites que les lois, les règlements intérieurs de l'établissement et les ordres supérieurs donnés qui doivent toujours être respectés même s'ils ne sont pas considérés comme opportuns.

Mais le chef subalterne doit demander l'annulation de l'ordre supérieur si cet ordre est contraire aux principes d'autonomie des services et n'a pas sa raison d'être.

Tout ordre donné devra conséquemment être motivé et expliqué afin que le chef subalterne puisse percevoir les raisons qui le motivent.

En outre, un chef de service peut et doit demander l'annulation d'un ordre supérieur qu'il considère comme préjudiciable à la bonne marche et à l'intérêt de l'établissement et du service dont il a la charge.

Nul ne peut être réprimandé pour avoir pris des initiatives intelligentes dans l'intérêt de l'Etablissement où il collabore.

Dans le cas où un chef supérieur réprimanderait ou prendrait des mesures de rigueur contre un chef subalterne ayant pris des initiatives intelligentes, il démontrerait lui-même son incapacité et devrait être cassé, rétrogradé ou révoqué.

Dans le cas où un chef supérieur aurait donné des ordres ou un ensemble d'ordres ayant évidemment pour but d'empêcher les initiatives intelligentes de se produire, le chef qui en sera l'auteur devra de même être rétrogradé, cassé ou révoqué et même déclaré déchu suivant la gravité du cas.

Les initiatives des chefs subalternes ne doivent être empêchées que lorsque le chef prend lui-même l'initiative nécessaire dans la vue de la généraliser à tous ses services.

30. Dans le cas où des chefs seraient paralysés par des chefs supérieurs sans initiatives, routiniers et désireux par dessus tout de vivre en toute tranquillité, le chef subalterne intéressé s'il ne se croit pas suffisamment puissant pour soutenir sa cause, devra en saisir son syndicat ou la fédération syndicale qui portera plainte et fera juger le cas par la Cour de Justice compétente, si les autorités compétentes ne prennent pas les mesures nécessaires.

31. Par contre les initiatives maladroites et celles pouvant porter préjudice à l'Etablissement seront critiquées et réprimées si elles se renouvellent souvent. Elles pourraient entraîner la révocation du chef si, trop souvent elles se répétaient et si elles dénotaient l'incompétence évidente de l'auteur, du fait qu'il prend des initiatives à tort et à travers, non raisonnées ni justifiées.

32. Mais quelques simples erreurs glissées au milieu de nombreuses initiatives heureuses ne peuvent donner lieu qu'à de simples observations. Ce qu'il y a lieu de juger c'est l'ensemble des résultats produits par les différentes initiatives.

33. Les Principes suivants sont donc applicables en matière d'initiative à tous les chefs de service quelconques, si peu importants soient-ils:

« Toutes les initiatives individuelles sont permises, encou-
« ragées et demandées instamment à tous les chefs sans limites
« possibles, autres que celles résultant des lois, des règlements
« et des ordres supérieurs donnés et encore faut-il que les ordres
« supérieurs soient justifiés.

« Tout chef qui n'a pas pris, — avec la même autorité que
« s'il était Patron ou Propriétaire d'un Etablissement, — l'ini-
« tiative que la raison, l'intelligence et de belles qualités pro-
« fessionnelles indiquaient de prendre pour organiser son tra-
« vail et celui de ses subordonnés d'une manière parfaite, sera
« considéré par ses chefs et par quiconque aura à le juger
« comme un incapable, ou tout au moins comme n'ayant pas
« toutes les qualités désirables pour faire un chef parfait; et
« il devra immédiatement être traité en conséquence. »

34. Lorsqu'un chef de service, à quelque degré qu'il appartienne, a besoin, pour effectuer un travail quelconque, du concours d'un service voisin, il s'abouche et s'entend avec son collègue, chef du dit service, lequel doit toujours se montrer bienveillant et donner satisfaction dans la mesure de ses moyens.

35. S'il n'obtient pas satisfaction immédiatement ou s'il se produit des frottements, il s'adresse au chef arbitre des services placés au même niveau que lui et il lui demande de donner des ordres immédiatement pour qu'il obtienne satisfaction sur le champ, sans retard.

36. Il existe ainsi à chaque étage administratif, au-dessus des chefs du même grade, un chef arbitre qui sert de lien entre les différents chefs de service et qui donne des ordres, séance tenante, sous sa responsabilité, aux différents services placés sous son arbitrage. Ces chefs de service doivent exécuter les ordres ainsi reçus, même s'ils ont reçu des ordres supérieurs contraires. Ils peuvent toutefois demander décharge avec indication qu'ils ont fait connaître l'ordre supérieur.

Aucun ordre supérieur n'est valable s'il a pour conséquence d'empêcher, ou seulement même de rendre plus difficile, le bon fonctionnement de l'ensemble des rouages composés par les divers services; même si ces ordres supérieurs sont justifiés à certains points de vue particuliers.

Autrement dit lorsqu'un travail est autorisé, tous les moyens les plus simples, les plus rapides, les plus économiques et les plus intelligents doivent être pris pour l'exécuter.

Et tous ordres supérieurs contraires à cette règle doivent être tenus pour nuls et non avenus.

Les chefs arbitres sont seuls juges en la circonstance d'apprécier si les ordres supérieurs doivent être ou non respectés et ce, sous leur responsabilité et quels que soient les grades du chef supérieur ayant donné l'ordre et de l'arbitre.

Après que l'ordre de l'arbitre a été exécuté s'il y a conflit entre lui et le chef supérieur qui a donné des ordres contraires, la Cour juge leur différend d'après les principes ci-dessus exposés.

37. Au bas de l'Echelle sociale on trouve un chef arbitre au-dessus des chefs d'équipe.

Au haut de l'Echelle, un chef arbitre est placé au-dessus des chefs de service des différents Ministères.

Plus haut, le Président fait fonction d'arbitre pour les conflits entre Ministres.

Et, pour les conflits entre le Président et les Ministres ad hoc ou les Vice-Présidents ad hoc, l'arbitrage est fait par 3 membres de la Cour de Justice compétente.

38. Les chefs de service qui feraient preuve de mauvaise volonté et qui motiveraient souvent l'intervention du chef-arbitre pour solutionner des différents qui peuvent se résoudre amiablement seront notés comme des esprits bornés, étroits et peu clairvoyants et à la longue ils pourraient être révoqués.

Chaque chef de service doit savoir en effet qu'il ne vit pas cloîtré dans une cellule, mais qu'il évolue au milieu d'un ensemble de mollécules toujours en mouvement et qu'il doit faciliter ce mouvement continu dans la mesure de ses moyens. Il doit donc toujours mettre de l'huile dans les rouages de ses rapports avec les services voisins.

La tâche d'un chef ne consiste pas seulement en effet à faire son travail et à faire exécuter le travail qu'il a tracé à ses subalternes. Il consiste encore à assurer la marche normale de l'entreprise en général à laquelle il collabore et à assurer le lien entre son service et tous les autres services qui peuvent avoir affaire à lui, ne serait-ce qu'accidentellement.

Et il doit donner satisfaction chaque fois que la raison dit de le faire, même lorsque ce qui lui est demandé ne rentre pas dans l'ordre habituel des choses.

39. Il est créé obligatoirement dans chaque commune un bureau de chômage auquel tous les employeurs sont tenus de faire connaître, 15 jours à l'avance au moins, les places qui vont devenir vacantes à la fin du mois dans leur Etablissement avec indication détaillée des capacités et des conditions exigées.

40. Le travailleur qui quitte son employeur est tenu, 15 jours au moins avant de quitter sa place, d'aviser le bureau de chômage en donnant les renseignements nécessaires pour établir ses capacités professionnelles.

Le bureau de chômage indique au chômeur les places vacantes et celui-ci s'entend avec son nouvel employeur.

41. Les bureaux de chômage débordés par le nombre des chômeurs s'entendent avec les bureaux des Communes voisines manquant de travailleurs.

42. Lorsqu'une Commune est appelée à subir ou subit une crise de chômage, elle en informe la Région qui prend des mesures pour répartir les chômeurs dans la Région.

43. Lorsqu'une Région est appelée à subir ou subit pareille crise, elle en informe la Nation qui prend des mesures pour répartir les chômeurs dans la Nation.

44. Et pareille répartition se fait par l'entremise de la Société Mondiale lorsqu'une crise de chômage se produit dans une Nation.

45. Le recours à une répartition Nationale ou Mondiale des chômeurs n'a lieu que lorsqu'il est démontré que la crise sera de longue durée.

46. De même l'appel à la Région n'a lieu que lorsqu'une crise de chômage dans une Commune paraît devoir se prolonger.

47. Quoi qu'il en soit, dans chaque Commune, dans cha-

que Région et dans chaque Nation, il doit être prévu chaque année des travaux dits de « soupape », qui ne sont pas de toute nécessité ou tout au moins dont l'exécution n'est pas de première urgence. C'est à ces travaux que seront employés les chômeurs qui n'auront pas, de suite, trouvé un emploi.

48. La Commune ne s'adressera à la Région pour lui prendre ses chômeurs que lorsque le nombre tendra à augmenter ou à rester longtemps stationnaire aux travaux dits de « soupape ».

Il en sera de même pour la Région et pour la Nation.

49. Les chômeurs sont payés, aux travaux de « soupape », de la même manière que le sont les travailleurs en général. Les travaux de « soupape », suivant leur nature, peuvent être rémunérés sur un *salaire de base* ou sur le *salaire minimum de base* ; ce qui est le cas le plus général.

50. Aussitôt que des demandes de travailleurs seront faites, les chômeurs ne pourront rester plus longtemps occupés aux travaux de « soupape », en raison de la nature provisoire et accidentelle de ces travaux.

51. Le Président Communal, Régional ou National qui aurait laissé inoccupés des chômeurs, faute d'avoir prévu des travaux de « soupape », pourra être révoqué, en raison du préjudice qu'il cause ainsi à la Société en laissant perdre le produit de cette main-d'œuvre.

52. La Société Mondiale, la Nation et la Région pourront voter sur leur budget un Crédit au bénéfice des communes pauvres qui ne pourraient pas, sur leur propre budget, entreprendre des travaux de « soupape ».

53. Dans ce cas, les Régions et les Nations seront libres d'établir des travaux de « soupape », auxquels les Communes seront invitées à envoyer leurs chômeurs en attendant que ceux-ci aient une place attitrée dans la Commune.

54. Les Congés par l'employeur et par l'employé ne peuvent être donnés que pour la fin d'un mois. Ils doivent être donnés au moins un mois d'avance. L'employé malade reprend, après guérison, sa place ancienne. Il ne peut pas être congédié après maladie au cours des trois mois qui suivent son retour à l'atelier et il ne peut l'être ensuite que si l'employeur peut invoquer un motif plausible.

55. Nul ne peut donner congé à l'employeur ni donner congé à l'employé s'il ne peut faire valoir de motif plausible et logique.

De la part de l'employeur, la baisse de sa production, de sa fabrication et des commandes, l'incapacité de l'employé à faire un travail donné, ses difficultés de compréhension des ordres donnés, sont les principales causes de rupture de contrat du travail.

De la part de l'employé un emploi mieux rémunéré et plus approprié à ses dons naturels et professionnels, trouvé par lui dans un autre établissement, est une des causes principales de rupture de contrat; à moins que l'employeur ait été à même de donner à l'employé un pareil emploi. Dans ce cas l'employé ne pourrait donner congé que s'il avait au préalable sollicité un emploi meilleur dans l'établissement où il travaille, et s'il se l'était vu refuser.

56. Lorsque les raisons de rupture ne sont pas suffisamment justifiées celui qui a rompu le contrat peut être condamné à des dommages-intérêts au profit du plaignant.

Les cas de renvoi d'un employé notamment pour faits ou opinions politiques, syndicalistes ou pour critique de l'administration de l'Etablissement employeur donneront lieu à de très sévères indemnités au profit de l'employé qui en sera victime, même si le motif du congé est caché par une raison circonstantielle et s'il apparaît bien que le réel motif est autre.

Les employeurs qui se trouveraient pris en défaut plusieurs fois pourraient être révoqués de leur emploi et même déclarés déchus, suivant la gravité du cas, par jugement de la Cour compétente.

Les particuliers qui se trouveraient en pareil cas pourront être confisqués des Capitaux qu'ils détiennent provisoirement pendant la période transitoire de 50 ans, dans les cas graves, prenant le caractère de défi aux lois et au présent pacte.

57. Les employeurs et employés peuvent passer des contrats de longue durée qui ne peuvent pas toutefois être supérieurs à 10 ans. Ces contrats ne peuvent être déclarés annulés que dans les cas graves et toujours, celui qui demande l'annulation du contrat, doit être condamné à une indemnité plus ou moins élevée, selon la gravité ou la légèreté du cas de rupture invoqué. Cette disposition est annulée après la période transitoire de 50 ans.

58. Tous les Etablissements publics de production et d'échange devront obligatoirement répartir leurs bénéfices annuels de la manière suivante:

Après prélèvement: des rémunérations; des frais généraux; de l'intérêt et de l'amortissement annuel en 20 ans des capitaux de l'entreprise à 7.50 % par an; de l'amortissement en 15 ans maximum du matériel, des machines et outils, les bénéfices nets seront affectés:

1° A concurrence de 50 % au « *Capital Réserve* » pendant la période transitoire de 50 ans;

2° A concurrence de 50 % au personnel, au prorata de la rémunération annuelle de chacun, depuis les simples travailleurs jusqu'aux plus hauts chefs.

Après la période transitoire de 50 ans, chaque Etablissement sera libre de supprimer les 50 % des bénéfices affectés à la réserve et de les répartir entre le personnel.

Mais il va de soi que les Etablissements qui affecteront 50 % de leurs bénéfices à la réserve auront le moyen de développer l'importance et le champ d'action de ces Etablissements, alors que les autres ne posséderont pas ce moyen.

Tous les Etablissements pourront cependant se développer après la période transitoire de 50 ans en empruntant les capitaux qui sont nécessaires à leur extension à la Banque Nationale. Ces Capitaux devront obligatoirement être amortis en 20 ans.

Chaque Etablissement producteur ou d'échange aura donc à apprécier s'il est de son intérêt de recourir à l'emprunt amortissable ou à l'affectation d'une partie des bénéfices annuels pour développer cet Etablissement.

On verra, d'autre part, aux Titres: de l'Organisation Industrielle, de l'Organisation Agricole et de l'Organisation Commerciale, que les bénéfices de tous les organes publics et de tous les Etablissements privés de production et d'échange sont nettement délimités, même pendant la période transitoire de 50 ans.

59. En ce qui concerne les organes administratifs publics qui ne donnent pas de bénéfice, une somme annuelle sera fixée par les pouvoirs publics pour en tenir lieu. Cette somme sera toujours en rapport direct avec les résultats obtenus par l'organe administratif public, et auxquels doivent tendre principalement les dites administrations. Lorsque ces administrations donneront des résultats difficilement appréciables par les pouvoirs publics, et au contraire, facilement appréciables par certaines catégories de contribuables ou de clients, ce sont ces derniers qui seront appelés chaque année à fixer les modalités des avantages à conférer au personnel de l'Etablissement en cause. C'est ainsi que les primes à allouer aux Maisons d'Echange installées aux carrefours des Villes sont fixées par les habitants des maisons voisines, comme clients desdites Maisons d'Echange.

Ces clients, mieux que personne, sont à même de juger si le personnel de ces Maisons d'Echange mérite ou non une prime de travail.

60. Les Membres des Assemblées Communales, Régionales, Nationales et Mondiales; les Ministres, les Ministres ad hoc,

les Vice-Présidents ad hoc et les Présidents seront rémunérés comme suit:

61. Les membres des Assemblées Communales auront droit à un salaire de base de 5 francs supérieur au plus haut fonctionnaire de la Commune; les Vice-Présidents et les Vice-Présidents ad hoc de 10 francs supérieurs à ce fonctionnaire; et le Président de 15 francs supérieur audit fonctionnaire. Toutefois ce salaire ne sera attribué dans les communes rurales que lorsque le 1/4 du territoire de la Commune au moins sera la propriété de la Commune, et dans les Communes urbaines que lorsque le dixième des établissements de production et d'échange seront la propriété de la Commune ou lorsque le capital industriel ou agricole Communal exploité par la commune atteindra au moins la valeur de un million.

62. Les membres des Assemblées Régionales, les Vice-Présidents ou Vice-Présidents ad hoc, et le Président auront droit à un salaire de base respectivement fixé à la somme de 10 fr., 20 fr. et 30 fr. supérieure au salaire de base attribué au plus haut fonctionnaire de la Région.

Les Membres de l'Assemblée Nationale, les Ministres ou Ministres ad hoc et le Président de la Nation auront droit respectivement à un salaire de base de 25 fr., 50 fr. et 100 fr. supérieur au salaire de base du plus haut fonctionnaire de la Nation.

Les Membres de l'Assemblée Mondiale, les Ministres ou Ministres ad hoc et le Président de la Société des Nations auront droit respectivement à un salaire de base de 50 fr., 100 fr. et 200 fr. supérieur au salaire de base du plus haut fonctionnaire de la Société Mondiale.

63. Le salaire de base étant établi, il y a lieu ensuite de déterminer la rémunération à laquelle auront droit les élus et les membres du pouvoir administratif et exécutif.

Cette rémunération sera ainsi établie:

La Rémunération sera égale au *salaire de base*, la première année de l'élection de l'élu et des membres du Gouvernement.

Pour les années suivantes cette rémunération sera supérieure au *salaire de base*, si le bien-être général a augmenté. Elle sera inférieure à ce *salaire de base* si le bien-être général a diminué, ce qui s'obtient par le calcul suivant:

On divise le montant total des revenus annuels de tous les salariés jouissant du *salaire minimum de base* tels qu'ils résultent des registres de l'impôt, par le montant total de tous les revenus des Contribuables quels qu'ils soient (salaires et autres revenus); ce qui donne un quotient fractionnel dont on ne retiendra que deux fractions pour la commodité des calculs.

On multiplie ensuite le quotient ainsi obtenu par le Capital Social public et privé tel que le montant figure aux registres de l'impôt, en négligeant toutefois les fractions de centaines de millions pour les Nations et la Société Mondiale et les fractions de million pour les Régions et les Communes. Le total ainsi obtenu sera considéré comme ayant un rapport égal au salaire de base de l'élu ou du membre du Gouvernement.

Pour les années suivantes, il suffira de faire une règle de trois pour établir la nouvelle rémunération de l'élu.

64. L'exemple suivant s'appliquant à un élu de l'Assemblée Nationale permettra de voir comment se résolvent tous les cas. Il s'applique à trois années différentes, espacées de périodes assez longues pour que des modifications soient sensiblement intervenues dans le bien-être général.

La première année d'élection du membre de l'Assemblée Nationale, le montant des rémunérations reçues par les contribuables jouissant du *salaire minimum de base* est, supposons-le, de 50 millards; les revenus totaux de la Nation sont de 100 milliards ; le capital privé et public National est de 1.000 milliards; le salaire de base de l'élu est de 60 fr.

La 5e année d'élection du même, les Contribuables jouissant du *salaire minimum de base* ont touché 50 milliards ; les revenus totaux se sont élevés à 125 millards ; le capital public et privé s'est élevé à 1.100 milliards.

La 9e année d'élection du même, les Contribuables jouissant du *salaire minimum de base* ont touché 78 milliards ; les revenus totaux de la Nation se sont élevés à 130 milliards; et le capital public et privé s'est élevé à 1.200 milliards.

1re année : $\dfrac{50}{100} = 0.50 \times 1.000 = 500$. Le produit 500 est donc égal à 60 francs, montant du *salaire de base* de l'élu.

Ce dernier n'ayant jusqu'ici contribué en rien à assurer le bien-être général reçoit pour ainsi dire une rémunération neutre qui est égale au montant du salaire de base. La rémunération de l'élu sera donc, la première année de son élection, de 60 fr., montant du *salaire de base*.

5e année : $\dfrac{50}{125} = 0.40 \times 1.100 = 440$.

Le produit : 500 obtenu la première année étant considéré comme ayant un rapport égal à 60 fr., montant du *salaire de base* de l'élu; à combien équivaudra le produit 440 obtenu

la 5e année? Cette opération se fait par la règle de trois suivante: $\dfrac{60 \times 440}{500} = 52$ fr. 80.

La rémunération de l'élu sera seulement de 52 fr. 80 par
jour la 5e année.

Cette rémunération de l'élu a diminué. Elle est inférieure
à la rémunération de la première année d'élection. Le bien-
être général a donc dû diminuer du fait de la mauvaise administration des pouvoirs publics et du mauvais contrôle de l'élu.
Examinons si cela est exact.

Au cours de la 5e année, l'on constate que le revenu général a augmenté (125 milliards au lieu de 100 millards montant, du revenu général de la première année). Le Capital public et privé a augmenté également (1.100 milliards au lieu
de 1.000 milliards montant des Capitaux de la première année).
Il semblerait donc à première vue au contraire que l'administration a été bonne et que le bien-être général a augmenté.
Il n'en est rien. Le revenu général et le Capital National ont
en effet augmenté, mais l'élu ne s'est pas préoccupé si cette
augmentation du bien-être profitait à tous. Les Contribuables
qui bénéficient du *salaire minimum de base* touchaient la première année 50 milliards et touchaient la 5e année pareille
somme de 50 milliards, alors que les revenus et les Capitaux
Nationaux augmentaient.

Les travailleurs bénéficiant du *salaire minimum de base*
ont donc été négligés. Le surcroît de bien-être n'a pas été général. L'administration a donc été mauvaise et le contrôle de
cette administration s'est mal fait.

L'élu doit être frappé automatiquement par cette mauvaise
gestion dans son intérêt personnel. Au lieu d'être rémunéré
60 fr., il ne recevra que 52 fr. 80.

9e année : $\dfrac{78}{130} = 0.60 \times 1.200 = 720.$

Le produit 500 étant égal à 60 fr., montant du *salaire de
base* de l'élu ; à combien équivaudra le produit 720 obtenu la
9e année. Cette opération se fait par la règle de trois suivante:
$$\dfrac{60 \times 720}{500} = 86 \text{ fr. } 40.$$

La rémunération de l'élu sera donc de 86 fr. 40 par jour la
9e année.

La rémunération de l'élu a augmenté. L'administration et
le contrôle administratif ont donc dû être bons. Et le bien-être
général a dû augmenter. Examinons si cela est exact.

Le Capital public qui était de 1.000 milliards la 1re année

d'élection est passé à 1.100 milliards la 5e année et à 1.200 milliards la 9e année.

Le revenu général qui était de 100 milliards la 1re année d'élection est passé à 125 milliards la 5e année et à 130 milliards la 9e année.

Le Revenu des travailleurs jouissant du *salaire minimum de base* qui était de 50 milliards la première année d'élection est resté stationnaire à 50 milliards la 5e année, mais est passé à 78 milliards la 9e année.

Ces augmentations générales démontrent que le bien-être général a réellement augmenté et que l'administration et le contrôle ont été bons.

65. Une observation approfondie du système de rémunération qui vient d'être décrit pourrait faire découvrir la remarque suivante :

Plus les *salaires minima de base* sont élevés et plus le quotient servant de base au calcul de la rémunération s'élève.

Inversement moins les Revenus généraux de la Nation sont élevés et plus le quotient servant de base au calcul de la rémunération de l'élu s'élève.

Il semblerait donc à première vue que l'intérêt de l'élu serait de faire élever le plus possible arbitrairement le *salaire minimum de base* et d'obtenir une diminution générale des revenus, pour être très bien rémunéré lui-même.

Il n'en est rien, car si l'élu favorise inconsciemment les salaires ordinaires, au détriment des chefs, au point de mécontenter par trop ceux-ci, il se produira une réaction d'activité qui affectera le capital social.

Le Capital Social, en baissant ou en restant stationnaire, fera baisser ou fera rester stationnaire la rémunération de l'élu.

On voit donc que la rémunération de l'élu n'augmentera réellement que lorsque le bien-être sera effectivement général et s'appliquera à toutes les classes de la Société ; avec cette nuance cependant qu'il a intérêt à favoriser le plus qu'il est possible les salariés ordinaires, tout en ne portant pas de préjudice aux chefs.

Et c'est bien là en effet ce à quoi la Logique et la Raison spécifient qu'il faut tendre de plus en plus. C'est bien là, la véritable définition pratique des principes des Droits et Devoirs de l'Homme et de la Société.

66. Si les Hommes, qu'ils soient chefs ou simples travailleurs, qu'ils rendent par leur intelligence ou par leurs capacités professionnelles plus ou moins de services à la Société, se contentaient du même salaire sur un pied d'absolue égalité

et se trouvaient résolus à produire le maximum et au mieux dans la mesure de leurs moyens pendant le même nombre d'heures de travail assigné à chacun d'eux, chaque jour, il ne serait pas nécessaire de créer un système de stimulant à l'activité humaine.

Mais il n'en est pas ainsi. L'Homme créé par la Nature est un être complexe et imparfait. Il arrivera sans doute à la longue à s'améliorer après plusieurs générations successives et sous les effets d'une éducation et d'une instruction collectives bien ordonnées et basées sur les principes des Droits et Devoirs de l'Homme et de la Société; mais il ne semble pas que l'Homme tel qu'il est créé par la Nature, puisse jamais, même à la longue, sous les effets d'une éducation parfaite, devenir un Etre parfait à tous points de vue, dépouillé de tous les vices, de tous les défauts et de toutes les imperfections dont la Nature l'a doté.

Il y a donc lieu de tenir compte de ces défauts, de ces imperfections et de ces vices et, au lieu de vouloir les ignorer et de considérer que l'Homme sera un jour parfait malgré l'évidence contraire, la Société doit au contraire les bien connaître, et s'en servir pour orienter l'Homme vers la route de l'Idéal de Justice et d'Equité dont ses défauts, ses imperfections et ses Vices Naturels tendent à l'éloigner.

C'est ainsi notamment, pour ne citer qu'un exemple, que quelle que soit l'éducation donnée à l'Homme, celui qui est indolent et paresseux restera indolent et paresseux et ne travaillera jamais autant qu'un autre Homme; et c'est ainsi que quelle que soit l'éducation donnée aux Hommes, il ne semble pas qu'ils comprendront jamais que cet Homme indolent et paresseux et qui ne fait rien, ou presque rien sous leurs yeux, puisse gagner autant qu'eux. Et il est à craindre qu'ils soient tentés de suivre l'exemple du paresseux et produisent le minimum s'ils ne sont pas payés davantage qu'ils travaillent peu ou beaucoup.

Il n'y a donc qu'un moyen pour redresser les défauts, les imperfections et les vices des Hommes, c'est de les rémunérer suivant leurs efforts et suivant les efforts de l'organe dans lequel ils collaborent et ce, en tenant compte d'un minimum de salaire égal à leurs besoins, parce que, en produisant beaucoup, non seulement l'Homme trouve personnellement un avantage, mais il fait bénéficier la Société, c'est-à-dire la généralité des Hommes, de cette surproduction de travail. On sait en effet que si l'Homme surproduit, la valeur de cette surproduction lui revient pour une moitié. Et l'autre moitié profite à la collectivité.

67. Les Elus aussi bien que les autres Hommes ne doivent pas échapper à cette règle et ils doivent bénéficier des avantages résultant d'une bonne législation et d'une excellente administration, de même qu'ils doivent être affectés par une mauvaise législation et une déplorable administration.

Par le système de rémunération de l'Elu ci-dessus décrit, les lois économiques les plus simples qui ont une répercussion sur la richesse et le revenu public, modifieront ce capital et ce revenu dans un sens favorable ou défavorable, selon que ces lois seront bonnes ou mauvaises. Et la rémunération de l'Elu augmentera ou diminuera selon que les lois et l'administration ont été bonnes ou mauvaises.

Les Elus seront donc portés par leur propre intérêt, qui est toujours en concordance parfaite avec l'intérêt de tous les Hommes, à rechercher les conséquences pratiques que produiront les projets de lois avant de les voter.

Et ce principe sera exactement appliqué surtout après la période transitoire de 50 ans, parce que, après cette période, aucun autre élément d'intérêt personnel ne viendra se mettre en travers de cette théorie.

68. Enfin pour résumer tout ce qui a été dit en ce qui concerne les pouvoirs, les Droits et les Devoirs de tous chefs de service à qui l'on confie un travail ou une mission déterminée, ces derniers agiront comme s'ils étaient les propriétaires de la section de l'Etablissement dont ils ont la charge et Maîtres absolus de la direction du travail à eux confié. Ils prendront donc des initiatives intelligentes comme le ferait un bon propriétaire, sans être tenus autrement que par les lois, les règlements, les limites assignées à leur champ d'action et les ordres supérieurs donnés.

69. Toutes les règles énoncées sous le présent titre sont applicables à la fois à la Société Mondiale, aux Nations, aux Régions, aux Communes et aux Organes collectifs publics et conséquemment à tous les rouages des administrations publiques et des organes collectifs publics.

Art. 90.

Exceptions aux principes et aux règles établies sous les articles 87 et 88 s'appliquant aux Établissements privés.

Pendant la période transitoire de 50 ans:
Les Etablissements privés s'administrent librement.
Les Sociétés Civiles universelles et particulières et les So-

ciétés Commerciales en nom collectif et anonymes par actions peuvent continuer leurs opérations et augmenter ou diminuer leur Capital social et de nouvelles Sociétés peuvent se former dans les formes et suivant les règles établies pour ces Sociétés en Régime Bourgeois; en tant que ces règles ne sont pas contraires à l'esprit du présent Statut.

C'est ainsi que ces Sociétés sont contraintes de rembourser de suite leurs obligataires et commanditaires et qu'elles ne peuvent créer d'autres obligations.

Ces Sociétés ne peuvent qu'emprunter aux Banques, de même qu'un simple Particulier peut le faire, jusqu'à 5 fois le montant de leur Capital Social effectif.

Et c'est pour les mêmes raisons que les Sociétés Civiles d'obligataires et les Sociétés Commerciales en commandite simple ou par actions ne sont pas autorisées et doivent être trans-, formées ou doivent rembourser leurs obligataires ou commanditaires, dès la mise en vigueur du présent Statut.

Les Sociétés par actions ne peuvent toutefois donner à l'émission de leurs actions le caractère d'une souscription publique. Ces émissions devront toujours revêtir un caractère privé.

L'appel aux souscripteurs par affiches ou par annonces dans les journaux est donc formellement interdit. L'envoi de notices individuelles, au domicile des souscripteurs éventuels, est seul autorisé.

Les Banques sont autorisées à recevoir les souscriptions à leurs guichets et à se charger de l'émission et de la publicité à faire dans les formes ci-dessus spécifiées. Les Sociétés ne peuvent assurer leur Capital social contre la Déconfiture pour couvrir leurs actionnaires de la perte éventuelle de ce Capital, mais elles peuvent et doivent s'assurer contre tous autres risques de pertes.

Toutefois les Etablissements et Sociétés privés sont tenus de connaître l'Assemblée élue par le personnel de l'Etablissement comme le sont les Assemblées des Organes collectifs publics.

Ils sont tenus de connaître également les syndicats professionnels de leur personnel, formés de la même manière que pour les Organes collectifs publics.

Ils sont tenus de consulter au moins une fois par mois les représentants de cette assemblée et de ces syndicats sur tout ce qui a trait à l'exécution des travaux et sur la meilleure méthode administrative à appliquer à l'établissement en cause. Les avis donnés par l'Assemblée et par les Syndicats ne sont que d'ordre consultatif, mais une bonne administration tiendra toujours compte des bons conseils qui sont à retenir.

Les administrateurs de chaque Etablissement privé devront, toutes les fois que leurs occupations le permettront, assister à ces Assemblées, lesquelles devront conserver le caractère fraternel qui doit exister entre collaborateurs désireux de bien faire et d'apporter tout leur savoir pour arriver à un but commun.

Les chefs devront, au cours de ces séances, provoquer les conseils des subalternes et leur demander leur avis et leur manière de voir sur l'exécution des travaux.

Ces séances obligatoires ont surtout pour but d'amener le contact de plus en plus rationnel entre employeurs et employés afin que ces Assemblées aient atteint leur véritable caractère après la période transitoire de 50 ans.

Les administrateurs, propriétaires et directeurs d'un Etablissement privé qui affecteraient de négliger ces prises de contact en ne s'y rendant jamais personnellement ou en n'y envoyant que des représentants de second ordre, pourraient être condamnés à des amendes laissées à l'appréciation des Cours de Justice compétentes et même être déclarés confisqués des capitaux laissés à leur disposition pendant la période transitoire de 50 ans.

L'assemblée élue par le personnel de l'Etablissement privé a, en outre, droit de contrôle des inventaires et du bilan annuel de l'Etablissement, dans les mêmes conditions que ce contrôle est exercé par les porteurs de parts bénéficiaires dans une Société anonyme par actions, comportant des parts bénéficiaires.

Le Personnel de l'Etablissement a droit à une part des bénéfices nets réalisés chaque année qui est de un tiers des dits bénéfices nets pour les Etablissements occupant plus de dix ouvriers.

La répartition en est faite proportionnellement à la rémunération annuelle de chaque membre du personnel de l'Etablissement.

Pour la détermination des bénéfices nets, on prélève, — des bénéfices bruts, — les frais généraux ; l'amortissement du matériel et de l'outillage en 15 ans maximum; l'intérêt et l'amortissement des capitaux engagés dans l'entreprise à 7,50 %.

Les bénéfices nets sont ainsi répartis:

1/3 à la réserve;

1/3 au propriétaire de l'Etablissement, aux associés ou aux actionnaires;

1/3 au personnel (travailleurs et chefs), suivant la rémunération annuelle de chacun.

Toutefois, les Etablissements occupant:

1o Jusqu'à 2 ouvriers et employés, n'alloueront à ces derniers que 1/10 des bénéfices nets;

2o Jusqu'à 5 ouvriers et employés, ils n'alloueront à ces derniers que 1/5 des bénéfices nets;

3o Jusqu'à 10 ouvriers et employés, ils n'alloueront à ces derniers que 1/4 des bénéfices nets;

Indépendamment de ces exceptions, tous les principes et toutes les règles applicables aux Organes collectifs publics sont également applicables aux Etablissements privés.

TITRE XV

ORGANISATION, PRODUCTION ET VULGARISATION DES RICHESSES MINIÈRES. DE LA FORCE, DE LA CHALEUR, DE LA LUMIÈRE, DE L'EAU, DE L'IRRIGATION, DES TRANSPORTS ET DES TRANSMISSIONS.

Art. 91.

Ministère unique.

Chaque Nation est tenue de constituer un Ministère unique des Richesses Minières, de la Force, de la Chaleur, de la Lumière, de l'Eau, de l'Irrigation, des Transports et des Transmissions.

Il est nécessaire de réunir entre les mains de l'administration qui détient les Transports, non seulement tous les organes qui permettent d'assurer les Transports par mer, par voies fluviales, par voies ferrées, par routes, par les airs, mais encore tout ce qui permet, facilite et rend économiques ces transports; tels que les moyens de Transmissions, l'Eau, (et comme conséquence l'Irrigation), la Force, la Chaleur, la Lumière et les Richesses Minières ; parce que c'est avec l'Eau, le Charbon, la Houille, le Gaz, qui produit à la fois la Chaleur, la Lumière et la Force nécessaires aux Transports. Et c'est par les voies routières, ferrées et autres que possèdent les Transports que l'on peut lancer dans toutes les directions et sur tous les points du Territoire National, les Transmissions, l'Eau potable et l'Irrigation, la Force, la Chaleur et la Lumière.

Les Richesses Minières, la Force, la Chaleur, la Lumière, l'Eau, l'Irrigation, les Transports, et les Transmissions sont donc indissolublement liés les uns aux autres. Logiquement, tous ces services doivent être concentrés sous une Direction Unique, pour qu'ils puissent aboutir aux meilleurs résultats.

Le sous-sol minier, pétrolifère et aquatile; l'espace libre de l'air, les lacs, les glaciers, les cours d'eau, les rivières, les fleuves et la mer jusqu'à 50 kilomètres des côtes sont, dès ce jour, propriété des Nations dans leurs limites territoriales. Les Nations utiliseront ces Richesses Naturelles elles-mêmes sans pouvoir charger qui que ce soit de les exploiter en leur nom. Ces Richesses dépendront de ce même Ministère.

Celles de ces Richesses qui seront dès maintenant utilisées par des particuliers seront expropriées dans la forme ordinaire.

Les Mers, au delà d'une zone de 50 kilomètres des côtes, sont propriété de la Société Mondiale.

Les Nations sont autorisées à exproprier et à prendre possession de tous territoires, immeubles, constructions, et choses immobilières et mobilières quelconques dont les services de ce Ministère pourraient avoir besoin pour la bonne marche de ces services.

L'expropriation a lieu en vertu d'une loi et la prise de possession a lieu 2 mois après préavis d'évacuation à tous occupants.

Le prix d'expropriation est payé en Monnaie Nationale dans le mois de la prise de possession.

La Société Mondiale tracera en temps opportun, au cours de chaque période quinquennale, les plans du réseau général mondial des transports aériens, ferrés et maritimes à exécuter par les Nations intéressées, au cours de la période quinquennale suivante.

Lorsque les Nations feront des difficultés pour construire ces voies, sous prétexte qu'elles les grèveraient trop fortement, la Société Mondiale pourra les établir pour son compte en expropriant à son profit tout ce qui lui est nécessaire pour mettre ses plans et projets à exécution.

Dans ce cas toutes les gares, ports et ouvrages quelconques situés sur la voie internationale seront propriété de la Société Mondiale.

Lorsque la voie internationale à construire sera aérienne, la Société Mondiale pourra exproprier autour de chaque gare un cercle territorial dont le rayon sera de 3 kil.

Lorsque la voie internationale à construire sera une voie ferrée, la Société Mondiale pourra exproprier une voie territoriale de 1.000 mètres de large tout le long de la voie, sur laquelle elle construira des maisons d'habitation et commerciales, des gares et des usines Mondiales. La voie ferrée suivra l'axe de ce ruban territorial.

Lorsque la voie internationale à construire sera une voie maritime, la Société Mondiale pourra exproprier un territoire de 5 kilom. de large tout le long de la voie.

La voie Maritime suivra l'axe de ce territoire. Elle devra avoir au minimum 500 m. de large et être accessible aux plus grands navires. Elle devra toujours être tracée d'une mer à l'autre.

De chaque côté de la voie maritime devra être construite une ligne ferrée internationale.

Les Nations sont tenues de faire raccorder leurs voies navigables et leurs voies ferrées aux voies internationales, de telle sorte que les raccords soient faits en même temps que les voies internationales seront ouvertes à la circulation.

Tous les Navires et toutes les marchandises ou produits quelconques du monde entier peuvent et doivent naviguer et être transportés sur toutes les voies maritimes, terrestres et aériennes du monde entier, aux mêmes conditions et tarifs que les navires, les marchandises et produits Nationaux. Les ports sont ouverts à tous les navires, pourvu qu'ils se conforment aux règlements.

ART. 92.

Transports et transmissions.

Dès la mise en vigueur du présent pacte, l'expropriation aura lieu immédiatement par chaque Nation :

1o Des ports et docks et de tous les Navires de commerce, maritimes et fluviaux.

2o Des chemins de fer et autres moyens de transports bénéficiant ou non de concessions.

3o Des routes et chemins de toute nature.

3o Et de tous moyens de transmissions.

La flotte de chaque Nation devra être portée à son plus haut degré de perfectionnement et être suffisante pour assurer les transports Nationaux par ses propres moyens. Les ports devront être multipliés et rendus accessibles aux plus grands Navires.

Les chemins de fer devront être portés au plus haut degré de perfection possible. Toutes les lignes seront électrifiées. Toutes les lignes principales devront comporter au moins deux lignes pour trains de marchandises et quatre autres pour trains de voyageurs, dont deux pour rapides et deux pour le service des gares et dès stations.

Les lignes principales seront désignées par la Société Mondiale qui pourra en outre obliger les Nations à en construire d'autres et, si elles s'y refusent, la Société Mondiale, en la personne de son président, pourra désigner un Ministre ad hoc chargé de cette construction. Il pourra même révoquer le Président et en désigner un autre à sa place pour exécuter les travaux nécessaires s'il le juge à propos, et s'il y a mauvaise volonté de la part de ce dernier.

Les Droits d'intervention du Président Mondial s'appliqueront en outre à tous les travaux dépendant du Ministère, objet du présent Titre, s'il juge que la Nation en cause ne se tient pas à hauteur des progrès scientifiques et économiques Mondiaux.

L'écartement des lignes ferrées sera identique internationalement. Les courbes ne pourront être inférieures à un diamètre déterminé.

Les wagons comporteront tous, deux parties distinctes:

1° Le truc du wagon qui sera remorqué et emmené dans toutes les parties du monde à destination, sans pouvoir cependant quitter la terre ferme.

2° Le fourgon clos et couvert ou en forme de tombereau et qui sera toujours mobile, de telle sorte qu'il puisse être soulevé et détaché du wagon puis transporté sur un navire, et replacé sur le truc d'un autre wagon au-delà des mers, si la marchandise qu'il contient doit traverser les mers.

Ce dispositif est établi pour que, en aucun cas une marchandise doive être déchargée en cours de route vers sa destination.

Ces fourgons mobiles seront amenés jusqu'à destination sur des auto-camions dans les villages non desservis par une ligne ferrée.

Ces fourgons mobiles comporteront un wagon entier ou un 1/2 wagon ou un 1/4 de wagon, ou 1/8 de wagon. Aussitôt arrivés à destination, le ou les fourgons mobiles seront déchargés immédiatement au moyen de grues afin que le truc du wagon soit libre de suite et puisse circuler. Seuls les petits colis ou les marchandises occupant moins de 1/8 de wagon seront transférés d'un fourgon à l'autre en cours de route.

Ces fourgons mobiles devront être construits de telle sorte qu'ils puissent être entassés les uns sur les autres dans les navires, et qu'ils puissent être happés par les grues transbordeuses suivant un même système. D'autres fourgons mobiles comporteront des citernes mobiles pour le transport des liquides. Il existera aussi des 1/2 citerne, des 1/4 et des 1/8 de citerne mobiles. A destination d'une gare, ces citernes, 1/2, 1/4 ou 1/8 de citerne sont chargés sur auto-camion si le lieu de leur déchargement n'est pas desservi par une voie ferrée.

Un certain nombre de ces fourgons seront aménagés d'un système frigorifique à air froid qui permettra de transporter, sans risques de perte ou d'avarie, du lieu de production au lieu de consommation, tous les produits périssables.

Les Navires de pêche devront obligatoirement posséder des chambres frigorifiques où le poisson sera déposé dès qu'il sera pêché et d'où il ne sortira que pour être embarqué immédiatement dans les chambres frigorifiques des wagons, après triage effectué également dans des chambres froides.

Toutes les usines et les fermes nouvellement construites devront l'être de telle sorte que les lignes ferrées puissent prendre les produits naturels ou les objets fabriqués à la ferme et à l'usine même et les diriger directement à la maison commerciale, où elles sont destinées, sans qu'on soit obligé de les sortir du wagon ou de les décharger et recharger en cours de route.

Lorsque les lignes ferrées n'aboutiront pas au village rural, les auto-camions transporteront les produits de la ferme à la gare la plus proche dans les fourgons ou demi-fourgons mobiles appartenant aux voies ferrées, de telle sorte que les produits soient chargés dans le fourgon à la ferme même et aillent également à destination, sans être déchargés. Il en sera de même pour les liquides et notamment pour les vins, bières, cidres et poirés qui seront transvasés directement, par jeu de pompe, de la cave productrice dans des fourgons-citernes et qui seront vidés directement dans la cave du lieu de consommation, même si cette cave se trouve au delà des mers.

Les trains de marchandises ne pourront transporter que des marchandises. Ils s'achemineront tous à la même vitesse.

Les trains de voyageurs ne pourront transporter que des voyageurs et les bagages de ces derniers.

Les trains de voyageurs marchent à deux vitesses: les rapides et les trains ordinaires. Mais ils suivent toujours deux voies distinctes.

Les trains de voyageurs ordinaires sont extrêmement fréquents sur toutes les lignes. Ils pourront ne comporter qu'un petit nombre de voitures suivant les nécessités.

Aucune ligne, sous aucun prétexte, ne pourra en croiser une autre au même niveau.

Les passages à niveau des routes et chemins devront être supprimés.

Toutes les Communes d'une Nation seront obligatoirement desservies au moins par un service de chemin de fer, de tramways, d'autobus ou d'aérobus faisant le service 6 fois par jour au minimum.

Dans les grandes villes, les trains se suivent à chaque minute et seront munis d'un système de bloquage et d'arrêt automatique fonctionnant dès que le train précédent sera arrêté à moins de 200 mètres.

Les transmissions par sans fil, celles télégraphiques et téléphoniques, celles par tube pneumatique et par poste devront être maintenues constamment au niveau de la science et être mises à la disposition du public au prix le plus bas possible.

Dans un délai de 10 ans, un réseau de routes Nationales, Régionales et Communales sera construit permettant de desservir commodément tous les pays et toutes les exploitations rurales.

Les routes Nationales auront 100 mètres; celles Régionales auront 50 mètres, et celles Communales auront 25 mètres.

Toutes les Communes seront desservies au moins par une route régionale.

L'expropriation des terrains pour la construction des routes se fera au 1/20 de la valeur du terrain exproprié; à moins qu'il soit prouvé que la route n'a pas augmenté la valeur du terrain restant au propriétaire exproprié.

Les routes Nationales et Régionales, (et partout où il sera nécessaire, les routes Communales) comporteront, de chaque côté de la chaussée, des tunnels où seront installés les câbles électriques, les conduites d'eau et de gaz, les tubes pneumatiques, les tubes pipe-line pour le transport de certains liquides tels que l'essence et pour le transport des sables par le vide.

Ces conduites seront à découvert et l'espace sera suffisamment grand pour permettre d'en placer de nouvelles. On évitera ainsi de voir des ouvriers employés toute l'année pour creuser la chaussée et la recouvrir, et pour recommencer ainsi tous les 15 jours ou tous les mois ainsi qu'on le voit lamentablement, dans les grandes villes surtout.

Art. 93.

Force, Chaleur, Lumière, Eau et Irrigation.

La Force, la Chaleur et la Lumière peuvent être produites par l'Eau ou par le Charbon.

La Force produite par le charbon fera l'objet de l'article 93.

Le présent article traitera de la Force produite par l'eau.

Cette Force devra être, par chaque Nation, obligatoirement utilisée à son maximum parce qu'il serait désirable que la Société n'ait plus besoin d'extraire la Force, la Chaleur et la Lumière du sein de la Terre; travail très pénible et peu hygiénique pour l'Homme.

Le moyen le plus pratique et le moins onéreux de produire cette Force est de la combiner avec les nécessités de la navigation et avec les besoins d'Irrigation de l'Agriculture.

Les Nations seront donc obligatoirement tenues d'utiliser leurs fleuves, leurs cours d'eaux, leurs lacs et leurs glaciers à cet effet.

Chacune d'elles devra :

a) Pousser le niveau de la mer aussi loin que possible dans le milieu de ses terres au moyen de larges canaux, suivant la ligne droite autant que possible, le long des fleuves ; pousser ces canaux à des étages successifs jusqu'aux fleuves des bassins voisins ; relier ces étages par des écluses mobiles ascendantes et descendantes, formant l'une par l'autre contrepoids ; capter les forces produites par les chutes d'eaux entre ces divers étages ; capter les chutes descendant des glaciers, des cours d'eaux des montagnes et des plateaux et leur faire produire des forces électriques ou les employer à l'irrigation rationnelle des terrains agricoles, suivant les prescriptions des ingénieurs agronomes compétents.

b) Transformer ces Forces en Chaleur ou en Lumière ou les utiliser aux Transports, aux Transmissions ou aux Forces nécessaires à l'Industrie, à l'Agriculture et au Commerce.

c) Rendre cette Force, cette Chaleur et cette Lumière à pied d'œuvre, c'est-à-dire chez celui qui l'utilisera tant comme industriel que comme consommateur.

Le Niveau de la Mer poussé aussi loin que possible au milieu des terres est un problème qui devra attirer les plus grands efforts des Nations parce qu'il permet d'utiliser trois éléments, considérables par leur importance.

1° Il permet aux Navires les plus grands de parvenir très loin dans les terres et d'établir tout le long du parcours une suite de ports se touchant tous qui apporteront la plus grande richesse à la Contrée ainsi pénétrée.

2° Il permet à l'extrémité du canal d'utiliser la chute considérable du fleuve qui produira d'autant plus de force que le niveau de la mer aura été poussé plus loin et en outre d'utiliser les chutes des Rivières se jetant dans le fleuve.

3° Et il permet, dans certains cas, d'utiliser la marée de la mer, si l'on a la précaution d'établir, au fond du canal, un certain nombre de canalisations entre la mer et les différents points du canal, munies de turbines à double évolution, qui produiront des forces considérables du fait du mouvement de l'eau dans les canalisations par le simple effet de la loi du « *niveau d'eau* ».

Les Forces produites par les chutes d'eau et par la marée seront transformées en forces électriques toutes portées à un voltage unique, le plus élevé qu'il soit possible, et envoyées, — sur tous les points du territoire National où elles doivent être utilisées, — au moyen d'un réseau électrique National.

La captation des eaux de source et l'utilisation des eaux

disponibles pour l'irrigation forment deux autres problèmes extrêmement importants.

Le premier est lié au problème de l'Habitation.

Le second est lié au problème de l'Agriculture.

Mais il va de soi que l'on ne pourrait séparer ces deux problèmes de celui de la production des Forces par l'Eau sans nuire à la bonne et complète utilisation de ces Richesses Naturelles.

Le service des Forces sait en effet la quantité d'eau de source qu'il doit réserver à chaque Commune.

Il sait d'autre part qu'il doit réserver certaines quantités d'eau déterminées et différentes suivant les altitudes à chaque Région agricole pour l'Irrigation.

Il utilise ces eaux comme il convient et emploie toutes les autres eaux pour produire la Force.

Mais l'irrigation n'étant pas toute l'année nécessaire, il peut utiliser pour ses chutes toutes les eaux d'irrigation lorsque ces dernières ne sont pas utiles. Il utilise d'autre part les lacs comme réservoirs, dont il se sert au moment opportun.

On voit par là qu'il y a nécessité de rattacher tous les problèmes des eaux au service de la Force, même les eaux ménagères et celles pour l'irrigation.

On verra au titre de l'Agriculture comment le service de l'Irrigation doit être fait.

Et l'on a vu, au titre de l'habitation, comment le service des eaux potables doit être assuré chez chaque Habitant.

Art. 94.

Richesses Minières.

Les Richesses Minières peuvent se classer en deux catégories bien distinctes.

Les Métaux.

Les Combustibles (charbon, houille, gaz, pétrole, essence, huile).

Il semble que les Métaux seront toujours et en tout temps nécessaires à l'Homme et qu'il ne pourra se dispenser d'aller fouiller les profondeurs du sol terrestre, à moins qu'il parvienne un jour à en découvrir à la surface de la terre, comme il y a découvert l'aluminium.

Il semble, dès à présent, au contraire, que l'Homme pourra bientôt se passer des combustibles enfouis dans les sols Miniers.

L'électricité a fait des progrès prodigieux et elle se trouve captée à peu de frais à la surface du globe terrestre, par la houille bleue (l'eau des rivières) et par la houille blanche (les glaciers des montagnes).

Il reste cependant à résoudre le problème de la chaleur pratique et à bon marché produite par l'électricité. Ce problème n'est pas encore tout à fait résolu. Il ne tardera pas à l'être. Et cette chaleur sera produite certainement à un très bas prix si surtout l'on parvient à combiner les effets de l'électricité avec l'oxygène de l'air.

Le problème de l'extraction de l'azote de l'air à très bon marché ayant été résolu, l'extraction à bon marché de l'oxygène de l'air, suivra certainement de très près.

Et la captation de l'électricité contenue dans les espaces libres de l'air est un problème qui ne paraît pas insoluble.

L'époque n'est donc certainement pas éloignée où le charbon et la houille ne seront plus utilisés directement ni pour le chauffage domestique, ni pour l'industrie, ni pour l'éclairage.

Il semble que le problème se posera alors de la production de l'électricité par le charbon sur le carreau de la mine et peut-être même dans la mine même, par la transformation de la chaleur du charbon en force électrique envoyée, sous haut voltage, sur tous les points du territoire National, par le moyen des canalisations déjà établies pour l'utilisation des forces électriques produites par les chutes d'eau.

Il va de soi que l'on réaliserait ainsi une économie considérable de frais de transport sans parler des commodités que donnerait le chauffage électrique et qui sont analogues à celles de la lumière électrique.

Pareil problème se posera pour les sous-sols pétrolifères, surtout si l'on parvient, ce qui n'est pas douteux, à remplacer les moteurs à essence des autos et autos-camions par des moteurs électriques munis d'accumulateurs.

Les Nations qui, d'autre part, disposeront d'assez de forces produites en surface seront tentées d'abandonner les exploitations minières des combustibles.

Ces Richesses minières pourraient en ce cas être exploitées par les soins de la Société Mondiale pour le compte des Nations moins privilégiées.

En attendant cette époque prochaine, chaque Nation sera tenue d'exploiter elle-même son sous-sol Minier et d'y extraire tout ce qui est nécessaire à ses besoins sans pouvoir confier ce soin à qui que ce soit.

Les Nations sont tenues en outre d'exploiter leur sous-sol Minier dans la Mesure des nécessités Mondiales.

Et, au cas où une Nation n'exploiterait pas rationnellement son sous-sol Minier, la Société Mondiale pourrait le faire à sa place, et se servir des routes Nationales pour transporter par câbles, conduites, ou pipe-line le produit de ces mines.

TITRE XVI

ORGANISATION INDUSTRIELLE

Art. 95.

Pendant la période transitoire de 50 ans, l'exploitation industrielle est libre. L'Industriel doit naturellement se conformer aux lois en général et spécialement à celles qui ont trait à l'organisation du travail et des entreprises industrielles publiques et privées. De même il ne peut vendre ses produits fabriqués un prix plus élevé que les limites qui lui sont permises au présent titre.

L'Industriel a le droit d'exiger que la Maison Nationale d'Echange ait constamment dans ses Maisons principales d'exposition et de vente et dans ses succursales Nationales, Coloniales et Etrangères, des échantillons de tous les produits et objets fabriqués par lui, à la disposition immédiate des demandeurs.

Les Administrateurs responsables de la Maison Nationale d'Echange qui ne se conformeront pas à cette règle pourront être poursuivis en dommages et intérêts par l'Industriel lésé.

L'Industriel peut en outre, par ses agents Commerciaux et par une réclame appropriée attirer l'attention du Consommateur sur les avantages que présentent ses produits, pourvu qu'il ne fasse valoir que les avantages officiellement constatés par les Services des Inventions. Il ne pourra jamais donner à sa marchandise une qualité qu'elle ne possède pas réellement.

La Maison Nationale d'Echange qui se trouve en présence de demandes générales importantes d'un produit ou objet fabriqué, a pour devoir d'estimer d'avance le montant des produits et objets de cette nature qui lui seront demandés chaque année par sa clientèle; et elle devra faire ses commandes au moins six mois à l'avance et pour une année entière; et ce, afin que la production se fasse normalement et sans à-coups; ceux-ci provoquant toujours regrettablement des crises de déplacement de main-d'œuvre et de chômage.

Lorsqu'un produit ou objet fabriqué est mis à la disposition du public par la Maison Mondiale d'Echange et qu'il n'est que peu ou pas demandé, aucune Nouvelle commande n'est faite et les produits en dépôt dans les différentes succursales sont écoulés dans les quelques succursales où l'objet est quelque peu demandé.

Toutefois, lorsqu'il y a reprise des demandes du produit ou de l'objet par les consommateurs et clients de la Maison Nationale d'Echange, de Nouvelles Commandes modérées sont faites pour satisfaire la clientèle des milieux où les demandes sont faites.

Art. 96.

Les Commandes par la Maison Nationale d'Echange doivent être faites aux Industriels, publics ou privés, Nationaux et Coloniaux, de préférence à ceux Etrangers, toutes les fois que les prix d'un même objet ou d'un même produit seront les mêmes et même toutes les fois que l'Industriel National et Colonial ne vendra pas plus de 10 % plus cher que l'Industriel Etranger; ce prix étant celui du produit ou de l'objet rendu sur le lieu de consommation ou de vente au client par les succursales de la Maison Nationale d'Echange.

Toutefois, les offres des Industriels étrangers ne pourront être retenues que si ces derniers vendent dans leur pays et partout ailleurs l'objet ou le produit fabriqué, moyennant un prix unique, quelles que soient les quantités. Cette disposition est prise pour éviter qu'un Industriel fasse de la surenchère à l'Etranger en se contentant d'un maigre bénéfice à l'Etranger; bénéfice qu'il ne peut accepter dans son propre pays.

En outre, les offres de l'Industriel Etranger, ne pourraient pas être retenues si l'un des produits ou objets quelconques fabriqués par lui était vendu à des prix différents dans son pays et à l'Etranger. Cette disposition est prise pour qu'un Industriel ne puisse vendre très cher dans son pays un produit non concurrencé d'où il tirerait d'énormes bénéfices lui permettant de baisser le prix de ses autres produits aussi bien dans son pays qu'à l'Etranger.

Autrement dit un Industriel ne peut vendre ses produits et objets fabriqués à l'Etranger que s'il établit un prix unique universel pour chacun des produits par lui vendu.

Enfin il est expressément défendu de traiter ni de négocier quoi que ce soit avec les ressortissants d'une Nation qui n'adhérerait pas à la Société Mondiale.

Toutefois la clause insérée au paragraphe précédent n'aura d'effet que lorsque la 1/2 des populations du Globe terrestre auront adhéré au présent pacte.

Les dispositions du présent article sont prises pour obliger chaque Nation à faire effort pour se suffire elle-même afin d'éviter toutes les fois que ce sera possible des transports d'un bout à l'autre du monde d'objets qui pourraient être fabriqués chez soi. Ces transports occupent en effet une main-d'œuvre et un matériel qui constituent une perte pour la Société.

Art. 97.

L'Industriel, quel qu'il soit, public ou privé, est tenu d'organiser sa production en série par les moyens les plus scientifiques et les plus modernes.

A cet effet, il est tenu de renouveler obligatoirement son outillage et son matériel tous les 15 ans, au maximum, et de le remplacer par un outillage et un matériel conformes aux nécessités de sa fabrication et comportant les plus grands perfectionnements réalisés par la Science des Inventions au cours de la période quinquennale qui vient d'échoir, ainsi qu'il est dit au titre des Inventions.

Tout contrevenant à cette règle est déchu de son droit d'exploitation industrielle et du droit d'occuper des salariés, qui en est la conséquence.

Il est en outre exproprié sans indemnité de son Industrie et de ses accessoires s'il possède personnellement l'industrie, objet du litige.

Exception à cette règle est faite en faveur des Colonies et des Nations dont les progrès économiques sont très peu développés et qui ne possèdent pas le personnel instruit ou nécessaire pour utiliser les machines et outils les plus modernes, ainsi qu'il est dit au titre des Inventions.

Cette exception n'est valable que pendant la période transitoire de 50 ans pendant laquelle les Colonies et les Nations en retard sur le progrès moderne seront mises au niveau des autres Nations.

Au titre des Inventions on a vu que pendant la période transitoire de 50 ans, toutes les machines réformées après 15 ans d'usage, ainsi que les outils, également réformés, doivent être cédés à vil prix aux Colonies et aux Nations à progrès économique arriéré; telles les locomotives à vapeur des chemins de fer appartenant aux Nations ayant électrifié leurs lignes.

Art. 98.

Après la période transitoire de 50 ans, toutes les Richesses Naturelles étant détenues par la Société, seuls les Organes Mondiaux, Nationaux, Régionaux, Coloniaux, Communaux et les Organes collectifs publics, auront le droit d'occuper des salariés.

Jusqu'alors les Etablissements Industriels publics et privés possèdent les mêmes droits de produire et de fabriquer et ils peuvent exiger concurremment des Commandes de la Maison Nationale d'Echange, sans autres limitations que celles résultant des règles ci-après.

Lorsque des Maisons Nationales et Coloniales publiques et privées solliciteront concurremment des commandes de la Maison Nationale d'Echange, pour un même produit ou un même objet fabriqué et pour un chiffre supérieur à sa consommation, la Maison Nationale d'Echange devra établir un cahier de charges et faire les commandes aux Etablissements offrant de les exécuter aux prix les plus avantageux.

Ces prix sont indiqués à date fixe sous pli cacheté par chacune des maisons publiques et privées concurrentes.

Le cahier de charges indique les meilleures conditions de prix offertes par les Maisons Etrangères. Les commandes sont faites aux Maisons Industrielles Etrangères si celles-ci font des prix inférieurs de 10 % aux prix indiqués par les Maisons Industrielles Nationales.

Dans le cas contraire les commandes sont faites aux Maisons Nationales ayant fait des offres les plus avantageuses qu'elles soient publiques ou privées.

Art. 99.

Les Etablissements Industriels publics ou privés qui se seront rendus adjudicataires de tout ou partie des commandes de la Maison Nationale d'Echange, seront tenus d'exécuter eux-mêmes intégralement les commandes sans pouvoir passer à d'autres Etablissements une partie de ces commandes.

Toutefois, les Etablissements qui ont pour habitude de faire usiner en série certaines pièces de l'objet à exécuter et de se faire livrer, toutes préparées, certaines autres parties des pièces et produits entrant dans la composition des objets et produits à livrer, peuvent le faire.

Mais ce droit ne saurait s'étendre à un établissement qui se contenterait d'assembler toutes les pièces de l'objet à exécuter, dont l'exécution serait faite dans divers Etablissements. De même ce droit ne saurait s'étendre à un Etablissement qui se contenterait de mélanger plusieurs produits dont aucun ne serait fabriqué par l'Etablissement qui en a pris la commande, et, si l'ensemble des produits ainsi mélangés, n'a pas à subir d'opération chimique ou de laboratoire.

Art. 100.

Les Maisons commerciales privées ont toute liberté pour faire leurs Commandes aux Industriels publics et privés qui leur donnent le plus de satisfaction.

Toutefois, elles sont tenues d'observer les règles établies par le présent Titre en ce qui concerne les commandes faites à des Industriels Etrangers, avec cette différence seulement qu'elles ne sont point tenues d'user de l'adjudication pour passer des commandes.

Art. 101.

Tout projet de création d'Organe collectif public ayant réuni l'adhésion de 100 personnes au moins, — comportant un personnel chef et subalterne engagé pour 5 ans et réunissant les compétences et les qualités professionnelles nécessaires pour diriger et mener à bien l'entreprise projetée, — se trouve dans les conditions légales pour que l'Organe collectif public soit autorisé et soit en droit de se faire avancer par la Banque Nationale les fonds qui lui sont nécessaires pour la construction de l'Etablissement Industriel, l'achat du matériel et de l'outillage, l'achat des marchandises et des matières premières et les fonds de roulement, nécessaires à la mise en marche de l'Etablissement Industriel projeté.

Le Président de l'Assemblée élu par les adhérents déposent à cet effet, au Service de l'Administration Industrielle de la Région:

1o Un projet de constitution de l'Organe collectif public dans les formes légales;

2o Un projet financier détaillant les dépenses à entreprendre sur un emplacement déterminé;

3o Les plans et devis de l'Etablissement à édifier;

4o Un projet de programme professionnel indiquant les nécessités de création d'un organe nouveau de production ou d'un organe se basant sur des méthodes nouvelles, et spécifiant les revenus à espérer;

5o Un état des bilans probables.

L'autorisation doit être donnée dans les 3 mois où elle est formulée, si l'Organe collectif public projeté réunit les conditions requises.

Si l'Organe projeté ne réunit pas toutes les conditions requises, le rejet de la demande doit être motivé dans le même délai de 3 mois. A défaut de ce refus motivé, notifié dans les trois mois, l'Organe collectif public est de plein droit constitué; l'absence d'un refus motivé et notifié en temps opportun par l'administration compétente équivalent à une autorisation.

Cette constitution de plein droit doit être obligatoirement confirmée par la Cour Régionale compétente.

Les Organes collectifs publics ainsi projetés qui essuient un refus motivé de l'administration Régionale compétente peuvent, après avoir pris connaissance des critiques formulées, en appeler à l'assemblée Régionale qui, après avoir entendu les demandeurs et l'administration Régionale compétente dans l'exposé de ses critiques, autorise l'Organe collectif public demandeur à se constituer ou bien rejette l'autorisation demandée, en indiquant les motifs du rejet et les modifications à apporter au projet, pour que l'Organe puisse être autorisé.

Le nombre de 100 adhérents nécessaire pour constituer un Organe collectif public est un minimum. Il est désirable que ces Organes ne créent que des Etablissements formidablement vastes, car, plus ces Etablissements seront importants, plus les résultats seront grands. Mais certaines corporations ne peuvent comporter des milliers ou des dizaines de milliers d'ouvriers. C'est pourquoi on a fixé le chiffre 100 comme étant le nombre minimum du personnel d'un Organe collectif public nouveau.

Mais les Lois Mondiales devront fixer, pour chaque corporation, le minimum de personnel nécessaire pour former des Organes collectifs publics. Ce minimum pourra être de plusieurs milliers ou dizaines de milliers pour certaines corporations.

Les nombres pourront d'ailleurs varier et augmenter concurremment avec les progrès de la science.

Les sommes prêtées par la Banque Nationale doivent être amorties obligatoirement en 20 ans au moyen de 20 annuités égales prélevées sur les bénéfices.

Elles sont productives d'un intérêt annuel de 0 fr. 50 %.

La prime d'assurance contre les risques de déconfiture qui est de 0 fr. 50 % par an provisoirement, doit être payée régulièrement.

D'autres avances, suivant les besoins, peuvent être demandées par la suite et accordées, si l'organe fonctionne bien et si les capitaux demandés ne sont pas destinés à combler des déficits, mais bien au contraire pour contribuer au développement de l'entreprise.

Art. 102.

Les Industriels et les Sociétés Industrielles privées peuvent demander aux banques Nationales de leur ouvrir un Crédit égal à 5 fois le montant des capitaux personnels ou sociaux.

effectivement engagés par ces Industriels ou Sociétés Industrielles dans leurs entreprises.

Ces capitaux personnels ou sociaux sont ainsi calculés:

1o Pour l'Industriel, on tient compte de l'ensemble de sa fortune personnelle, déduction faite de ses dettes, tel que le tout résulte de l'état de fortune fiscal servant de base à l'impôt; état qui doit être contrôlé par la Banque prêteuse.

2o Pour la Société par actions on tient compte du montant du Capital actions auquel on ajoute les capitaux inscrits au compte de réserve ; dettes déduites. Toutefois, on tient compte de l'état de fortune de la Société, résultant des registres de l'Impôt, si cet état accuse une fortune inférieure au montant du capital social, additionné des capitaux de réserve; ce qui démontrerait que la Société a subi des pertes depuis sa constitution.

Les Industriels et les Sociétés industrielles privées paient un intérêt au taux de 4.50 % des sommes qui leur sont avancées.

Ils paient en outre la prime d'assurance contre les risques de déconfiture fixée provisoirement à 0 fr. 50 %.

L'amortissement du Capital ainsi emprunté a lieu en 20 ans, en 20 annuités égales, comprenant le capital amorti et les intérêts.

Cet amortissement est de 20 ans, même s'il reste à courir moins de 20 ans avant l'échéance de la période transitoire de 50 ans.

Toutefois, il ne sera plus fait de prêt aux industriels, ni aux Sociétés particulières moins de 10 ans avant l'échéance de cette période transitoire.

A l'échéance de cette période, tout le capital social privé passant aux mains de la Nation sans indemnité, les dettes privées s'éteignent automatiquement en même temps que se fait cette restitution des Richesses Naturelles à la Nation.

Les Etablissements industriels privés sont alors gérés par la Nation, ou à défaut par la Région ou à défaut par la Commune, ou à défaut par des Organes collectifs publics gérant chacun des Etablissements privés.

La Nation devra faire connaître son droit d'option deux ans avant l'échéance de la période transitoire.

La Région fera connaître son droit d'option 1 an à l'avance.

La Commune fera connaître son droit d'option six mois à l'avance.

A défaut, le personnel de chaque établissement privé constituera l'Organe collectif public qui aura le droit de gérance.

Les Industriels ou les Sociétés Industrielles qui, au cours de la période transitoire de 50 ans, cesseraient leur industrie ou qui la vendraient, seraient tenus de rembourser immédiatement le montant restant dû sur leur dette. La cessation de l'industrie oblige l'industriel, 6 mois avant la fermeture, à offrir sa succession à son personnel constitué en Organe collectif public, moyennant vente: des immeubles industriels, du matériel et de l'outillage restant à amortir et des matières premières, objets fabriqués et marchandises se trouvant dans l'Etablissement.

Mais le fonds industriel ne peut être vendu en pareil cas.

L'Organe collectif ainsi formé paie avec les fonds qui lui sont avancés par la Banque Nationale comme il est dit au présent titre.

Art. 103.

Les produits et objets fabriqués sortant d'un Etablissement industriel public ou privé ne peuvent être vendus qu'à un prix égal ou inférieur au tarif maximum établi, pour chaque produit, sur la base ci-après, en tenant compte:

1o De la valeur d'achat de la matière première employée;

2o Des salaires et rémunérations;

3o Des frais généraux et pertes;

4o De l'amortissement du matériel et de l'outillage en 15 ans.

5o Du revenu et de l'amortissement en 20 ans des capitaux, le tout fixé à un forfait de 7,50 % par an ;

6o D'un bénéfice de 25 %, majoré sur le prix de revient de l'objet à vendre, calculé suivant qu'il vient d'être dit sous les paragraphes de 1o à 5o;

7o Des frais de transport.

Afin qu'un produit ou un objet fabriqué industriellement dans une Nation puisse être livré au même prix sur tous les points du territoire National, il sera établi un tarif des transports percevant d'après le poids de l'objet seulement, sans tenir compte de la distance à parcourir.

Il n'en sera pas de même des produits agricoles de consommation parce qu'il y a intérêt à ce que ces produits soient consommés sur place ou dans la Région productrice, de préférence. Il en pourra cependant être décidé autrement pour certains produits agricoles.

Après la période transitoire de 50 ans, les prix de vente des produits fabriqués s'établiront sur les mêmes bases en ne tenant plus compte toutefois de l'intérêt des capitaux et non plus de l'amortissement des capitaux *non périssables*.

Le bénéfice fixé à 25 % pourra en outre être réduit.

Il devra être tenu compte de l'amortissement des capitaux avancés par la Banque Nationale pour les raisons développées sous le Titre XII, art. 81, page 154.

TITRE XVII

ORGANISATION AGRICOLE

Art. 104.

Pendant la période transitoire de 50 ans.

Pendant la période transitoire de 50 ans, ne pourront posséder des exploitations et terrains agricoles et des jardins maraîchers que :

1º Les agriculteurs ;

2º Les Communes, les Régions, les Nations, la Société Mondiale ;

3º Les Organes collectifs publics agricoles ;

4º Les sociétés d'exploitations agricoles ;

5º Et les sociétés commerciales vendant directement leurs produits en détail au Consommateur.

Et qui dirigeront, cultiveront ou géreront, directement ou par l'entremise d'un gérant (mais non d'un fermier ou métayer), leurs exploitations et terrains agricoles et leurs jardins maraîchers.

Nul ne pourra conséquemment posséder de terrains agricoles ni de jardins maraîchers loués ou affermés à des métayers ou à des fermiers.

Les agriculteurs, les Communes, les Régions, les Nations, la Société Mondiale, les Organes collectifs publics et les Sociétés exploitant des terrains agricoles ou des jardins maraîchers seront tenus d'observer les principes suivants réglementant la production.

a) Les exploitations agricoles seront classées en deux catégories :

Les grandes exploitations qui sont celles comprenant au moins 100 hectares de terrains agricoles, en un seul tenant.

Et les petites exploitations qui sont celles comprenant au moins 10 hectares de terrains agricoles, en un seul tenant.

Par exploitations agricoles, en un seul tenant, on entend celles qui peuvent se labourer au moins dans un sens d'un bout à l'autre sans interruption et qui, bien que séparées en deux parties par un ruisseau, une rivière, un canal ou un chemin de fer ont néanmoins ces deux parties réunies par un pont, une route ou un chemin.

Nul ne pourra posséder moins de 10 hectares de terrains agricoles en un seul tenant.

b) Un délai de deux ans est accordé pour permettre aux agriculteurs de faire des échanges entre eux leur permettant de satisfaire aux exigences du précédent paragraphe.

c) Pour arriver à l'application des règles établies par le paragraphe *a)*, l'administration des Transports et des Voies de Communications à qui incombe le soin de construire les routes et les chemins nécessaires aux Nations, sera tenue, dans ledit délai de deux ans, de dresser le plan général des routes et chemins qu'une Nation Moderne doit rationnellement posséder.

d) Aucun de ces chemins ne devra avoir moins de 25 mètres. Les routes Régionales devront avoir 50 mètres et les routes Nationales 100 mètres. Ces routes et chemins devront être construits dans un délai de 10 ans. Chaque Commune sera desservie au moins par une route Régionale. Le village devra comporter des artères d'au moins 25 mètres. Les chemins seront en nombre suffisant pour longer chaque exploitation agricole, au moins sur un côté. Le plan d'ensemble devra s'inspirer à la fois: 1º de la configuration géographique de la Commune, des accidents de terrains et des pentes, afin que la culture puisse se faire au mieux; 2º de la nécessité de faire converger des voies autant que possible vers le point central de la Commune où, 50 ans après au plus tard, se trouvera installée l'exploitation agricole communale; 3º de la nécessité de créer autant que possible des lotissements réguliers avec, autant qu'il se peut, des côtés se rapprochant de l'angle droit; et enfin, 4º du plan général des voies et communications à édifier, pour que les raccordements s'enchaînent de Commune à Commune d'une manière rationnelle.

e) Aussitôt cette période de deux ans écoulée, l'Assemblée administrative Communale formera, à l'aide de géomètres et d'ingénieurs agronomes, un lotissement des terrains agricoles qui, à cette époque, ne réuniront pas les conditions légales. Les lots ainsi formés devront tous comporter au moins 10 hectares dans les Communes de petites exploitations agricoles; et 100 hectares dans les Communes de grandes exploitations agricoles. Ces lots devront tous aboutir, par un de leurs côtés au moins, à une des routes ou des chemins tracés suivant les plans nouveaux des voies et communications. Tous ces lots devront être formés de telle sorte qu'ils puissent se labourer d'un bout à l'autre, sans interruption dans un sens au moins et sur une longueur minimum de 200 mètres pour les petites exploitations, et de 500 mètres pour les grandes exploitations.

Ces lots seront exposés aux enchères au cours de la 3e année.

Pourront se porter adjudicataires ceux-là seulement qui peuvent posséder des exploitations agricoles.

Toutefois, ne pourront posséder de petites exploitations agricoles de moins de 100 hectares que les Communes rurales et les agriculteurs exploitant eux-mêmes.

Les Organes collectifs publics et les Sociétés ne pourront posséder que de grandes exploitations de plus de 100 hectares en un seul tenant.

Les Régions, les Nations et la Société Mondiale ne pourront posséder que des exploitations agricoles d'au moins 1.000 hectares en un seul tenant.

f) La Commune ou les propriétaires de terrains agricoles touchant directement le lot à vendre ou séparés de ce lot seulement par un chemin ou par une route pourront, dans les 24 heures de l'adjudication, mettre chacun une surenchère du 1/10. Cette ou ces surenchères seront immédiatement publiées à la porte de la Mairie. Le 1er enchérisseur aura 24 heures pour dire qu'il est preneur à 100 fr. au-dessus de la surenchère (ou des surenchères si elles sont multiples). Cette surenchère sera définitive si elle est seule et si le 1er enchérisseur s'est tu. Le lot sera remis en vente sur le montant de la surenchère entre le premier enchérisseur et les surenchérisseurs si ces derniers sont au nombre de deux au moins ou si le premier enchérisseur a fait une nouvelle offre de 100 fr.

g) Dans le cas où aucun enchérisseur n'aura porté d'enchère sur un lot, celui-ci sera adjugé de plein droit au profit de la Commune, même sans demande de celle-ci, pour le montant de la mise à prix fixé par les experts désignés par l'assemblée administrative Communale, si cette Commune possède déjà des exploitations agricoles. Dans le cas contraire, ce lot est réuni aux exploitations voisines à dire d'experts, obligatoirement.

h) Lorsque des lots seront formés par des terrains appartenant à plusieurs propriétaires, le prix d'adjudication sera réparti entre ces derniers suivant l'expertise qui a servi à la fixation de la mise à prix. Le prix d'adjudication sera payé à l'ancien propriétaire dans les autres cas.

i) Après cette période de deux années écoulées, sauf les Communes, nul ne pourra posséder plusieurs exploitations agricoles séparées les unes des autres, à moins que chacune d'elles comprenne au moins 100 hectares, ou 1.000 hectares pour la Société Mondiale, les Nations et les Régions.

Les agriculteurs pourront posséder une seule exploitation agricole de 10 hectares au moins, en un seul tenant, comme il a été dit article 103. Cependant, dans une Commune qui ne posséderait pas propriétairement elle-même ou par plusieurs petits exploitants agricoles au moins 100 hectares de terrains agricoles, les petites exploitations agricoles de 10 hectares ne seraient pas permises, parce que, dans ce cas, la Commune ne pourrait leur venir en aide pour l'achat de machines et outils agricoles. Dans ce cas, les riverains seraient tenus de réunir ces petites exploitations à la leur pour le prix de l'adjudication s'il y a concurrence entre riverains et pour le prix de l'expertise s'il n'y a pas concurrence.

Il va de soi que l'on ne pouvait contraindre les Communes à aider les Petits Exploitants, comme on va le voir, si ceux-ci et la Commune ne possèdent pas au moins, ensemble, 100 hectares de terrains agricoles, c'est-à-dire la valeur d'une grande exploitation agricole. Dans ce cas les machines et outils agricoles ne trouveraient pas leur emploi.

j) Les propriétaires de grandes exploitations agricoles publiques ou privées de plus de 100 hectares seront tenus au cours de ce délai de deux années:

1º De faire construire des bâtiments d'exploitation agricole, rationnellement compris, conformément à l'un des plans brevetés par le Service agricole des Inventions.

2º De pourvoir leur exploitation agricole d'un matériel et d'un outillage rationnels conformes aux données de la science et brevetés par le service agricole des Inventions.

3º De ne pouvoir, sous aucun prétexte, se servir d'animaux domestiques pour l'exploitation agricole; seule étant permise la traction mécanique et les animaux domestiques ne devant être élevés que pour la boucherie ou la laiterie; un délai de deux ans étant accordé pour observer cette règle.

4º De faire procéder périodiquement, tous les 5 ans au moins, par les ingénieurs agronomes de la Nation, à l'analyse des terres et de faire délivrer périodiquement, pour chaque nature de terrain et chaque nature de culture, des formules d'engrais humiques et minéraux, combinés ou non avec les fumiers de ferme, permettant d'obtenir de grands rendements. Et d'appliquer pratiquement ces formules.

5º D'employer obligatoirement, pour chaque nature de culture, les quantités d'engrais à l'hectare nécessaires pour assurer de grands rendements, d'après les formules préconisées par l'administration compétente.

6º D'employer les méthodes scientifiques de travail à grand rendement qui seront indiquées par l'administration compétente, suivant la nature des terrains, après expérimentations.

7° De permettre au Service de l'Irrigation agricole d'installer un système rationnel d'irrigation dans chaque exploitation, donnant le moyen, au chef d'exploitation, d'irriguer ses champs quand bon lui semble et pour le temps jugé à propos, selon la nature des récoltes, selon l'état de la sécheresse et suivant les données scientifiques préconisées par l'administration compétente.

8° De payer une redevance annuelle au Service de l'Irrigation, à l'effet d'amortir le capital engagé.

9° De posséder une basse-cour, scientifiquement aménagée, suivant les plans brevetés par le Service agricole des Inventions, et comportant un nombre de têtes de volailles suffisant pour permettre à l'exploitant de vendre chaque année, un minimum de têtes de volailles ou d'œufs fixé à chaque période quinquennale dans chaque Nation, suivant ses besoins.

10° De reconstituer les prairies naturelles et artificielles affectées à l'élevage suivant des méthodes scientifiques rationnelles, combinées avec l'irrigation appropriée, afin d'obtenir le maximum de rendement, suivant les expériences concluantes obtenues par l'administration compétente.

11° De maintenir dans ces exploitations un cheptel minimum en rapport avec les rendements nouveaux, considérablement amplifiés, de telle sorte que chaque exploitation puisse vendre, chaque année, le minimum d'animaux de boucherie fixé législativement à chaque période quinquennale pour 10 hectares de prairies naturelles et artificielles, suivant les besoins des Nations.

12° De vulgariser les meilleures races d'animaux de boucherie et de laiterie.

A cet effet:

De ne pouvoir tuer ou livrer à la boucherie les animaux de race que sur autorisation délivrée par l'administration compétente.

De ne pouvoir vendre ces animaux de race qu'à des éleveurs et moyennant un prix tarifié, que vendeur et acheteur doivent respecter.

De posséder dans chaque ferme d'élevage, le nombre d'étalons de choix désignés par l'administration et de ne pouvoir assurer la reproduction que par ces étalons.

D'avoir recours aux étalons de l'administration ou aux étalons désignés par celle-ci, partout où elle l'ordonnera pour assurer la reproduction des races supérieures.

De vendre, pour la boucherie, de préférence, d'abord les animaux de race inférieure.

De ne pouvoir vendre à la boucherie les animaux mâles et femelles, de races supérieures, jusqu'à un certain âge, que lorsque toutes les exploitations Nationales seront pourvues d'animaux de races supérieures, ce qui devra être constaté par une loi Nationale autorisant la vente de ces animaux à la boucherie. Cette loi autorisera d'abord la vente des animaux mâles, sous réserve des étalons, et ensuite des animaux femelles.

13° De se conformer aux instructions de l'administration compétente, de même qu'il vient d'être dit pour le cheptel, pour arriver à pourvoir les basses-cours de toutes les exploitations agricoles Nationales, de volailles de races supérieures en quantité suffisante pour la consommation Nationale.

14° De respecter la réglementation des cultures permises aux exploitants, établie dans chaque commune par l'administration compétente. Cette réglementation ayant pour but d'utiliser chaque terrain agricole aux cultures qui lui conviennent le mieux, afin d'arriver dans la Région et dans la Nation à une production maximum à l'hectare et ce, en tenant compte des besoins de chaque nation. Les cultures que pourront faire les exploitants devront toujours être au nombre de trois au moins; non compris les récoltes qui leur sont nécessaires pour nourrir la basse-cour et le cheptel.

Le tout à peine des sanctions plus loin énoncées qui seront prononcées contre les délinquants.

k) Les Communes rurales sont tenues obligatoirement:

1° De se porter adjudicataires et d'exploiter elles-mêmes tous les terrains agricoles exposés en vente, sur mise à prix fixée par les experts désignés par l'assemblée administrative communale et qui n'auraient pas trouvé d'adjudicataire, si la Commune possède déjà des exploitations agricoles ou si elle compte des petits exploitants possédant au total 100 hectares au moins de terrains agricoles (Commune et petits exploitants réunis).

2° De se conformer aux prescriptions applicables aux grandes exploitations rurales ainsi qu'il est dit sous le paragraphe *j.*

3° De prendre des dispositions pour que, à l'expiration de la période transitoire de 50 ans, la Commune assure elle-même obligatoirement l'exploitation de tout le territoire agricole communal, autre que celui exploité précédemment par la Nation, la Région ou par des Organes collectifs publics; ceux-ci ne pouvant plus se constituer moins de 5 ans avant l'expiration de la période transitoire.

4° De prendre, dès l'origine, des mesures pour faire édifier, en temps opportun, près de la gare ou au lieu considéré le plus central de la Commune, l'exploitation agricole générale de la Commune qui devra, sauf les réserves ci-dessus, être unique après la période transitoire de 50 ans, et qui devra être construite en temps opportun et pourvue d'un matériel et d'un outillage suffisants pour assurer l'exploitation du territoire agricole Communal dès l'échéance de la période transitoire arrivée. L'administration des transports étant tenue elle-même, avant l'expiration de cette période, de raccorder la voie ferrée traversant la Commune à cette exploitation s'il en existe une ou, en cas d'impossibilité, de la desservir quotidiennement ou à demande par le moyen d'un service d'auto-camions, transporteurs des fourgons mobiles des voies ferrées.

5° De prendre des dispositions, au cours des deux premières années, de la mise en vigueur du présent pacte, pour disposer d'un matériel et d'un outillage suffisants pour fournir, dès la 2e année écoulée, à tous les petits exploitants de la Commune, les moyens de cultiver rationnellement leurs champs aussi bien que pourront le faire les grandes exploitations agricoles. Ce matériel et cet outillage agricoles devront comporter les machines, instruments et outils à grand rendement les plus perfectionnés qui soient alors connus et notamment: des défonceuses, des charrues à 10 sillons, au moins, pouvant fonctionner à très grande vitesse, des pulvériseuses de terre, des faucheuses, des faneuses, des moissonneuses-lieuses, etc., etc.

6° D'occuper elle-même, pour son propre compte, le personnel nécessaire à l'utilisation de ce matériel et de ces outils agricoles; les petits exploitants ayant à payer de ce chef à la Commune une redevance tarifiée, lorsque la récolte est faite, soit en argent, soit en nature. Le petit exploitant n'a ainsi à donner à ses terres que les soins manuels qui ne peuvent être donnés que par l'homme.

7° D'aménager — (ainsi que sont tenus de le faire les grands exploitants) — une basse-cour à son usage et à l'usage des petits exploitants, entretenue par un personnel spécial; la nourriture de cette basse-cour étant assurée par les récoltes fournies — proportionnellement à leurs exploitations respectives — par la Commune et par chacun des petits exploitants; ou par certains d'entre eux, si l'assemblée Administrative Communale en décide ainsi, sur l'avis des ingénieurs agronomes et s'il en résulte une économie de travail.

8° D'édifier et d'aménager d'autre part, les bâtiments nécessaires pour entretenir le cheptel réglementaire, que doivent obligatoirement posséder les Communes et les petits exploitants agricoles et d'employer aux soins de ce cheptel le personnel suffisant. La nourriture dudit cheptel étant assurée par les petits exploitants comme il vient d'être dit pour la basse-cour.

9° De partager entre petits exploitants les bénéfices nets obtenus par la basse-cour et par le cheptel, suivant l'importance de leurs exploitations et après prélèvement par la Commune de ses frais généraux et de l'amortissement du capital engagé pour la production du cheptel et de la basse-cour.

10° De tenir pour son propre compte une basse-cour et un cheptel en rapport avec l'étendue de ses terrains agricoles.

11° De se charger elle-même des manipulations des récoltes de ses petits exploitants et de les concentrer dans ses propres bâtiments dès les récoltes enlevées, toutes les fois que cès récoltes devront subir des manipulations nécessitant des dépenses: de constructions d'immeubles ou d'achat de matériel, de machines et d'outillages que les petits exploitants ne peuvent faire pour leur propre compte ou qui grèveraient plus qu'il ne convient les frais généraux, si le travail était dispersé dans les petites exploitations agricoles.

12° De payer aux petits exploitants la valeur de leurs récoltes au moment de la livraison, lorsqu'elles seront ainsi concentrées et suivant des tarifs établis législativement à chaque période quinquennale.

l) Les Communes rurales, les Organes collectifs publics et les Sociétés d'exploitations agricoles de certaines Régions, considérées comme impropres à l'élevage de volailles et d'animaux de boucherie ou de laiterie, soit à cause de la nature de leurs cultures ou du sol, soit parce que les animaux de race n'acquièrent pas tout leur développement dans la Région, pourront être dispensés de faire de l'élevage dès que la production dans les Régions propices à l'élevage sera devenue suffisante.

m) Il semble, d'autre part, qu'il y ait intérêt à réserver l'élevage aux Régions favorables. Si cet avantage est démontré comme très grand par la pratique, l'élevage devra être réservé exclusivement à ces contrées favorables après amortissement des travaux faits dans ce but dans les Régions réfractaires à l'élevage.

n) Dans les Régions favorables aux cultures maraîchères et spécialement autour des grandes villes, certaines étendues de terrains agricoles devront être réservées à la culture maraîchère. Ces terrains seront dotés d'un système d'irrigation automatique pratique. Chaque exploitant pourra posséder des lots d'au minimum 2 hectares. Ces exploitants seront tenus d'employer pour leur exploitation, des machines, des outils, et des engrais pour obtenir un maximum de rendement, suivant les prescriptions de l'administration. De même ils seront tenus de se conformer à une réglementation de la production, et d'installer des serres et autres moyens de production appro‑ priés aux besoins et en conformité des progrès de la science.

o) L'administration compétente désignera les Régions qui semblent devoir produire les plus beaux fruits. Elle pourra obli‑ ger les exploitants de terrains agricoles de ces Régions, à planter leurs terrains d'arbres fruitiers d'espèces déterminées et de les transformer en vergers. Une réglementation spéciale, guidée par l'expérience, sera dressée en vue d'arriver à éliminer pro‑ gressivement tous les fruits de qualtié inférieure et à cultiver en définitive les plus belles variétés de fruits. Ces exploitations pourront être abaissées à 2 hectares minimum pour la cul‑ ture et la taille rationnelles des arbres fruitiers et à 5 hecta‑ res pour la culture des vergers d'arbres fruitiers en plein vent à poussée naturelle.

p) Après une période de 10 années écoulées, toutes les Com‑ munes rurales, sans exception, — qu'elles possèdent ou non propriétairement des exploitations agricoles, ou qu'elles soient composées de petites ou de grandes exploitations agricoles, — seront tenues d'occuper et de solder un ingénieur agronome auquel il sera confié :

1º Un laboratoire de physique et de chimie comprenant tous les appareils d'expériences nécessaires ;

2º Un champ d'expériences suffisant pour occuper au moins trois ouvriers également mis à sa disposition ;

3º L'outillage nécessaire pour cultiver ce champ d'expé‑ riences ;

q) Cet ingénieur agronome sera chargé de l'analyse de toutes les terres de la Commune et de donner, aux agricul‑ teurs de la Commune, soit au point de vue agricole en général, soit au point de vue particulier, à chaque exploitation, les conseils techniques qui leur sont nécessaires.

Il sera, dans la Commune, le représentant qualifié de l'ad‑ ministration technique expérimentale agricole. Il sera tenu au courant par un journal périodique National agricole de toutes les expériences faites et de tous les progrès constatés univer‑ sellement et qui lui sera servi gratuitement. Il sera tenu lui‑ même de faire connaître à l'administration compétente supé‑ rieure, les résultats de ses recherches. Et si ces résultats sont extraordinaires et inédits, il sera invité à les publier dans ce journal.

r) Lorsque la Commune possédera une exploitation agri‑ cole, c'est l'ingénieur agronome qui en assumera la direction technique.

Le Président Communal et ses Vice-Présidents assument la direction administrative.

L'ingénieur agronome est sous la dépendance du Président et de ses Vice-Présidents pour tout ce qui ne touche pas aux questions purement techniques.

Un règlement, modifiable tous les 5 ans, délimitera les pouvoirs et attributions de l'ingénieur agronome et du Président. Il sera dressé sur la proposition des syndicats agricoles et des assemblées communales agricoles par l'Assemblée Législative Nationale, et il sera inspiré par les résultats pratiques des différents systèmes proposés et appliqués.

Art. 105.

Constitution d'Organes collectifs publics agricoles.

Dans chaque commune agricole, il pourra se créer des Organes collectifs publics agricoles réunissant un personnel suffisant en nombre et en qualités professionnelles pour exploiter au moins une grande exploitation agricole de 100 hectares. Ces organes devront obligatoirement comprendre un ingénieur agronome à la tête de leur service technique. Cet ingénieur agronome aura les mêmes attributions que l'ingénieur agronome communal dans la Commune.

Ces Organes pourront être Communaux, Régionaux, Nationaux ou Mondiaux, suivant qu'ils entreprendront des exploitations agricoles dans une seule Commune, ou dans une Région, ou dans une Nation, ou dans plusieurs Nations à la fois. Suivant le cas, ils dépendront de l'administration et de la juridiction de la Commune, de la Région, de la Nation ou de la Société Mondiale.

Pour que ces organes puissent être constitués et qu'ils puissent avoir droit de se faire avancer les capitaux dont ils ont besoin, ils sont tenus de se conformer aux mêmes formalités que les Organes collectifs publics industriels.

Les agriculteurs de grandes exploitations agricoles, les Organes collectifs publics agricoles, les Communes rurales, et les administrations Régionales et Nationales agricoles sont tenus de renouveler entièrement leurs matériel, machines et outillage agricoles tous les quinze ans au moins et de les remplacer par le matériel, les machines et l'outillage les plus perfectionnés qui aient été inventés au cours de la période quinquennale précédente.

Il en est de même des appareils de laboratoire et des moyens de transports, etc., et de tous les appareils mis par la science à la disposition des exploitations agricoles.

Et non seulement chaque exploitant est tenu de renouveler ses anciens moyens d'exploitation, mais il est encore tenu
de se munir de tout ce que la science met à sa disposition pour
produire toujours plus et à meilleur marché et pour faire économie de main-d'œuvre.

Art. 106.

Avances aux Agriculteurs.

Des avances sont faites aux Agriculteurs de grandes exploitations et aux Sociétés privées agricoles dans les mêmes conditions que celles faites aux Industriels et aux Sociétés Industrielles, c'est-à-dire à 4.50 % d'intérêts et pour des sommes
atteignant jusqu'à 5 fois la richesse de l'emprunteur. Ces prêts
sont amortissables en 20 ans par 20 annuités égales.

Art. 107.

Avances aux Communes rurales
pour Elles et pour leurs Petits Exploitants.

La Banque Nationale fait des avances aux Communes rurales suivant leurs besoins au taux de 0.50 %. Ces prêts sont
remboursables en 20 ans, par 20 annuités égales, comprenant
le capital amorti et l'intérêt. La Commune à son tour est tenue
de prêter aux petits exploitants agricoles jusqu'à 5 fois leur
capital, non compris les machines et outils agricoles que la
Commune doit obligatoirement mettre à leur disposition.

La Commune compte à ses administrés, petits exploitants,
un intérêt de 1 % pour les dépenses en capitaux qu'elle est
tenue d'engager pour leur compte ou pour les avances qu'elle
est tenue de leur faire à un titre quelconque; les avances
aux petits exploitants se faisant toujours par la Commune elle-
même qui est responsable des remboursements.

Les capitaux, prêtés par la Commune aux petits exploitants, ne peuvent être employés qu'en achat de terres touchant
à leur exploitation, à l'achat d'engrais et autres produits nécessaires à l'agriculture, mais non de machines et d'outillages
agricoles que la Commune doit leur fournir obligatoirement.

Art. 108.

Fixation des Tarifs de vente.

Tous les produits récoltés par les producteurs agricoles
quels qu'ils soient ne peuvent être vendus qu'au-dessous des

prix fixés par un tarif maximum établi législativement, en tenant compte:

1º Du prix d'achat de la matière première employée;

2º Des salaires nécessaires à la production;

3º Des frais généraux et des pertes;

4º De l'amortissement du matériel et de l'outillage en 15 ans;

5º Du revenu et de l'amortissement des capitaux engagés fixés à un forfait de 7 fr. 50 % par an;

6º D'un bénéfice de 25 % majoré sur le prix de revient des produits à vendre, calculé comme il est dit paragraphes 1º à 5º;

7º Des frais de transport.

Dans le cas où la vente ne porterait que sur certaines denrées triées et classées au choix, des prix distincts seront faits suivant la qualité des produits vendus séparément.

Quoi qu'il en soit, le prix total ne pourra dépasser le tarif ci-dessus; auquel on ajoutera les frais de tri et, s'il y a lieu, les frais d'emballage et d'expédition, si le producteur s'est chargé lui-même de ce travail.

ART. 109.

Sanctions.

Les agriculteurs, les Sociétés agricoles privées, les Organes Collectifs publics, les Communes rurales, les Régions, les Nations et la Société Mondiale possédant des exploitations agricoles, qui ne se conformeraient pas strictement aux règles énoncées sous le présent titre seront punis sévèrement en leur personne ou en la personne de leurs administrateurs responsables de peines pouvant atteindre la déchéance au 2e degré. La confiscation des Capitaux dont les agriculteurs et les Sociétés privées sont détenteurs pourra également être prononcée.

Les agriculteurs et les Sociétés privées qui notamment ne feraient pas produire à leurs terres une quantité déterminée de récoltes à l'hectare avec un personnel réduit et un outillage approprié, conformément aux barèmes établis tous les 5 ans dans chaque Région, seront dépossédés de leurs terres et de leurs exploitations agricoles qui seront exposées aux enchères comme il a été dit.

Lorsque en pareil cas l'acquéreur sera un particulier, ou une Société privée, il paiera son prix d'adjudication à la Nation.

Si l'acquéreur est un Organe collectif public ou si c'est une Commune, ils en devront le prix à la Nation et lui en serviront l'intérêt et amortiront la dette comme il est déjà dit.

Art. 110.

Après la période transitoire de 50 ans.

Après la période transitoire de 50 ans, les Organes collectifs publics agricoles constitués depuis 5 ans au moins avant l'échéance de ladite période, les Communes, les Régions, les Nations et la Société Mondiale auront seuls le droit d'exploiter des terrains agricoles. Les Régions, les Nations et la Société Mondiale ne devront exploiter directement qu'à titre exceptionnel pour des raisons d'ordre technique. Les Communes seront chargées de cultiver les exploitations agricoles Mondiales, Nationales et Régionales existantes alors sur la Commune.

Les prix de vente des produits agricoles s'établiront alors en ne tenant plus compte des revenus des capitaux engagés et non plus de l'amortissement des capitaux engagés, *sauf ceux s'appliquant à des choses périssables ou renouvelables*, tels que des bâtiments, etc., dont la durée d'amortissement sera fixée législativement.

En outre, le pourcentage des bénéfices fixé, pendant la période transitoire de 50 ans, à 25 % du prix de revient des produits récoltés, pourra être abaissé.

Il devra être tenu compte de l'amortissement des Capitaux avancés par la Banque Nationale pour les raisons développées sous le Titre XII, art. 81, page 154.

Après la période transitoire de 50 ans, le régime d'exploitation agricole sera celui que l'expérience et la science auront démontré être le meilleur.

Il demeure cependant dès maintenant acquis que pendant que durera l'éternité des siècles les travailleurs agricoles devront être divisés en deux grandes catégories: *Les Machinistes* et *les Techniciens*. La logique l'indique.

1) *Les Machinistes*, c'est-à-dire les laboureurs, les semeurs, les moissonneurs, les faucheurs, les faneurs, les ramasseurs, les automobilistes, etc., etc., seront spécialement employés au fonctionnement des machines et outils à immense rendement et travailleront, pour l'ensemble de la Commune ou pour des sections de la Commune. Ils seront payés d'après le rendement fait par eux. Ils seront divisés en 3 équipes qui travailleront par beau temps jour et nuit, à l'aide de phares puissants et chacune 8 heures par jour. La même machine passera donc dans 3 mains différentes dans la même journée. Ceci établi pour qu'il n'y ait pas de chômage ni d'arrêt des machines et afin que l'on en emploie le strict minimum.

Ces machines devront de plus en plus tendre à d'immenses rendements. Ce sera l'affaire des Inventeurs.

La prime de travail revenant aux Machinistes sera fixée par le syndicat des cultivateurs techniciens pour lesquels ils travaillent.

2) *Les Techniciens*, c'est-à-dire les *Cultivateurs de métier*, seront chargés des soins techniques et minutieux que la machine ne peut pas faire et que seule la main experte de l'Homme peut entreprendre. Ils auront, suivant la nature des cultures, un certain nombre d'hectares à cultiver, toujours les mêmes, qu'ils cultiveront à leur guise d'après les données modernes et suivant leur génie propre. Ils seront récompensés et recevront une prime suivant le degré de perfection de leur travail et suivant les rendements, comparés avec l'ensemble des exploitations agricoles voisines à la leur, dépendant de la Commune.

Pour les soins à donner à la section agricole dont ils auront la charge, les *Techniciens* auront la même liberté d'action et d'initiative et la même latitude de mouvement dans l'accomplissement de leur travail que s'ils étaient *Propriétaires* de cette section agricole ; sauf les sanctions qui pourront être prises contre eux, jusqu'à la révocation, si en fin de saison, la constatation est faite que le rendement est mauvais, faute de soins.

ART. 111.

Irrigation.

L'administration Nationale de l'Irrigation agricole qui dépend du Ministère des Eaux et Transports ainsi qu'on l'a vu, est tenue d'organiser un système rationnel d'irrigation dès le début de la période transitoire, permettant de tenir constamment, pendant la végétation, les terrains agricoles humides afin de faciliter la dissolution constante des engrais contenus en terre et nécessaires aux plantes.

Cette administration n'est composée que d'ingénieurs agronomes aidés d'ingénieurs techniciens ayant pour mission d'étudier et d'appliquer les meilleures méthodes d'application de l'irrigation agricole.

A cet effet, des canalisations souterraines parallèles seront construites par ses soins à 200 mètres de distance, dans toutes les Communes agricoles.

Une citerne, hermétiquement close, sera aménagée tous les 200 mètres sur l'axe de ces conduites.

Au centre de chaque citerne, un pilier cylindrique, rotatif sur billes, prenant appui sur le fond de la citerne, sera dressé et portera en croix, à 3 mètres de hauteur au-dessus du sol, deux conduites horizontales aériennes de chacune 100 mètres de long soutenues par des fils de fer, et percées en sens opposé de trous d'arrosage d'autant plus nombreux et d'un diamètre plus grand qu'ils seront éloignés de l'axe afin que l'arrosage soit régulier.

L'eau arrivant par les conduites emplit la citerne hermétiquement close, monte dans le pilier cylindrique par les orifices pratiqués au-dessus de sa base et gagne les deux bras cylindriques en forme de croix, pour, ensuite, se déverser en pluie fine sur le champ agricole à irriguer.

Cet appareil d'irrigation se met à tourner et fonctionne automatiquement sous la simple pression de l'eau, convenablement calculée; de même que fonctionnent les petits jets rotatifs de jardins.

L'agriculteur peut déclancher l'arrosage de toute son exploitation à la fois par la manipulation d'un système électrique manœuvré de la ferme même et commandant tous les robinets fixés à chaque pilier cylindrique.

Il peut déclancher l'arrosage, d'une bande de terrain de 200 mètres de large en ouvrant par le même moyen les robinets correspondant aux piliers d'une seule conduite ou bien, sur 200 mètres de diamètre seulement, en n'ouvrant que le robinet d'un seul pillier.

Il est évident qu'autant que l'agriculture ne sera pas pourvue d'un système d'arrosage général scientifique et rationnel, la perte des engrais jetés dans le sol sera immense et les travaux de l'Homme seront pour les 3/4 inefficaces, si ce n'est plus.

Il est prouvé, en effet, que la plante ne se nourrit que par les engrais « *assimilables* », c'est-à-dire ayant acquis un état chimique qui permette à la plante de les « *absorber* ».

Or, les engrais ne se transforment chimiquement en terre et ne deviennent « *assimilables* », c'est-à-dire « *absorbables* » par la plante que sous l'action de l'humidité du sol, combinée avec la chaleur de l'atmosphère.

Si la sécheresse se produit pendant la période où la plante pousse et forme son fruit, tous les engrais contenus en terre sont inutiles et la récolte est compromise. Et s'il pleut beaucoup après la récolte, les engrais « *assimilés* » trop tard, sont entraînés dans les sous-sols et perdus pour toujours. Le cultivateur a travaillé pour rien.

Or, huit années sur dix ce cas se produit. On voit par là toute l'importance de l'irrigation.

TITRE XVIII

ORGANISATION COMMERCIALE

I

Pendant la période transitoire de 50 ans.

ART. 112.

Pendant la période transitoire de 50 ans, aura le droit de se livrer au commerce toute personne ou société qui vendra directement au consommateur les marchandises et objets de son commerce, fabriqués ou produits par elle, ou achetés directement par elle au producteur ou à la Maison Nationale de Gros.

Entre le producteur agricole ou industriel et le Consommateur, il ne pourra conséquemment y avoir que deux intermédiaires : la Maison Nationale de Gros et le Commerçant détaillant.

ART. 113.

Dès l'entrée en vigueur du présent pacte, il sera créé obligatoirement, par chaque Nation, une Maison Nationale de Gros qui créera également progressivement des maisons et succursales de vente au détail.

Cette Maison Nationale de Gros aura pour mission et pour but :

1º D'acheter directement au producteur dès que la récolte sera faite toute sa production et de la lui payer immédiatement, avec faculté, pour la Maison Nationale de Gros, de la transporter de suite dans ses magasins et dépôts ou de la laisser aux mains du producteur jusqu'à la récolte prochaine.

2º D'acheter directement de l'usinier les produits et objets de sa fabrication nécessaires à la consommation de la Nation et de ses Colonies et ce, au moyen de commandes permettant à l'industriel d'exécuter ses travaux en série. Ces commandes devront toujours, autant que possible, être faites six mois à l'avance et porter sur la consommation d'une année au moins.

3º De sélectionner, trier et emballer convenablement, sur

les lieux de production mêmes, tous les produits de consommation, à moins que la Maison Nationale de Gros ne préfère charger le producteur de ce soin; auquel cas la Maison Nationale de Gros doit lui fournir les moyens de faire l'emballage.

4° D'expédier et de livrer directement ces produits et objets au commerçant détaillant ou aux Maisons de Détail de la Maison Nationale de Gros.

5° De ne pouvoir vendre ces produits et objets qu'aux Commerçants détaillants ou aux Consommateurs.

6° De livrer au Consommateur, à domicile, dans la mesure du possible, partout où la Maison de Gros possédera des Maisons de vente au détail.

7° De créer obligatoirement deux maisons de détail concurrentes au moins et en même temps, en face l'une de l'autre, à deux angles de chaque carrefour de boulevard et d'avenue, dès que le Service de l'Habitation aura construit des habitations Nouvelles dans les Villes et Villages, afin que le Consommateur, mécontent des services du personnel d'une maison, puisse se faire servir par l'autre.

8° D'acheter et de vendre d'abord et de préférence les produits et objets fabriqués dans la Nation et dans ses Colonies et ensuite à l'Etranger, sauf toutefois ce qu'il est dit au Titre XVI de l'Organisation Industrielle, article 95, page 211.

9° De ne faire passer d'une Région à l'autre ou de la Nation à ses Colonies et inversement que les produits de consommation faisant défaut, afin d'éviter des transports inutiles et afin que chaque Région et chaque Colonie ait tendance de plus en plus à produire sur place dans la mesure du possible tout ce qui est nécessaire à sa consommation et ce, afin d'éviter des frais de transport inutiles.

10° De transporter et vendre à l'Etranger, dans les Nations qui manquent de certains produits, ceux de ces produits qui sont en excédent dans la Nation.

11° De s'entendre avec les Maisons Nationales de Gros Etrangères pour l'écoulement de ces produits, soit en les leur vendant, soit en établissant dans les Maisons Nationales de Gros et de Détail Etrangères des comptoirs de vente, soit enfin en établissant dans ces Nations Etrangères des Succursales Etrangères de la Maison Nationale de Gros.

12° De créer des stocks de certains produits non périssables et dont la production est très variable; afin qu'aucune Nation ne manque de rien, même en cas de disette au cours d'une ou de plusieurs années improductives.

13° De créer des caves pour y faire vieillir les vins de crus et de ne les vendre qu'après un temps déterminé, considéré comme étant le temps nécessaire pour que ces vins atteignent leur maximum de vertu; et ce sans augmentation de prix, autres que les frais de cave, et, pendant la période transitoire seulement, les intérêts à 0.50 % des capitaux engagés.

14° De créer pareilles réserves et de prendre pareils dispositifs pour tous les produits qui gagnent en vieillissant.

Art. 114.

Le Commerce de Gros et de demi-gros ne pouvant plus, à l'avenir, être exercé que par la Maison Nationale de Gros. les Commerçants en gros sont invités, par préférence et par priorité à tous autres, à constituer le personnel dirigeant de la Maison Nationale de Gros.

La Maison Nationale de Gros prendra possession des locaux que ses adhérents occupaient pour exercer leur commerce de gros, à charge par elle d'en supporter la location.

Art. 115.

La Maison Nationale de Gros pourra faire exproprier, à son profit, tous immeubles et locaux dont elle aura besoin pour faire ses installations d'achat et de vente en gros et en détail et pour créer ses dépôts.

Elle aura la faculté de donner congé aux locataires de ces immeubles et locaux expropriés dans un délai de trois mois, même si ces derniers bénéficient de baux de longue durée et ce, sans autre indemnité que les frais de réinstallation du locataire, dans un local analogue à celui occupé et en outre, pour les commerçants, une indemnité égale à 10 fois le montant du loyer. Cette indemnité ne pourra pas toutefois être supérieure aux deux tiers de la valeur du fonds de commerce de l'exproprié, déclarée sur les registres d'impôt.

Les dépenses de réinstallation analogues à l'installation ancienne seront évaluées à dires d'experts et payées sans que la Maison de Gros ait à s'occuper de rechercher un local au locataire congédié.

Lorsque la Maison Nationale de Gros installera des succursales dans les Maisons appartenant au Service de l'Habitation Nationale, celles-ci ne seront pas expropriées. Le Service de l'Habitation sera tenu de louer à la Maison Nationale de Gros les locaux dont elle aura besoin. La Maison de Gros donnera congé aux locataires occupants comme il est dit ci-dessus.

Art. 116.

La Maison Nationale de Gros pourra acheter des terrains ou des immeubles et y faire édifier les immeubles provisoires légers dont elle aura besoin pour son usage, après cependant qu'elle aura fait refuser, par l'administration Nationale de l'Habitation, de construire elle-même ces immeubles, conformément aux plans de reconstruction générale dressés par cette dernière.

Art. 117.

Dans les constructions nouvelles entreprises par l'Administration Nationale de l'Habitation, celle-ci devra toujours:

1º Dans les centres urbains, — aménager au moins deux angles d'immeubles à chaque carrefour de boulevard et d'avenue, pour les besoins de la Maison Nationale de Gros qui y installera ses succursales de Maisons de Vente au détail. Les 4 angles pourront être occupés par 4 succursales s'administrant toutes séparément.

2º Et dans les centres ruraux, — construire au centre du village une maison aménagée spécialement pour les achats quotidiens et périodiques de produits de consommation et pour la vente au détail des produits nécessaires à la consommation quotidienne du village.

Les plans des locaux commerciaux seront dressés par les soins des ingénieurs et des architectes attachés à la Maison Nationale de Gros; ceux-ci devant, bien entendu, se conformer, dans la rédaction de leurs plans, à la structure générale de la construction immobilière et tenir compte des conditions d'hygiène les meilleures, à offrir aux locataires occupant les étages supérieurs. Un système d'aération automatique et continu devra, notamment, être installé pour effectuer l'évacuation des odeurs dégagées par les produits emmagasinés ou exposés en vente.

Art. 118.

L'administration Nationale de l'Habitation pourra toutefois aménager dans l'exploitation agricole Communale même, les locaux de triage, d'emballage et d'expédition des produits agricoles de la Commune, dont la Maison de Gros aura quotidiennement ou périodiquement à faire l'achat.

Quoi qu'il en soit, la ligne ferrée traversant la Commune, s'il en existe une, devra toujours être reliée à la fois à l'exploitation agricole Communale et à la Maison de Gros de la Commune rurale, située au centre du Village.

Art. 119.

La Maison Nationale de Gros doit posséder pour le transport des marchandises, produits et objets achetés et vendus par elle qui ne sont pas assurés par le Service National des Transports, les voitures, camions et autres moyens modernes de transport complémentaires, à traction mécanique, qui lui sont nécessaires. La traction animale lui est expressément interdite. Ces voitures, camions et autres moyens de transports doivent être des modèles les plus perfectionnés. Ils seront renouvelés tous les 15 ans au maximum. Leur amortissement sera fait de même, en 15 années.

Art. 120.

La Maison Nationale de Gros achètera un matériel et un outillage aussi perfectionnés que possible pour exécuter les diverses opérations nécessaires au fonctionnement de ses maisons de Gros et de Détail et notamment pour la manipulation et le transvasement des marchandises, produits, liquides et objets par elle achetés et vendus.

Elle tiendra la main, toujours ferme, pour que l'administration des Transports dispose d'un matériel de Transport des plus modernes et des plus perfectionnés, en quantité suffisante, pour effectuer les transports avec la plus grande rapidité, dans les meilleures conditions et le plus économiquement possible.

Elle sera tenue de signaler les perfectionnements apportés aux Transports dans les Nations étrangères et négligés dans la Nation en cause.

Elle devra demander que des réductions d'attributions de bénéfices aux administrateurs responsables soient ordonnées s'il ne lui est pas donné satisfaction à bref délai. Et ces demandes doivent obligatoirement obtenir satisfaction, si une Nation Etrangère possède de meilleurs moyens de transports.

Dans le cas où la Maison Nationale de Gros n'obtiendrait pas satisfaction, elle devra demander à la Cour de Justice Nationale et, en cas de besoin, à la Cour de Justice Mondiale, la déchéance des administrateurs responsables.

La Cour devra obligatoirement prononcer cette déchéance, dès l'instant qu'une Nation étrangère aura appliqué certains perfectionnements reconnus avantageux et dont l'application n'aura pas été faite dans la Nation en cause, malgré l'invitation faite par la Maison Nationale de Gros.

Le Syndicat des Consommateurs exercera ces actions ou les soutiendra de son autorité dans le cas où la Maison Nationale de Gros montrerait quelque hésitation à en. poursuivre la réalisation.

Il faut partir de ce principe, — pour tous les cas de cette nature à juger, — que doivent être traités sans pitié et sans ménagement tous les représentants du Peuple, chargés d'un service quelconque, qui ne tiendraient pas leur service à la hauteur des plus grands perfectionnements possibles.

Et tous les organes régulièrement constitués ou tous les chefs de service intéressés ou non ont le droit de poursuivre en Cour de Justice les responsables coupables.

Les chefs de services intéressés qui n'exerceraient pas ces poursuites pourraient à leur tour être poursuivis et déclarés déchus pour négligeance et méconnaissance de leurs Devoirs.

Art. 121.

A l'origine de sa création, la Maison Nationale de Gros est ainsi constituée:

Tous les Commerçants en gros de chaque Nation et de ses Colonies qui désirent faire partie du personnel dirigeant de la Maison Nationale de Gros ont droit de priorité.

A cet effet, dès leur adhésion connue, ils élisent dans chaque Région et dans chaque Colonie l'assemblée Régionale et l'assemblée Coloniale de la Maison de Gros, dans la forme légale des élections publiques. Cette assemblée comprend 20 membres. Elle élit son Président, lequel nomme immédiatement ses Vice-Présidents, lesquels prennent la direction de chaque service.

La Maison Régionale de Gros fonctionne dans les formes légales, comme il est dit sous les Titres II et XIV.

Art. 122.

Les membres des Assemblées Régionales et Coloniales de la Maison de Gros élisent à leur tour l'Assemblée Nationale de la Maison de Gros, laquelle comprend 30 membres et qui, à son tour, élit son Président, lequel choisit ses Vice-Présidents et les met à la tête de chaque service suivant leur compétence.

Les élections des Assemblées Nationales, Régionales et Coloniales sont faites pour cinq ans, jusqu'à échéance de la période quinquennale, au bout de laquelle ont lieu toutes les élections. Elles sont faites dans la forme légale, mais à raison d'une voix par chaque commerçant adhérent.

Art. 123.

Les élections Nouvelles, à l'échéance de la première période quinquennale et celles suivantes, se font, d'après la légalité, par tout le personnel de la Maison de Gros. Chaque membre a droit à une voix.

Les Présidents, les Vice-Présidents et les chefs de service peuvent être révoqués dans les formes légales, comme il est dit aux Titres II et XIV.

Art. 124.

Aussitôt que les élections auront eu lieu à l'origine, les Présidents Nationaux, Régionaux et Coloniaux des Maisons de Gros organiseront leurs services, en utilisant d'abord les locaux occupés précédemment par leur personnel, ensuite les locaux plus confortablement organisés, expropriés et aménagés par les soins des architectes et des ingénieurs de la Maison Nationale de Gros.

Ils désigneront un Directeur pour chaque Maison et Succursale de la Maison de Gros.

Les Directeurs des Maisons et Succursales de gros et de détail sont désignés de préférence parmi les commerçants qui opéraient le même commerce de gros ou de détail avant la création de la Maison de Gros et subsidiairement parmi le personnel de ces anciennes maisons, ou parmi les Directeurs, gérants, chefs de rayons des maisons commerciales; chacun de ces Directeurs ne pouvant être placé qu'à la tête d'un commerce analogue à celui qu'il exploitait.

Le personnel subalterne des Maisons de Gros est recruté de préférence et par priorité d'abord dans le personnel des anciennes maisons de gros et ensuite dans le personnel commerçant en général, suivant les compétences professionnelles de chacun.

Art. 125.

La rémunération des chefs de ce personnel a lieu suivant les mêmes principes que ceux établis pour les administrations publiques.

Art. 126.

Le prix de vente en gros et demi-gros des produits et marchandises vendues par la Maison Nationale de Gros sont établis en tenant compte:

1o Des prix d'achat, d'après tarifs;

2o Des frais de ramassage dans les fermes, de tri, d'emballage, d'encaissage et de manutention;

3o Des frais de camionage et de transport;

4o Des salaires et rémunérations;

5º Des frais généraux et pertes moyennes inévitables; les autres pertes n'étant pas admises et s'imputant sur les bénéfices; les pertes pour vol notamment devant s'imputer sur les bénéfices à répartir entre le personnel subalterne. Les vols commis au cours des transports étant, à supporter par le personnel subalterne du Service des Transports;

6º Des loyers des baux occupés;

7º De l'amortissement en 15 ans; de l'agencement, du matériel et de l'outillage;

8º Des intérêts des capitaux prêtés par la Banque Nationale, au taux de 0.50 % et de l'amortissement des capitaux s'appliquant aux choses périssables ou renouvelables;

9º D'une majoration de 5 % à titre de bénéfices sur le prix de revient des produits et objets à vendre, calculés comme il est dit sous les paragraphes 1º à 8º ci-dessus.

Un règlement spécifiera, pour chaque produit ou objet à vendre les quantités nécessaires pour que l'acheteur bénéficie des prix de gros et de demi-gros.

Les prix de demi-gros ne seront majorés que des frais supplémentaires de manipulation et de vente qu'entraînera cette vente, comparativement à la vente en gros.

Art. 127.

Les prix de vente en détail comprennent:

1º Les prix de gros;

2º Les frais de déballage, de décaissage et de manutention;

3º Les frais de transports supplémentaires;

4º Les salaires du personnel des Maisons de Vente au détail;

5º Les frais généraux et pertes moyennes inévitables;

6º Les loyers des maisons de détail;

7º L'amortissement en 15 ans de l'agencement du matériel et de l'outillage des Maisons de Vente au Détail;

8º L'intérêt à 0.50 % des capitaux engagés par les Maisons de Vente au détail et l'amortissement des capitaux s'appliquant aux choses périssables ou renouvelables;

9º Et une majoration de 10 % à titre de bénéfices sur les prix de revient calculés comme on vient de le voir paragraphes 1º à 8º.

Art. 128.

La Maison Nationale de Gros fera ses opérations au moyen des Capitaux qui lui sont fournis à concurrence de ses besoins par la Banque Nationale, moyennant un intérêt annuel de 0.50 %.

Art. 129.

Dans chacune des capitales Nationales, Régionales et Communales, la Maison Nationale de Gros possédera une Maison d'exposition et de vente en gros sur Commandes; dans laquelle, suivant une classification méthodique, se concentreront tous les produits, objets et modèles fabriqués dans le monde entier, autres que les produits alimentaires naturels ordinaires, quotidiennement consommés.

Toutefois, les produits alimentaires naturels, remarquables par leurs qualités supérieures et leur beauté, ou pour toutes autres causes, devront rester exposés aussi longtemps que possible, afin qu'ils puissent se vulgariser.

En ce qui concerne les machines, outils et autres objets qui auront besoin d'être l'objet de démonstrations pour montrer leur utilité et leur efficacité, des employés seront mis à la disposition du public pour faire ces démonstrations.

Ne seront exposés et mis en vente que les machines, outils et objets de chaque catégorie qui, après chaque période quinquennale, seront brevetés comme étant les plus perfectionnés de la catégorie à laquelle ils appartiennent.

De même aucun commerçant détaillant, ni industriel, ni producteur quelconque ne pourra vendre des machines, outils et objets, autres que ceux les plus perfectionnés de leur espèce.

Art. 130.

Afin que la population puisse être approvisionnée chaque jour de produits frais, dès la première heure matinale et que la Maison Nationale de Gros puisse utiliser les lignes ferrées, libres ou moins encombrées la nuit, les services des Transports devront livrer pendant la nuit tous les produits, marchandises et objets manufacturés expédiés à l'adresse de la Maison Nationale de Gros et de ses Succursales de Vente en gros et en détail.

II

Après la période transitoire de 50 ans.

Art. 131.

Après la période transitoire de 50 ans, la Maison Nationale de Gros prendra le nom de Maison Nationale d'Echange.

A partir de cette date, seule cette Maison pourra faire le Commerce de gros et de détail.

La Maison Nationale d'Echange achètera alors directement

aux Communes rurales et aux Organes industriels Nationaux, Régionaux, Coloniaux ou Communaux ou aux Organes industriels collectifs publics producteurs et revendra directement au Consommateur, par le moyen de ses maisons et succursales de Vente au détail, qui devront toujours être au nombre de deux au moins à chaque carrefour de boulevard et d'avenue, dans les villes urbaines et de deux, au moins, — (en face l'une de l'autre, toujours), — par 500 habitants, ou fraction de 500, dans les villages ruraux possédant seulement des maisons à un étage.

Elle prendra ses dispositions, dix années avant l'échéance de la période transitoire, pour que fonctionnent, dès l'échéance de cette période, le minimum de succursales nécessaires et pour en augmenter le nombre et l'importance, de telle sorte qu'au lendemain du jour où les Commerçants cesseront d'exploiter leur commerce, les Maisons Nationales de Vente au détail suffisent amplement à assurer les besoins de la Consommation Nationale.

Toutes les Succursales qui seront ainsi créées dans les villes urbaines seront emplacées aux carrefours des boulevards et avenues et pourront au besoin occuper les 4 angles de ces carréfours.

Dans les Villages, les succursales seront également emplacées aux carrefours, au nombre de deux au moins en face l'une de l'autre.

Il ne pourra être créé aucune Succursale entre deux carrefours même dans les villages ruraux, et aucune succursale ne pourra être créée à un carrefour, sans que en même temps il en soit créé au moins une autre à un autre angle de carrefour.

Art. 132.

Les Commerçants qui fermeront leurs maisons avant l'échéance de la période transitoire de 50 ans, devront obligatoirement en aviser la Maison Nationale de Gros deux ans au moins à l'avance, à peine d'être confisqués du Capital Social en leur possession.

Art. 133.

Toutes les Maisons d'habitation qui seront construites par le service de l'Habitation, aussi bien dans les centres urbains que dans les villages ruraux, devront comporter un dispositif de tubes pneumatiques ou autres, d'un mètre de diamètre au moins, permettant à chaque habitant de se faire livrer par toutes les Succursales d'échange emplacées aux deux carrefours les plus voisins, toutes les marchandises et produits de consommation dont ils pourraient avoir besoin quotidiennement. Les Commandes de cette nature se feront par téléphone et seront réglées tous les mois.

Art. 134.

Après la période transitoire de 50 ans, il ne sera plus fait état, pour la fixation des prix de vente:

1º Ni des loyers des locaux occupés lorsque les services de l'Habitation auront cessé de les percevoir;

3º Ni de l'amortissement des capitaux non périssables ou non renouvelables.

2º Ni des intérêts des capitaux mis à la disposition de la Maison Nationale d'Echange;

En outre, les majorations de 15 % que la Maison Nationale de Gros percevait: à concurrence de 5 % pour la vente en gros et 10 % pour la vente en détail, pourront être diminuées suivant les données de ces bénéfices, comparées aux autres Services Nationaux; de telle sorte qu'il y ait, à partir de cette nouvelle époque de progrès, une plus grande égalité de traitement, entre la généralité des travailleurs producteurs et commerçants.

Les tarifs seront révisés dans la forme légale.

III

Syndicat des Consommateurs.

Art. 135.

Afin d'assurer le bon fonctionnement de la Maison Commerciale de Gros et des Maisons et Succursales Commerciales de détail, il est créé un syndicat des Consommateurs.

Toute personne des deux sexes qui a droit de vote fait partie de Droit du Syndicat des Consommateurs. Le syndiqué est obligatoirement tenu de verser à son syndicat la cotisation annuelle fixée législativement. Il peut être condamné à payer des amendes s'il manque à un trop grand nombre de réunions syndicales.

Art. 136.

Il est formé un syndicat pour chaque carrefour, de Boulevard et d'avenue dans les villes urbaines reconstruites.

Font partie de ce syndicat les consommateurs des 4 maisons d'habitation formant les 4 angles dudit carrefour.

Les habitants de chaque maison reconstruite par les ser-

vices de l'Habitation dépendent donc de 4 syndicats de Consommateurs, correspondant aux 4 carrefours formés par chaque maison d'habitation.

Ils paient à chacun de ces syndicats le 1/4 de la cotisation
à laquelle ils sont tenus, mais ils ne sont tenus obligatoirement que d'assister aux séances d'un seul syndicat : celui de
la Maison Commerciale où ils achètent leurs produits de consommation.

Pour les anciennes constructions des Villes et pour les
Villages ruraux, une règlementation sera faite pour organiser
les syndicats de consommateurs en s'inspirant des principes
énoncés au présent sous-titre des Syndicats.

Chaque syndicat de consommateurs ainsi constitué aura
qualité pour contrôler les maisons ou succursales commerciales publiques de son carrefour.

L'ensemble des syndicats de consommateurs se fédéreront
par Commune, par Région, par Nation et Mondialement au
siège de la Société des Nations.

Art. 137.

Le syndicat de carrefour contrôlera les maisons commerciales publiques du carrefour. Il vérifiera la comptabilité, s'as-
surera que les lois, les règles édictées par les administrations
compétentes et les Principes des Droits et Devoirs de l'Homme
et de la Société sont respectés.

Il fera notamment respecter le principe suivant qui doit
être la Règle et le Devoir de tout Homme qui, pendant les
10 heures de travail qu'il consacre à la Société, est chargé de
renseigner ou de servir les Consommateurs et Clients :
« La politesse, l'affabilité, la déférence, la gracieuseté, la
« bonne volonté, l'agilité pour tous également, sont de rigueur
« du moment où l'employé prend son service jusqu'au moment
« où il le quitte et ce, au regard de tous les clients quels qu'ils
« soient. »

Il fera parvenir au Directeur de chacun desdits Etablissements commerciaux les plaintes et griefs du public contre
la gestion en général et contre le personnel de l'Etablissement ;
vérifiera avec l'administration de l'Etablissement commercial
public le bien fondé ou le mal fondé des plaintes, émettra des
avis motivés, proposera à l'administration intéressée, des modifications et des réformes dans la gestion et sur toutes choses
pouvant être de nature à améliorer et à rendre plus parfaite
une administration impeccable, vue dans l'intérêt du Consommateur.

Il proposera au Directeur des réprimandes et même des

révocations de membres du personnel dont le mécontentement des consommateurs nécessite le déplacement.

Il prononcera la révocation du Directeur qui ne croirait pas devoir lui donner satisfaction, sauf appel par ce dernier devant la Cour compétente, dans les 5 jours.

Dans le cas de révocation définitive, l'Administration Commerciale supérieure est tenue de remplacer immédiatement le Directeur révoqué et de le déplacer dans une autre succursale, soit en lui maintenant son titre, soit en le faisant rétrograder, suivant la gravité du cas ayant amené la révocation. Le Jugement, s'il intervient, peut énoncer les sanctions à prendre.

Art. 138.

Les syndicats de Carrefour, et les fédérations syndicales des Communes, des Régions, des Nations et de la Société Mondiale fixent chaque année dans la limite qui leur est permise le pourcentage qui doit être attribué à la maison Commerciale dont ils ont le contrôle, dans les bénéfices à répartir entre le personnel de chaque Etablissement Commercial.

C'est ainsi que ces syndicats auront pour devoir d'attribuer les 100/100 des bénéfices qu'ils peuvent allouer aux Maisons Commerciales dont ils ont à se louer du personnel d'une manière parfaite.

C'est ainsi qu'ils ne devront attribuer que les 50/100 aux Maisons dont ils n'ont que moyennement à se féliciter.

Et c'est ainsi que leur Devoir leur imposera de supprimer toute participation aux bénéfices aux Maisons Commerciales dont les Consommateurs sont tout à fait mécontents.

Les décisions des syndicats de consommateurs, en ce qui concerne la part allouée dans les bénéfices, sont sans appel.

Ces décisions devront obligatoirement être motivées et portées par écrit à la connaissance de tout le personnel.

Dans le cas où le mécontentement proviendrait du mauvais vouloir de différents membres du personnel, nommément désignés par la décision du syndicat des consommateurs, les membres du personnel de la maison de commerce non visés seront en droit de demander et d'obtenir de plein droit et sans discussion possible, le déplacement immédiat du personnel visé, même s'il s'agit du Directeur ou d'autres chefs.

Au cas où la Direction supérieure commerciale s'y refuserait, la Cour de Justice compétente ordonnera le déplacement d'office et prononcera des peines suivant la gravité du cas contre l'administration supérieure qui se serait insurgée contre l'exécution de la demande formulée par le personnel.

Cette peine peut atteindre la révocation et même la Déchéance.

Art. 139.

Les fédérations syndicales des Communes, des Régions, des Nations et de la Société Mondiale, attribuent de même les bénéfices aux administrations commerciales dépendant de leur compétence.

Art. 139 bis.

Les Syndicats de Consommateurs interviennent dans toutes les questions où le consommateur est intéressé, notamment dans les questions industrielles, agricoles, coloniales, des transports, des réjouissances et autres quelconques qui sont susceptibles d'influencer les prix de vente des produits de consommation et les prix de toutes choses mises à la disposition du Public ou qui intéressent le consommateur à un titre quelconque.

C'est ainsi que ces syndicats devront être entendus, concurremment avec les syndicats professionnels : pour la fixation du prix des salaires; pour l'établissement du pourcentage légal des bénéfices à établir dans les prix de vente des produits et denrées de toutes sortes; pour les tarifs des transports, des transmissions, et enfin, en général, pour tous les problèmes économiques jouant un rôle sur le prix de toutes choses livrées au public, et sur tout ce qui touche à la vie du Consommateur.

Le syndicat des Consommateurs sera conséquemment représenté auprès du Président National ou Régional et auprès des Assemblées pour le vote de tous projets de lois pouvant intéresser le Consommateur.

TITRE XIX

BEAUX-ARTS
ET RÉJOUISSANCES INSTRUCTIVES

Art. 140.

L'Homme a besoin de songer d'abord à ce qui est nécessaire et indispensable à sa vie.

Mais 'il ne vivrait pas parfaitement heureux s'il s'en tenait là.

Il a besoin d'occuper ses loisirs de façons diverses, suivant ses aptitudes, ses goûts et ses préférences.

Son esprit et son corps ne se reposent réellement que si l'Homme a le moyen d'occuper ses loisirs à des distractions variées et à des plaisirs de son goût.

Le livre, les lectures diverses sont, pour l'Homme, aussi bien que pour la Femme, des divertissements instructifs.

L'admiration des belles peintures et des œuvres d'art est une distraction qui ne lasse jamais le regard de l'Homme et il aime à voir et à contempler souvent ces objets autour de lui, dans son foyer.

Les Conférences orales à thèses diverses sont goûtées par beaucoup de personnes.

Les scènes de théâtres, les concerts, les chants accompagnés de scènes d'opéras, la musique sont assurément les distractions favorites de l'Homme et de la Femme.

La danse est également très goûtée par la jeunesse.

Des inventions récentes ont montré, d'autre part, que les projections cinématographiques ordinaires — et celles de couleur surtout — sont très goûtées du public.

Et d'autres expériences ont démontré que notre époque n'est pas très éloignée du jour où des scènes, vivantes d'aspect, seront reproduites, en même temps, à des millions d'exemplaires sur des dispositifs qui permettront au public d'obtenir la sensation de voir, *suivant nature*, se dérouler l'action des acteurs les plus distingués ou les panoramas les plus lointains et les plus pittoresques sur une scène de théâtre et même chez soi, et d'entendre en même temps leurs chants et les musiques lointainement enregistrés par les appareils récepteurs.

Il sera possible alors de pouvoir assister, d'un fauteuil de spectacle et même de chez soi :

1º à l'exécution naturelle de scènes lointaines représentées par les plus grands acteurs du monde;

2º au déroulement devant ses yeux des panoramas les plus pittoresques du monde vus en naturel, aussi bien, sinon mieux que pourrait le faire le voyageur, toujours à la merci d'un incident de voyage et des troubles visuels provoqués par les intempéries du moment où s'exécute le voyage;

3º à l'exécution, d'après nature, de travaux et d'expériences scientifiques les plus inédits, qui permettront de développer l'esprit de l'Homme et de le mettre au courant de tous les progrès humains.

D'une manière générale, les réjouissances, réellement bienfaisantes à l'Homme et qui relèvent sensiblement son niveau intellectuel sont celles que l'Homme prend dans son foyer ou celles qu'il prend en Compagnie de la Femme qu'il s'est choisie pour Compagne.

Art. 141.

Comme conséquence de ce qui précède, chaque Nation sera tenue de créer obligatoirement un Ministère des Beaux-Arts et Réjouissances Instructives qui aura pour but et pour mission :

1º De fonder et de développer, dans chaque Commune et dans l'Edifice ci-après énoncé, des bibliothèques, comprenant tous les livres que comportent les sciences universelles, pourvu que leur enseignement ne soit point contraire aux principes des Droits et Devoirs de l'Homme et de la Société et de les mettre gratuitement à la disposition du public. D'écarter tous les livres inutiles ou qui ne tendraient pas à ce but.

2º De mettre gratuitement à la disposition de tous les électeurs des deux sexes, un journal quotidien de leur choix, politique, économique, social et littéraire et un journal illustré et professionnel bi-hebdomadaire, de leur choix.

3º De charger les meilleurs peintres, modeleurs, dessinateurs, graveurs, statuaires et sculpteurs, de composer des toiles, gravures et sujets qui seront affectés à l'ameublement des édifices publics et des appartements privés construits par l'Habitation.

4º De charger les plus grands orateurs de traiter à travers la Nation les problèmes scientifiques, littéraires, économiques, sociaux et d'arts divers, généralement goûtés par le public et susceptibles d'élever le niveau intellectuel de l'Homme. De reproduire ces conférences par la voie cinématographique.

5° De créer dans toutes les Communes de la Nation des salles de spectacles, en rapport avec la population et d'y faire représenter des scènes de théâtre, de chant, de musique, de concert, d'opéras et de cinémas les plus variées et les plus instructives.

De veiller à ce que l'administration de l'Habitation réserve dans le salon de chaque appartement particulier, un large panneau où, lorsque les découvertes de la science le permettront, l'administration des Beaux-Arts et Réjouissances puisse installer le dispositif permettant d'assister chez soi à des scènes théâtrales ou de voir se dérouler des panoramas et paysages naturels lointains ou encore de voir défiler l'exécution de travaux d'arts et scientifiques inconnus jusqu'alors.

6° De s'inspirer, pour le choix des réjouissances, d'une part, du principe que celles-ci doivent toujours tendre à élever le niveau moral de l'Homme et de la Femme et à les rendre toujours meilleurs, plus justes et imprégnés de plus en plus d'un Haut Idéal d'Egalité et d'Equité; et d'autre part, du principe que l'intelligence de l'Homme doit toujours être tenue en éveil par les merveilles du Progrès de la science.

7° D'écarter rigoureusement les scènes qui, sous prétexte de réjouissances tendraient à un but contraire.

8° D'installer dans les édifices ci-dessus énoncés des salles de danse, qui seront mises à la disposition de la jeunesse les jours de repos et de fêtes ; et de pourvoir ces salles de danse des instruments de musique ou des musiciens nécessaires.

9° D'installer dans les locaux où seront concentrées les diverses réjouissances, des bars de consommation, où seules seront exposées en vente des boissons hygiéniques et des pâtisseries.

10° De créer chaque année des primes, distribuées aux inventeurs, en vue de perfectionner les réjouissances et de rechercher notamment les moyens pratiques permettant d'offrir à domicile des scènes de spectacles vues à l'état naturel et d'entendre d'après nature les chants et les musiques lointainement enregistrés. D'établir des primes à distribuer: dans les villes, aux personnes qui entretiendront de verdure et de fleurs les plus beaux balcons ; et dans les campagnes à celles qui donneront le plus grand pittoresque à l'aspect extérieur de leur habitation.

11° De vulgariser toutes les inventions pratiques qui rempliront les buts pour lesquels le Ministère des Beaux-Arts et Réjouissances Instructives est institué.

Art. 142.

Pendant la période transitoire de 50 ans, certaines des réjouissances seront payantes; d'autres seront gratuites, suivant les disponibilités Nationales.

Mais à partir de l'échéance de cette période, toutes les réjouissances seront gratuites. Et il en sera obligatoirement institué dans toutes les Communes même les plus reculées, aussi bien qu'à la Ville, de telle sorte que le rural le plus éloigné puisse s'instruire, s'éduquer, se réjouir aussi bien que le citadin de la plus grande des Capitales.

Art. 143.

Après la période transitoire de 50 ans, toutes les réjouissances continueront à être organisées par les soins du Ministère des Beaux-Arts et des Réjouissances instructives, lequel aura seul le droit d'ouvrir des salles de vente et de consommation sur place de boissons hygiéniques et de pâtisseries.

A partir de cette date, tous les bars, cafés, brasseries et pâtisseries seront fermés et nul ne pourra en ouvrir d'autres.

Les salles de spectacles et les salles de consommation et en général toutes les réjouissances seront concentrées dans un même immeuble. Ces immeubles devront être obligatoirement prévus dans les plans généraux du service de l'Habitation.

Plusieurs de ces immeubles pourront être édifiés dans les Communes importantes et par quartiers, d'accord entre ces deux administrations.

Ces immeubles seront construits par les soins du Service des Beaux-Arts et Réjouissances. Le choix des emplacements se fera d'accord avec le Service de l'Habitation qui peut d'ailleurs être chargé d'exécuter la construction avec le concours des artistes des Beaux-Arts.

Le Service de l'Habitation devra construire les immeubles de l'Habitation, de manière à laisser sur les façades, qui dureront plusieurs siècles, des blocs de pierre brute que le Service des Beaux-Arts fera transformer en œuvres d'art, par le ciseau de ses sculpteurs et statuaires, au cours des siècles suivants.

TITRE XX

ORGANISATION COLONIALE

Art. 144.

L'administration Coloniale est identiquement la même que celle de la Région.

Chaque Colonie est donc considérée, à l'Egard de la Société Mondiale et de la Nation à laquelle elle est attachée, comme formant une Région Nationale, différente seulement d'une Région ordinaire en ce sens qu'elle est séparée de la Nation par des mers ou par des territoires Nationaux Etrangers, ce qui n'est pas le cas des Régions.

La Colonie comporte donc des Organes administratifs Coloniaux et Communaux et des Organes collectifs publics identiquement les mêmes que ceux de la Région.

En un mot, administrativement, législativement, judiciairement et à tous autres points de vue, la Colonie forme une Région de la Nation; et elle se constitue elle-même, comme se constituent les Régions.

Le Président National peut, de même que pour la Région, révoquer les Présidents Coloniaux et inviter ceux-ci à révoquer les Présidents Communaux ou les chefs de service incompétents, ainsi qu'il est prévu pour les Régions et les Communes.

La seule différence qui existe entre la Colonie et la Région réside dans ce fait que la Colonie considérée comme étant seulement dans un état de gestation de civilisation, a besoin d'une tutelle et des conseils que doit lui fournir la Nation.

Le Président National pourra donc toujours, lorsque l'incompétence des élus indigènes, responsables de l'administration de la Colonie et de celle des Communes, sera manifeste, adjoindre aux Présidents Coloniaux et Communaux et aux chefs de services indigènes, des Conseils qui seront rémunérés aux frais de l'administration qui les occupe. Cet état de choses sera à peu près général dans toutes les Colonies au début.

De même, les Conseils des chefs administrateurs indigènes moitié par des indigènes élus et moitié par des Nationaux nommés par le Président National, et choisis, autant que possible, parmi les colons Nationaux. Le Président de la Cour sera toujours un Juge National et il aura voix prépondérante.

De même, les conseils des chefs administrateurs indigènes devront être choisis autant que possible parmi les colons Nationaux connaissant parfaitement les mœurs et usages de la Colonie.

Ainsi, pourra se concilier, au mieux, la confiance de l'indigène qui se verra administrer et juger par ses pairs, élus par lui, avec la nécessité de faire assurer l'administration et la justice publiques par des personnalités compétentes.

Le Président National n'aura recours à la révocation que lorsque, malgré l'incompétence du chef indigène en cause, prouvée par ses actes, ce dernier se refusera à suivre les conseils qui lui sont donnés et à contresigner les décisions et les ordres préconisés par son Conseil; lequel est, en réalité, le véritable chef et qui doit être écouté par le chef indigène jusqu'au jour où il est prouvé que ce dernier n'a plus besoin de Conseil.

En cas de conflit entre le chef indigène et son Conseil, le Conseil supérieur tranche le différend par une décision contresignée du chef Indigène supérieur.

Des orateurs du Gouvernement National seront nommés pour assister aux assemblées Coloniales et faire entendre le point de vue National, pour toutes les sessions où le Président National le jugera à propos. Les syndicats Nationaux pourront se faire représenter à ces assemblées et prendre part aux discussions et délibérations.

A défaut d'orateurs du Gouvernement, les Conseils du Président Colonial et des Vice-Présidents Coloniaux soutiendront le point de vue National.

TABLE DES MATIÈRES

www.ingramcontent.com/pod-product-compliance
Lightning Source LLC
LaVergne TN
LVHW051110060726
842525LV00003B/852